U0502892

商务知识并不难系列

[日]堀公俊　著
刘江宁　译

图解
商务技能

中国科学技术出版社
·北　京·

自序

“您现在具备哪些技能呢?”

“什么样的技能才能够保证您的工作顺利进行呢?”

“您想在未来发展什么技能呢?”

我想能够流畅回答这些问题的商务人士应该少之又少吧?

从某种意义上讲，这或许也是无可奈何的事情。因为他们整天埋头处理堆积如山的工作，根本没有任何多余的时间思考“技能”，充其量只是偶尔参加一两次培训吧。

通常情况下，他们只有在考虑跳槽的时候才发现自己根本不具备其他公司所要求的技能。这是在以“会员型长期雇用”①为主导方式的日本企业中经常发生的悲剧。

我们把商业活动中所必须具备的技能称为商务技能，其本质是一种旨在提高工作水平的技术。如果我们没有牢固掌握商务技能的话，就如同没带武器上战场的士兵一样，只能依靠自身的人品、关系和韧劲挣扎着坚持下去。

今后，日本也将不可避免地向要求员工必须具备专业性技能的“JOB型”②雇用方式转变。在日益复杂的商业环境中，拥有高级技能的人才成了炙手可热的资源。无论对于个人还是组织来说，如何提高商务技能都成为迫在眉睫的课题。

接下来，让我们回到最初的问题讨论之上。在开篇部分的三个问题中，有一条共通的线索贯穿其中——那就是必须把握工作所需技能的全貌。否则，我们只能“头痛医头，脚痛医脚”。

另外，虽然市面上关于技能介绍的书和培训课程数不胜数，但其中几乎没有任何一种能够综合全面地讲解商务技能。

员工们别无选择，只能拿起偶然在书店看到的书或者间歇性地参加上司推荐的培训课程——这不就是提高商务技能的现状吗?如此一来，我们就无法能动且有计划地进行能力开发了。

因此，我在本书中将商务人士所需的技能全部汇集在一起，并通过通俗易懂的方式解说——这就是编写《图解商务技能》的初衷。

---

① 依照雇用方的命令可以无限改变雇用形态的方式。——译者注

② 固定工作地点、时间、内容的正式员工雇用形式。——译者注

本图鉴对所有行业都需掌握的50种商务技能进行了直观的介绍。

本书图文并茂，结合大量图解阐明了技能的标准思考方式和具体的技能组合。同时，本书还说明了技能学习的着手要点，以便各位读者能够立刻将所学知识付诸实践。

另外，书末还附有不同行业所需技能的一览表以及为那些想要进一步学习提升的人所准备的书籍指南。因此，本书可以称得上是一本关于商务技能的百科全书。

前言中主要介绍了本书的使用方法。大家只需粗略地浏览一下即可，之后便可以随心所欲地阅读书中的其他章节。

除此之外，大家也无须按照目录顺序去阅读，只需随便翻一翻，然后阅读自己感兴趣的部分就可以了，或者在有需要的时候把它当作指南来使用。如果本书能够长伴您左右并为您提供些许帮助的话，我将不胜欣喜。

如今，我们同时面临着巨大的困难和技术革新。如果我们想平安度过这一关，就必须从根本上重新审视自己的工作方式和方法。反过来讲，能够做到这一点的个人或组织必然能够在下一个时代大展身手。

正所谓“危机即为机遇”，让我们共同打磨自身的商务技能，为成为开拓新时代的人才而不断向着未知的时代勇敢地前进吧！

2021年7月

堀公俊

前言

创造最佳成果的

商务技能

01 知行合一

工作所需的三要素

我们在工作中必须具备的能力由三大要素构成。接下来以销售人员为例进行说明。

首先是**知识**。如果销售人员没有掌握商品信息、顾客需求、买卖规则等销售职位所需的知识，那么便无法开展工作。想要快速掌握这些知识和信息，最好的方法就是阅读书籍和资料。

其次是**技能**。沟通、演示、谈判等都是为提高销售能力所必须掌握的技能，并且这些技能主要是在销售经历和训练过程中培养出来的。

最后是**态度**。销售工作要求相关工作人员必须活泼开朗、积极向上、态度诚恳。其中最重要的是动力（干劲）。

以上三大要素共同构成工作能力的基础，缺少其中任何一项都会导致工作无法顺利推进。培养能力的关键在于保证这三大要素实现均衡的提升。

从“知道”到“做到”

本书聚焦的是第二大要素——**技能**，其中人们在商务活动中必须具备的技能被称为**商务技能**。如果我们想要在复杂的商业环境中不断取得新成果，就必须拥有广泛而高超的技能。

因为技能的本质是一种能力，所以我们不能仅仅只对这些技能有所了解便认为自己已然将其掌握了。例如，我们单纯依靠阅读商务书籍了解到的演讲理论，只不过是纯粹的知识而已。

重要的是，我们要能够按照理论的指导真正付诸实践。因为如果不能把知识转化为行动，那么就不能将其称为技能。

另外，只是在培训课程中偶然成功过一次是远远不够的。只有当我们能够在实际工作中持续稳定地将所学知识转化为理论的时候，才算得上是真正掌握了该项技能。

更进一步讲，企业不是学校。我们作为员工，如果只是掌握了这些技能，也并不会为自己或企业带来价值。只有当我们依靠这些技能创造出工作成果的时候，才算是真正意义上的“掌握”。为了在工作中取得更优表现而不断磨炼的技能便是商务技能。

随身技能至关重要

在考虑商务技能之时，有非常重要的一点需要引起我们的注意。

比如，医生无论就职于任何医院都能治疗病人，即使是在飞机上或者闹市区的百货商店里，只要有人需要，他们就能够在这些地方发挥自己的技能。如果某项技能不能够被灵活应用在所有工作场地或场合之中，就不能被称为是真正的技能。

商务技能亦是如此。真正的技能能够在任何公司通用。这些能被随时运用的技能也被称为**随身技能**。换言之，我们并非是要做好“××公司销售部门的工作”，而是必须要做好“销售工作”本身。如果真正掌握了演讲的技巧，那么无论是向顾客做演示还是在婚宴上讲话，我们都能够做得非常出色。

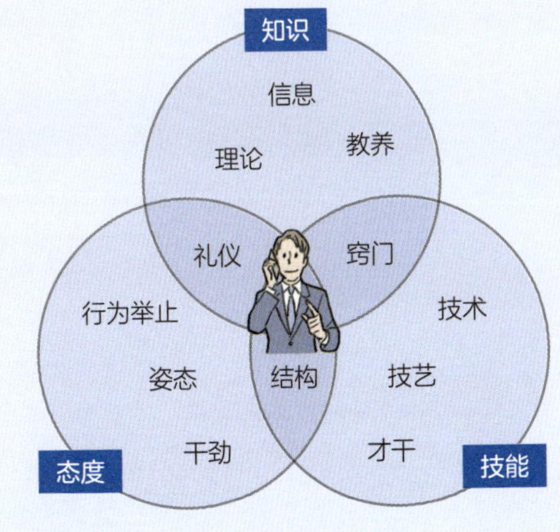

当然，主体存在差异和所处状况不同，要求的技能通用化程度也不同。如果你有足够的决心和勇气要在现任职的公司里工作一辈子的话，或许没有必要掌握随身技能。

但即便如此，我也希望你能够在脑海中预留一些位置来认识和学习如何把握技能。

02 应当掌握的技能

至今未变的两大技能

现代商务人士需要广泛且多样的技能。对此，美国著名的管理学学者罗伯特·李·卡茨（Robert·L. Katz）将其分为以下三大类别：**概念技能**（概念化能力）、**人际关系技能**（人际关系能力）和**技术技能**（专业技能）。这种分类方式被称为“**卡茨管理技能模型**”。

虽然该模型至今仍然在发挥着作用，但它毕竟是60年前提出的概念，所以也具有不符合实际情况的一面。因此，本书将其重新整理为5种技能。

第一种是**思维类技能**，如逻辑性思维和战略规划等。这一技能基本上等同于罗伯特·李·卡茨所提出的概念技能。

在工作中，我们需要抓住问题的本质并做出正确的判断。如果缺乏思考能力，那么个人和整个组织都会无所适从。

第二种是**人际关系类技能**，如职业引导和建导[①]等。这一技能基本上等同于罗伯特·李·卡茨所提出的人际关系技能。

工作是要在多方的合作和协助下完成的。如果沟通不顺畅，那么组织整体的潜力就无法得到充分发挥。

现代社会特有的三种技能

第三种是**组织类技能**，主要包括领导能力和团队建设能力。另外，国际化人才和心理健康等近年来备受关注的技能也被纳入这一范畴。如果按照卡茨管理技能模型分类，这些技能大部分属于人际关系技能。

---

① 通过让他人积极参与、形成活跃氛围，从而达到预期成果的过程。——译者注

第四种是业务类技能，包括电脑操作及项目管理等一切现代商务人士必修的技术技能。今后这一领域内的技能种类会越来越多。

第五种是智力类技能。如今，我们大部分的工作都是与信息的收集、生产、处理和传播等相关的脑力性劳动。因此，我将构成工作基础的智力生产类技能归为一大类别，如读书技能或图解技能等。这一类技能是概念技能和技术技能的结合。

应该掌握的技能

大家在面对上述各种各样技能之时，或许会一时间不知从何处着手。

其实，最重要的标准就是思考哪些技能对于你目前的工作是必不可少的。例如，卡茨管理技能模型规定，随着人们管理层级的上升，其必须掌握的技能依次为技术技能→人际关系技能→概念技能。工作类型和专业不同，要求的技能也不同。

然而，这也意味着你必须要在自己不擅长的事情上下功夫。这样一来，你不但对此缺乏动力，而且还需要花费很长的时间来学习这些技能。

因此，我们可以选择进一步发展自己所擅长的技能。以眼下能做的事情为中心，然后逐渐扩展到相邻领域。如此一来，我们的抵触感就会在无形中降低。

总之，我们要想掌握某种技能就必须进行相应的训练并积累经验。为了保持源源不断的动力，我们也可以从自己感兴趣或关心的技能出发来着手实践。或许在某一天，这项技能就能在工作中派上用场了。

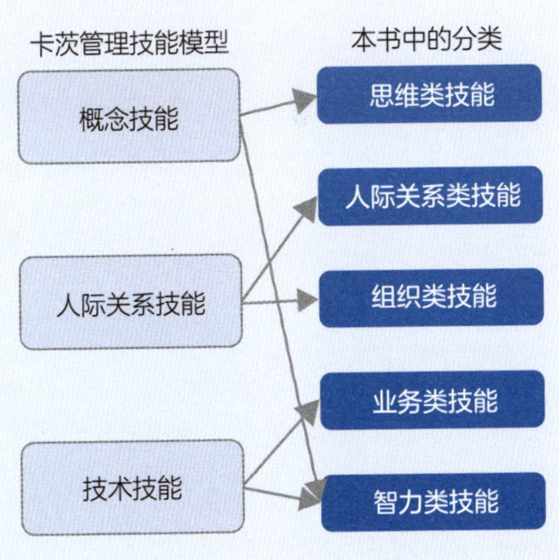

如果某一天你发现了符合上述三种条件（必不可少、擅长、关心）的技能，那么就应该立刻着手训练了。

03 掌握技能的三种方式

阅读和培训的正确方法

怎样才能使商务技能真正为己所用呢?

如上所述，单纯依靠读书（或观看视频）是无法掌握一项技能的。**阅读书籍**的确是获得知识的最佳方法，但如果我们从未按照书中所写的那般去实践的话，那么最终仍然是纸上谈兵。

另外，这种单纯依靠读书的学习方式还会带来其他副作用——我们会产生只要读了书就大功告成的错觉，以至于会沉浸在只读不练的泥淖之中。要想真正发挥读书的效果，就要在阅读之前认真思考自己应该做什么，有一定能力的人还可以通过读书来了解自己正在做的事情。

就这一点而言，不系统的**集体培训**也是大同小异的。即使在培训过程中留有少量的训练时间，那也只是为相互检查技能并提出反馈意见而准备的。同读书一样，我们要将培训的主要目的设定为“学习应该学习的知识”。

培训的成果主要取决于受训前的动机和受训后的实践。如果你从未尝试在职场中运用自己所学到的技能知识，那么它们就永远只停留在理论程度而无法转化为行动。另外，如果你没有反复练习，那么这些技能也就无法内化为你的真正本领。

一味地努力是远远不够的

如此看来，通过工作业务来掌握技能无疑是最好的方法。但这其中也存在一些陷阱，如果我们没有采取适当的方法来付诸实践，那么最终也无法将这些技能真正为己所用。

例如，假设你想要学习市场营销业务而主动请缨调动到市场部门，在那里工作几年之后也未必一定能够掌握市场营销的技能。

这是因为工作流程已然根据公司的运营状况而被标准化和规范化了。极端来讲，其目的就是让不懂市场营销的外行人也能够顺利完成任务。思考工作的人和实际工作的人是分离的。

另外，还有一些销售新思路会被原来的营销套路所蚕食或者按照自己公司的风格被改头换面。在这种情况下，如果你只是拼命地完成分配给自己的工作，那么最终收获的技能将只适用于这一部门的特定岗位。

将自身想法付诸实践

如果你想要掌握某项技能，就必须认真分析工作任务背后的含义，并将其付诸实践。我们必须首先把握目前所做工作在市场营销中的定位，并在此基础上**主动地**去完成相关任务。

另外，更好的操作方法是通过书籍和培训来了解自己应该做的事情，并依靠自身力量来设计市场部的工作程序且加以实践。只有发挥自己的聪明才智并采取实际行动，才能真正掌握这项技能。

如果你在这一过程掌握了些许诀窍，就需要对照营销理论将其用语言表述出来并使之大众化。通过显性知识[①]和隐性知识[②]的转换，大众化知识就能够升华为随身技能。

因此，想要掌握市场营销技能未必一定要就职于市场部，无论你身处哪个部门，只要能够从市场营销的角度重新设计自己的工作就可以了。进一步讲，我们还可以把除了企业之外的志愿者团体、兴趣小组或家庭等作为锻炼营销能力的场所。

需要注意的是，如果我们一直在同一家公司的同一部门工作，就无法判断自己是否真正掌握了相关技能。只有通过跳槽、轮岗、从事副业或独立创业等方式来同其他业务流派切磋，才能够真正掌握或提高技能。

阅读·观看视频

- 了解传统的处理方式
- 盘点评估自身技能
- 学习应该学习的知识

研修·培训

- 为实践预演
- 与其他业务流派切磋
- 获得反馈意见

经验·实践

- 将理论转换为实践
- 重新设计工作思路
- 将所学诀窍升华为理论

---

① 可以用文字来表述的知识。——译者注

② 实际存在并且被人们使用，却难以用文字表述的知识，它一般隐含在操作过程、操作方式以及企业文化之中。——译者注

04 本书使用指南

找出自身需要掌握的技能

接下来我将为大家介绍现代商务人士必须掌握的50种技能。我在认真翻阅了大量的商务书籍和培训课程目录之后，为大家精心挑选了这些适用于任何行业的必要技能。

无论你是学生、新员工，还是从前对技能不感兴趣的人，我都希望你能灵活使用本书，来找到自己接下来要学习和掌握的技能。

首先，我建议大家粗略翻阅，来掌握商务技能的概况。在找到自己感兴趣的技能之后，只需要阅读技能名称下面的导言和“基本思路”两部分，就能够明白为什么要掌握该项技能以及它具备怎样的效果。

与此同时，我们要找到自己需要学习的技能或者想要学习的技能，当然也可以参考书末的《职业分类商务技能一览表》做出选择。

在选定要学习的技能之后，我建议大家在阅读“技能组合”部分的同时，尝试按照“第一步骤”部分的要求实践。这一步骤非常容易上手，而且能够直击本质。最初的成功体验对于技能提升这一持久战而言是非常重要的。

检查自己的技能

工作经验丰富的职场人士可以对照本书盘点和整理自己的技能。

例如，大家可以快速浏览这50种技能来判断自己掌握了其中多少种技能。如果想要进行更加详细深入的分析，则可以将这些技能的掌握程度分为“一无所知”“有所了解”“能够做到”“擅长运用”和“游刃有余”这五大类别。

此外，对于“擅长运用”和“游刃有余”这两大类别的技能，我们要检验是否形成了自己的独特风格，是否变成了随身技能。

在“技能组合”部分，我从各类文献中选取公认的最标准的子技能，将其全部归纳为4个项目来解说。如果你不能全部做到，就算不上一个合格的商务人士。

有计划地开发技能

另外，本书也适用于负责培养下属和新人的部门经理和资深人士，以及负责能力开发的相关工作人员。如果你在思考人才开发时能够将本书作为参考的话，我将万分荣幸。

在培养下属或新人的过程中，最重要的是要有计划地进行教育和指导。哪些技能对当事人而言是必须掌握的呢？本公司或者本部门有何不足之处或技能需求呢？——我们要在搞清楚这些问题的基础上再行动。对此，“技能组合”部分、“相关技能”部分以及书末的《职业分类商务技能一览表》能够为大家提供一定的参考。

在职场或公司中遇到棘手问题时，我们可以参考“导言”“基本思路”和“相关技能”等部分的内容来找出能够解决问题的相关技能。

在选择培养人才方式的时候也可以参照本书。如果你想给下属推荐书籍，就可以从“书籍指南”中选择；如果你想让下属接受培训指导，就可以选择一个涵盖“技能组合”部分所有项目的课程，以确保无遗漏。

重新设计你的工作内容和工作方式

最后，我希望每一位商务人士在思考工作内容和工作方式的时候，都能把本书作为一本指南来使用。

如前文所述，我们往往会忽略工作的意义并只专注于完成日常任务，进而会丧失主人翁意识，只埋头快速完成别人交办的任务。如此一来，我们便无法感受到工作的

标题	技巧的通用名称
导言	使用场合、必要性和有利之处
主要插图	技能的概况和整体解说
基本思路	掌握该技能的目的及标准性定义
技能组合	构成技能的四个子技能
第一步骤	应当最先着手的小型实践活动
相关技能	应当同时学习的三种技能

喜悦，提高技能更无从谈起。

只有我们亲自设计工作思路并将其付诸实践，才能够让工作本身充满意义。我们要把工作当成自己的事业，才会愿意为其付出毕生的心血。

重新设计工作思路很重要的一点是要了解工作原本应有的状态。对此，本书一定能够派上用场。

另外，本书的作用不仅仅局限于个人，甚至还可以适用于企业的整体运营。通过阅读本书，我们就能够从整体上把握开展商务活动的重点。同时，还能够清楚认识到公司本身的优势和劣势，以及需要发展或改善的地方。

如今，无论是个人还是企业都不得不重新设计自己的工作思路和方式。如果本书能够助你一臂之力的话，那便是对我所做努力的最大肯定。

目录

图解商务技能

第1章 加速商务活动发展的思维类技能

第2章 谋求和谐共处的人际关系类技能

第3章 促进团队成长进步的 组织类技能

第4章 推动工作效率提升的 业务类技能

第5章 促使创造新价值的智力类技能

本书阅读指南（凡例）

- 本书使用最通俗的名称来介绍技能及理论，并用在括号内注以别名。
- 关于插图等的出处，本书在正文中或插图的下方只标注了作者的名字。
- 本书中所介绍的理论和技能均为前人深刻洞察和研究的成果。在此，作者一并对他们的智慧和所做的努力表示最深切的敬意。

第 1 章

加速商务活动发展的

思维类技能

思维类技能

要点提示

提高思维和行动质量

思维能力是最强大的武器

如今，我们生活在一个不透明且不稳定的时代。没有人会告诉你什么是正确答案或者应该选择哪一条路。因此，你必须依靠自己的头脑去寻找答案。

对此，我们需要结合所掌握的知识和信息，抓住事物的本质，并提出合理且富有创造性的答案。因此，思维能力才可以称得上是开拓未来的源泉。

另外，商业活动的本质是一场头脑大战，即各个组织开发培养出的思维能力相互碰撞。那些能够预测世界变化并迅速顺势创造相应产品及服务的人或组织将会获得最大程度的回报。相反，那些无法打破自身思维壁垒的组织则会被迫退出市场竞争。

这个理论同时适用于职场中的每一个人。只需依照常规来处理既定工作的时代已经一去不复返，我们迎来的是种种非典型的未知任务。能否迅速敏捷地处理每天发生的种种问题或做出英明的决策成为一大重要课题。

如果我们没有掌握扎实的思维类技能，就无法开展工作，与竞争对手之间的差距也会越来越大。因此，通过自身努力培养出的思考能力才是最强大的武器。

促进问题解决的思维类技能

接下来，我将介绍10种与思维相关的技能。如果我们想要严密周到地开展工作，就必须弄清楚“应该考虑什么”以及“应该如何思考”这两大问题。

在展开话题讨论之前，我要为大家介绍一下所有思维类技能的基础——**逻辑性思维**。如果大家不能掌握逻辑性思维方法，那么一切将无从谈起。此外，我们还需要掌握**批判性思维**，这样才能够理性地辨别并判断事物。

然而，我们仅仅依靠理性是无法在商业活动中获胜的，还必须借助**创造性思维**的力量。其中，**创意构思**的好坏与否成为能否取胜的关键因素。

将这些思维组合起来才能够真正地**解决问题**。当然，如果我们没有按照正确的步骤去做，也无法找到合适的解决方案。决策制定亦是如此，所做判断是否妥当取决于决策过程。

另外，组织中最重要的任务之一是战略规划。如果方向是错误的，那么即便你拼尽全力向前奔跑也是没有意义的。我们必须积极开动脑筋来制定战略规划，并将其落实到市场营销之中。

但是无论我们制定何种规划，都必须考虑到财务方面的问题。要恰当准确地判断一个组织的运营状态健康与否，就必须具备企业会计的技能。同时，为了支持并管理既定规划，还必须利用数据来进行定量分析。

这些技能都是开展工作的基础。任何职业和管理阶层都需要或多或少地掌握这些技能。它们可以称得上商务活动中的通用语言，如果我们不能掌握的话，便无法顺利地开展工作。因此，大家趁着年轻学习这些技能才是上上策。

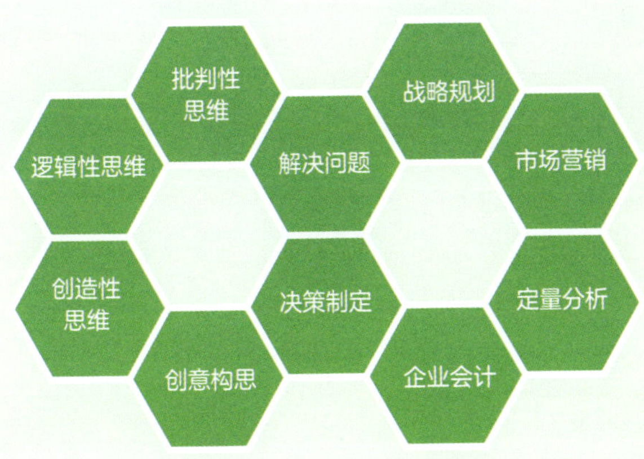

01 逻辑性思维

有条理地进行思考

思考问题的最快捷方式是依靠直觉、经验和胆量。然而，这种思维方式会阻碍我们深入思考，且无法应对处理新问题，更不能通俗易懂地向他人描述问题的原委。掌握逻辑性思维，理性思考、合理判断吧。

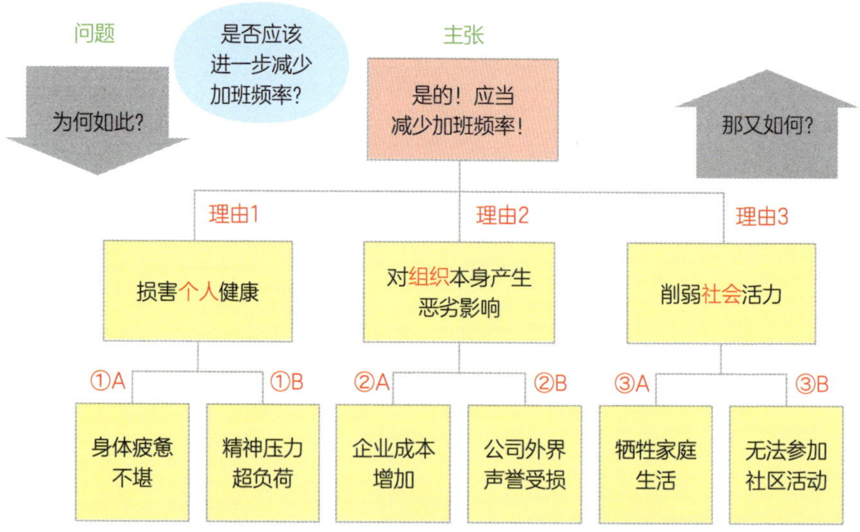

基本思路 **利用逻辑性思维思考**

所谓**逻辑**是指思维的条理。换言之，有条理性的思考即为**逻辑思考**。逻辑性思维是一种以逻辑学思维方式为基础，旨在促进商业活动发展的系统化技能。这也是经营顾问们在工作中着力培养的技能之一。

掌握了逻辑性思维，便能够抓住事物的本质，处理复杂的问题，增加沟通对话的说服力。

技能组合　将两种逻辑组合起来

纵向逻辑　首先，我们要设定一个主题，例如“要不要进一步减少加班频率”，即所谓的**论题**。当我们提出此主题的时候，采用问句的形式会显得更加通俗易懂。针对该主题的回答，比如“是的！应当减少加班频率”即为意见或结论，也就是所谓的**论点**。

然而，如果只有论题和论点，想必没有人能明白为什么要减少加班的频率，更无法判断这个论点是否正确。此时，为了将论题和论点紧密地联系在一起，我们就必须借助论据的力量。如果没有**根据、理由、原因、标准**等作为支撑，那么就没有人能够理解和支持你的论点。

合理的论据才能够得到大多数人的认可和支持，把事实、数据、原理或准则当作理论支撑能够大大提高论点的可信度。

将论题、论据和论点恰当地连接起来，才能够形成一条清晰的思维链。这就是所谓的**纵向逻辑**。

横向逻辑　即使我们建立起问题、论据和主张三者之间的联系，也并非就此一劳永逸。因为或许还存在着其他更具说服力的思路，有些思路甚至能否定当前所提出的论点。我们必须在多角度检查思路的基础上，综合评估论点是否合理。

例如，如果我们想要开创新事业，至少要从人力、物力、财力和信息四个角度来进行理性思考。只要我们忽略了其中任何一个关键要素，都将面临严重的失误。

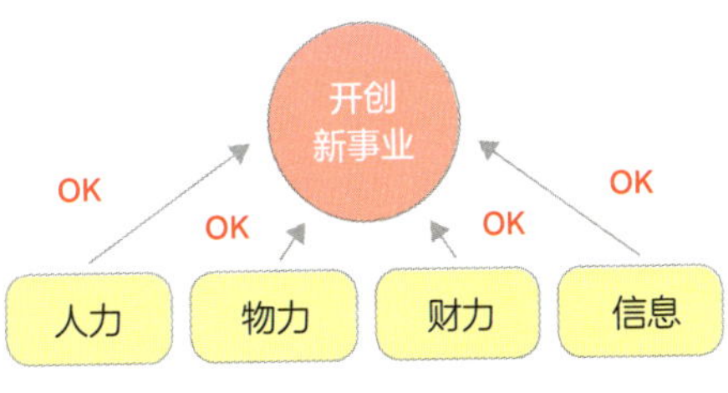

这种将所有必要因素毫无遗漏地统一起来进行思考的方式即**横向逻辑**。通过横向排列，便可以提高思路的准确性。

逻辑树分析法　当我们想要把纵向逻辑和横向逻辑综合思考之时，可以采用逻辑树分析法。这是逻辑性思维中的一个标志性工具。首先，我们要把自己的论点

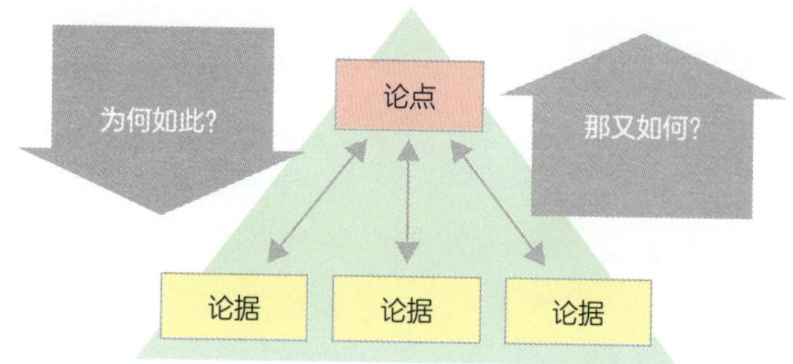

（例如：应该减少加班频率）放置在逻辑树的顶端。之后，在下面罗列出支撑该论点的所有理由和依据。

此时，最重要的是要保证无遗漏且无重复地列举相关理由和依据。这就是所谓的MECE（相互独立、完全穷尽）原则[①]。一般来说，举出3±1个左右的依据较为恰当。

如果有必要，你可以进一步增加可支撑论点的依据并构建**金字塔结构**[②]。从树的顶部向下看，是在回答"为何如此"；而从树的底端向上看，则是在回答"那又如何"。这是一种可以同时检查纵向逻辑和横向逻辑是否正确的架构。

框架结构 建立逻辑树的困难之处在于要相互独立、完全穷尽地罗列依据。与其从头开始思考，我们不如借助现有切入点的力量。例如，本节开篇处的逻辑树便是以个人、组织和社会为切入点来全面详尽地罗列相关依据。

我们把这种用于思考事物的架构称为**框架结构**。商务世界中，由经营学家和经营顾问所提出的思维框架不胜枚举。如果大家能够牢记这些框架的话，无疑会提升我们逻辑思考的速度。

---

① 它是麦肯锡的第一个女咨询顾问巴巴拉·明托在《金字塔原理》中提出的一个重要的原则，即对于一个重大的议题，要做到不重叠、不遗漏地分类，借此有效把握问题的核心，并解决问题。它要求将某个整体（不论是客观存在的还是概念性的整体）划分为不同的部分时，必须保证划分后的各部分之间相互独立且所有部分完全穷尽。因此，"相互独立"意味着问题的细分均处于同一维度上且不可重叠，而"完全穷尽"则意味着全面和周密。——译者注

② "金字塔结构"是"金字塔原理"的具体体现，即我们在分析问题时，会把分析对象拆分细化为众多要素。任何事情都可以归纳出一个中心论点，中心论点可由3—7个一级论据来支撑。一级论据又可作为论点被3—7个二级论据来支撑。以此类推延伸下去，其形状便如同金字塔一般，故称之为"金字塔结构"。——译者注

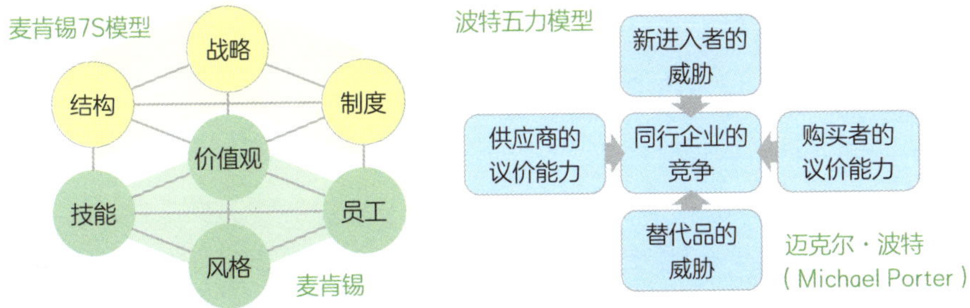

第一步骤　灵活使用练习工具

通过“为何如此”“那又如何”这两个问题进行的有条理的思考就是逻辑性思维。遇到任何问题，我们都要不厌其烦地用这两个问题询问自己和对方。

对于不擅长此类行为的人而言，**费米推论法**①无疑是一个绝好的练习工具。比如，我们可以思考一下“日本有多少台自动贩卖机”。当然，我们不能直接在网上查找答案，也不能只依赖直觉推测，而是必须通过逻辑推断来得出答案。

在这一过程中，最重要的是将普遍性知识和假设联系起来以便推导出答案。通过这种方法，我们可以提升自身构建逻辑的能力。推导方法有很多种，下图所示的只是其中一种。网上有许多类似的问题，感兴趣的读者请尝试挑战一下吧！

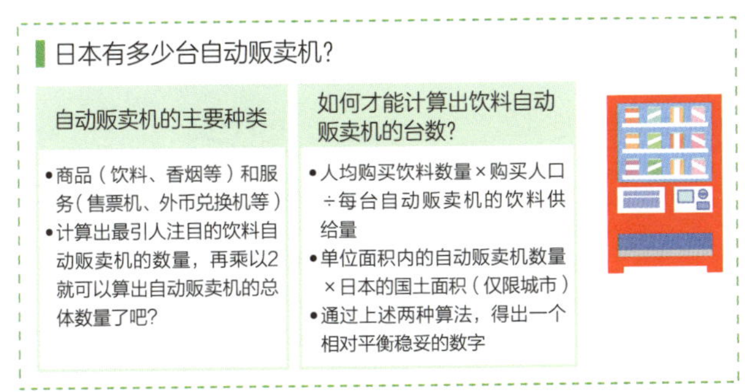

① “费米推论法”由诺贝尔物理学奖得主恩里科·费米提出。费米推论是将复杂、困难的问题分解成小的、可以解决的部分，从而以最直接的方法迅速解决问题。其原意是指在极短时间内以相关数字计算乍看之下摸不着头绪的物理量；后来延伸为只要透过某种推论的逻辑，就可在短时间内算出正确答案的近似值。这一推论法的目的在于要向人们表明，我们可以进行科学的假设并从中得出比较接近的答案。——译者注

相关技能 **理性思考之后再行动**

02[①] **批判性思维** 我们的思维往往是扭曲的、带有偏见的，而批判性思维则可以帮助我们克服这些阻碍因素。

05 问题解决 在解决问题之时，最常见的错误是直接根据直觉或经验来草率地确定解决方案。这样即使能够暂时遏制问题，也无法彻底解决问题。我们可以运用逻辑性思维来从根本上解决问题。

10 定量分析 为了做到有条理地思考问题，我们不仅要厘清逻辑推理顺序，还要通过定量分析来对这一推理过程进行验证。

① 目录、标题和文中每项技能前的序号为对应的技能编号。——编者注

02 批判性思维

确立切实可靠的想法

我们在思考事物的过程中会出现些许扭曲和偏差，钻牛角尖就是其表现之一。另外，我们往往在构想出一个看似合理的方案之后，便不会再深入思考了，结果最后往往会哀叹：“糟了！如果当初再认真想想就好了！”为了避免这种懊悔莫及的情况出现，我们要敢于质疑自己的想法并进行批判性思考。

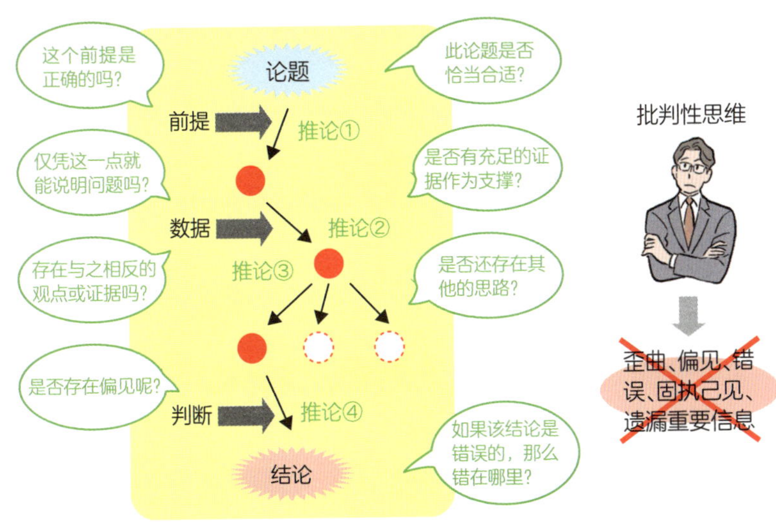

基本思路 用批判性眼光审视自身的想法

一般情况下，我们经常将逻辑性思维本身称为“**批判性思维**”，即所谓的“广义的批判性思维”。然而，伴随着“逻辑性思维”这一和制英语①的普及，其侧重面也越来越多地集中于批判性，即所谓的“狭义的批判性思维”。

① 日语中的“和制英语”是指通过将英语单词排列组合而创造出的外来语词汇或语句表现，例如“アフターサービス（售后服务）”就是由“After”和“Service”两个词组合而成。——译者注

我们要敢于用批判性眼光来审视自身的想法，敢于不断问自己“真的是这样吗”“是否还存在其他思路呢”等问题，以期最大限度地降低逻辑谬误出现的可能性。

技能组合　避免逻辑陷阱

演绎法　**演绎法**是建立准确逻辑关系的重要方法之一。接下来，我将为大家详细地描述如何运用演绎法进行逻辑思考。首先，我们要举出一个在大多数情况均可成立的普遍性想法作为切入点——“领导必须具有决断力”。这被称为“**规则**”（大前提）。

接下来，我们要把眼下所面临的种种现象和观察到的具体事例列举出来——比如“我的上司在制定决策时总是拖拖拉拉的”。这被称为“**案例**”（小前提）。

最后，我们要认真思考如果将该案例套用于规则之中会推导出怎样的结论。在这个案例中，我们可得出的结论是“领导有所失职”。这就是所谓的“**三段论法**”。

其中，我们要敢于质疑作为大前提的规则是否妥当合理。比如，我们要认真考虑“该前提在什么时候或情况下方可成立”“它会不会只是自己的一厢情愿或过度奢望”以及“是否其他的思路亦可成立”等问题。通过上述方式可以对大前提进行仔细的检查。

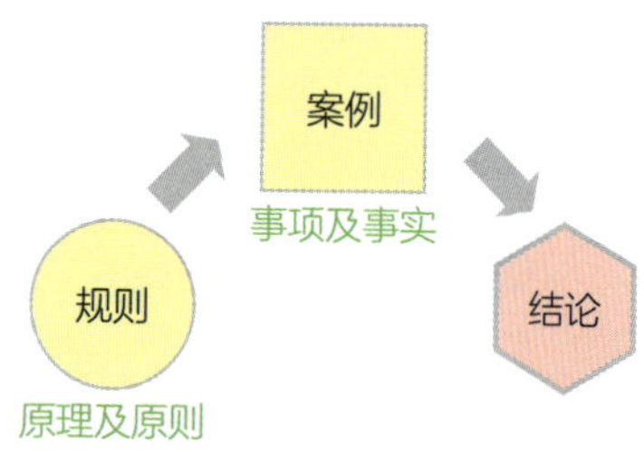

另一个常见的问题就是规则和案例的不匹配。例如，如果上司制定决策的拖拉现象仅限于日常生活，那么套用这个规则就大错特错了。

归纳法　与演绎法相反，**归纳法**是指从案例推导出规则的方法。例如，“A经理、B经理和C经理在学生时代都曾担任过运动社团的队长，所以拥有队长经验的人都能够出人头地”一类的推理方式就是归纳法的具体体现。

其中，大家最需要注意的一点是防止出现**过度概括**的情况。例如，是否真的仅仅通过三个人的例子就可以推导出这样的结论呢？在收集三人事例之时，是否存在选择对象均为销售部门经理等有失偏颇的情况呢？是否存在许多队长未能出人头地的反例呢？如果我们没有对这些问题展开调查，便不能推导出正确可靠的结论。

另外，我们还需要注意所归纳的**共同点**是否准确。如上所述，真正促使三位经理出人头地的原因在于他们均毕业于X大学，而不是曾担任过运动社团的队长。因此，归纳法本身就是一种非常值得认真推敲的推理方法。我们不可能穷尽所有的案例来调查，但关键在于如何做出准确的判断。

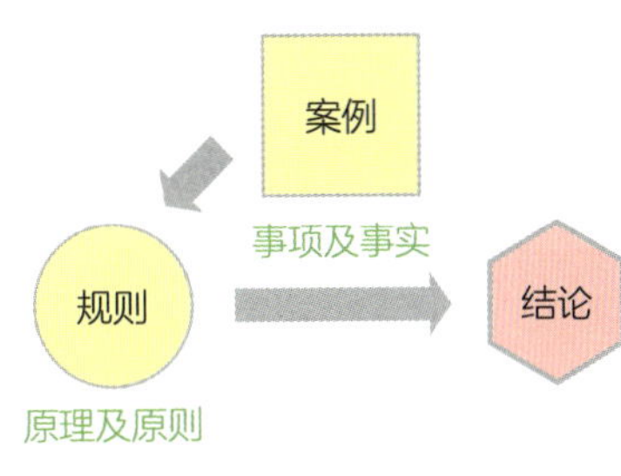

因果关系 在构建逻辑关系的过程中，**因果关系**也是不可或缺的要素之一。具体说来，所谓因果关系是指“如果做A（原因），那么就会出现B（结果）”。但如果我们把因果关系考虑得过于简单，也有可能会建立一些错误的逻辑关系。

首先，我们要考虑是否存在“B伴随着A的增减而增减”的**相关关系**。要想彻底弄清楚这个问题，我们就必须收集一定数量的事例来分析。但即便二者存在相关关系，也不一定就是A的增减导致了B的增减，也有可能是B的增减导致了A的增减。换言之，只有对A和B发生的**时间顺序**进行仔细的调查，我们才能做出正确的判断。

另外，偶尔也会有**第三种因素**同时作用于A和B，从而出现A与B之间存在某种因果关系的假象。此外，也有可能存在其他更重要的原因，只是A恰好成为B出现的导火索，即**压死骆驼的最后一根稻草**。因此，我们不仅要分析A和B之间的关系，还要广泛地调查其他因素才能得出准确的结论。

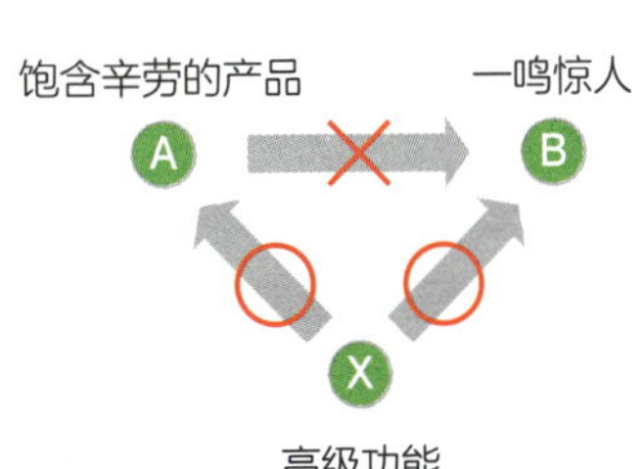

模式与偏见 每个人所持有的认知框架和表述架构被称为**“模式”**。虽然这未必是消极因素，但若处理不当，人们就容易陷入固执己见的泥淖之中并产生逻辑错误。为了避免发生这种情况，我们必须要敢于质疑前提、寻找反面证据、进行双向思考并积极交流探讨。

此外，每个人都或多或少地存在某些**偏见**，这是一种思维和认知上的不良习惯。目前已知的偏见多种多样。如果我们没有事先排除这些不良因素，就极有可能在对事物进行分析和判断时产生偏差。

证实偏差	只收集能够支持自己假设的信息
代表性偏差	将很少发生的特殊事件误认为是普遍规律
归因偏差	从有利于自身的角度出发来为某种行为或结果寻找原因
可利用性法则	过分看重容易被感知到或回想起的已有信息
后视偏差	事发之后从结果出发寻找论据来证明自身曾就此事做出精准判断
多数共识性偏差	认可大多数人所支持的意见
偶然性偏差	从偶然发生的事物中寻找规律或因果关系
过度评价性偏差	过度评价或畏惧发生概率极低的事情
一贯性偏差	根据之前信息直接对后续做出判断，过度强调时间上的一贯性
损失规避效应	面对损失的痛苦感要大大超过面对获得的快感
锚定效应	第一印象或第一信息过度影响甚至支配其后的判断和决策

第一步骤 激活大脑

2002年诺贝尔经济学奖获得者丹尼尔·卡尼曼（Daniel Kahneman）将人类所拥有的两种思考模式分别命名为“**系统1**”和“**系统2**”。其中，前者是指基于经验和感觉的直觉思考模式；而后者则是指使用逻辑和推理的理性思考模式。

一般情况下，我们倾向于使用“系统1”来处理大部分事务。因为我们在这种模式下能够进行快速思考，从而节约大脑的能量。只有在“系统1”无法应对之时，“系统2”才会启用。

换言之，我们只有在强制性激活“系统2”的情况下才能够进行逻辑性思考，而

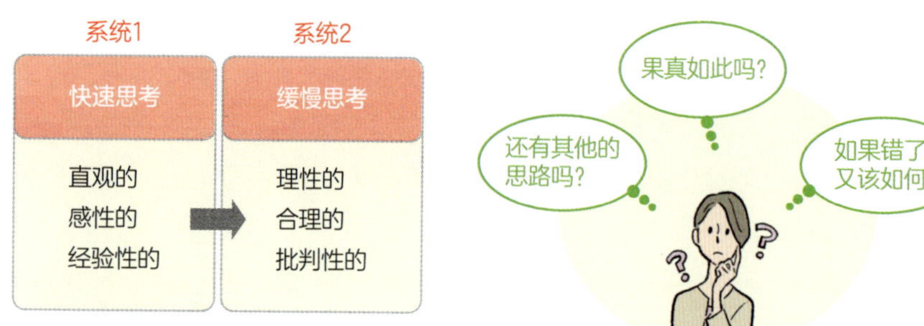

系统2需要我们特别注意且付出相应的努力。

开启这一模式的口令便是“果真如此吗?”“还有其他思路吗?”“如果错了又该如何?”等短语。

如果你能够经常在脑海中回想这些口令，自身的批判性思维能力就能够大大得到开发。那么，就让我们从这一步骤开始着手激活自己爱偷懒的大脑吧!

相关技能　提高判断的合理性

01 逻辑性思维　逻辑性思维是指为了进行有条理性的思考而使用的一整套的系统性技能，可以作为提高判断合理性的第一步。

05 问题解决　在解决问题的各个步骤中，批判性思维是不可或缺的要素之一。特别是团队在讨论如何解决问题的时候，如果不能充分发挥批判性思维的作用，全员就可能都走上错误的方向。

06 决策制定　在制定决策之时，就到了批判性思维上场的时候了。此时的我们非常容易陷入逻辑谬误或偏见陷阱，因此导致判断失误。

03 创造性思维

创造性地思考问题

最近，“设计思维”[①]和“艺术思维”[②]这两个词经常出现在人们的视野之中。这两种方式都有助于我们摆脱传统的框架束缚，进而产生创新性思维。眼下，任何领域都在强调创新的重要性，因此所有的商务人士都需要掌握创造性思维这一技能。

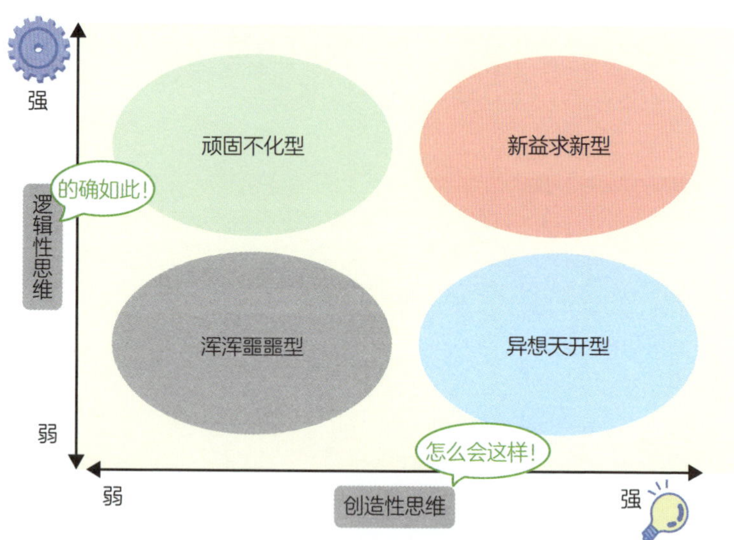

① 在设计和规划领域对定义不清的问题进行调查、获取多种资讯、分析各种因素，并设定解决方案的方法与处理过程。——译者注

② 在艺术创作活动中，形象思维、抽象思维和灵感思维经过复杂的辩证关系构成的思维方式。三者彼此渗透，相互影响，共同构成了艺术思维。其中形象思维是主体，起主要作用。——译者注

基本思路　激发灵感

所谓“逻辑性思维（垂直思维）”是指有条理地思考并找出具有普遍性意义的答案。与此相对，“创造性思维（水平思维）”则是指在不受条理框架限制的状态下思考并找出具有独创性意义的答案。这种思维方式对于创新而言是不可或缺的。

只依靠天马行空的思考是无法产生个性化方案的。我们只有在熟悉并掌握创造力产生机制的基础上按部就班地思考，才可以获得灵感。换言之，创造独特想法并非依靠个人感觉，而是一种人人皆可掌握的技能。

技能组合　实践创造过程

收集信息　著名广告工作者詹姆斯·韦伯·扬（James Webb Young）曾将“创意”一词定义为“现有要素的重新组合”。将信息、知识、数据和已知想法等各种现有要素输入大脑，对于新想法的产生而言是不可或缺的。

简单来说，就是我们要从书籍、媒体、网络等二手信息中收集与主题直接相关的客观事实。但是，只做到这一点，就非常容易陷入陈腐死板的观念窠臼之中。因此，通过直接观察用户的行为或者在现场体验同样经历等方式来收集直观数据（一手信息）就显得尤为重要。换言之，创意产生的关键不是依靠头脑去理解，而是产生深度共鸣。

理性的		感性的
数据		直觉
客观的		主观的
统计（整体）		事实（个别）
平均·代表	↔	特殊性·例外
假说·验证		共鸣·意义
分析力		洞察力

然而，单纯依靠与主题直接相关的知识并不能产生出人意料的组合，收集主题之外的相关信息（如培养一般素养、掌握多专业领域知识和扩充经验和人脉）也至关重要。如果我们平时没有积极地做好这些准备，那么在关键时刻就无法发挥自身的实力。

探索着眼点　当头脑中的信息增加到一定程度时，我们也不要急着去构思新创意，而是应该让这些信息在脑海之中沉淀一下。此时的我们可以从俯瞰的角度来浏览信息全貌，也可以去思考一些全然无关的事情，甚至可以暂时停止一切思考。

古人有云，创意诞生于“三上（马上、枕上、厕上）”①。当我们放缓思考节奏时，默认模式网络②便会启动。此时，信息与信息之间会建立新的联系，从而引导我们进行更为深刻的洞察和理解。

这种灵光一闪正是打造具体创意的着眼点。落实到商品或服务上，这种创意就体现为某种概念（为何种人群提供何种价值）。只有在明确定义的基础上，我们才能够判断出其是否具有发展成为一个具体创意的潜力和价值。

创意思维 我们在确定某个着眼点之后，接下来就要进入思考具体创意的阶段。一下子创造出一个能够让人眼前一亮的绝妙方案是十分困难的，我们可以将其分解为几个步骤。首先，你要捕捉灵感。无论这些灵感如何微不足道，哪怕只是一个瞬间划过脑际的想法，你也要尽可能多地将它们记录下来，以此来让自己的思维得到充分发散。

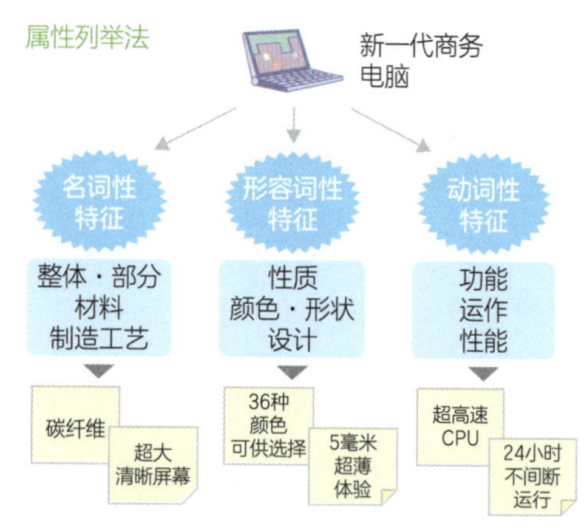

在此基础上，我们可以通过简单筛选、斟酌提炼、组合构思等方法来将各种灵感汇聚成多个主导性创意。

前人开发的许多方法和工具都可以在这个阶段派上用场。熟练掌握和运用它们能够大大提高我们创造新想法的效率。

验证假说 我们在上一阶段中所提出的创意仅仅是一个假说，只有验证过才能

① 中国古代著名文学家欧阳修曾在《归田录》中云“余平生所做文章，多在‘三上’，乃马上、枕上、厕上也。盖惟此尤可以属思尔。”其原意为不放过每一个马上、枕上、厕上的细碎光阴，将旅途中的马背上、睡前和如厕的点滴时光一点点收集起来用于读书治学之上。——译者注

② 在神经科学中，“默认模式网络”又称“默认网络”或者“默认状态网络”，是由一些相互作用的大脑区域组成的大规模脑网络，彼此之间神经活动高度相关，并且不同于大脑中的其他网络。当一个人不关注外部情况（例如在做白日梦或者思绪漂移）时，其意识清晰且大脑处于休息状态（也称之为静息态），此时，网络会默认激活状态。——译者注

知道是否能够真正应用于实践。倘若这一创意真的存在问题，那么还是尽早发现为好。对此，最简单快速的方法是粗略地制作出一个**样品**，然后让主创来亲身体验一番。此时最重要的是，我们要迅速且高效地反复进行“提出假说——验证假说——再提出假说——再验证假说”这一循环，直至将创意中所存在的问题彻底解决。

在完成这一步骤之后，该创意就要正式进入市场**测试**阶段。但此时正是**“证实偏差”**最易出现的时候，所以我们必须要对用户的反应和评价进行逻辑性分析。重复这一过程，你就可以不断完善创意，进而使其成为一个具体可行的**企划方案**。

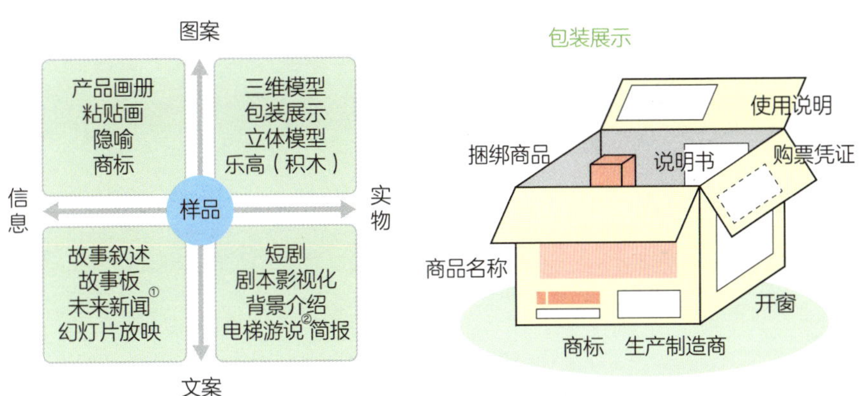

第一步骤　创建自身的信息接收器

创造性思维在很大程度上取决于我们平时所输入的信息量。提出独创性设想的窍门是在确定主题（课题）或假设之后来收集相关信息。

我们的大脑有一种功能叫作“**选择性关注**”——当我们主要关注某件事物或事情时，脑子就只会输入与之相关的信息，其他的信息则会被忽视。典型的例子便是**“色彩浴效应”**[3]，例如当你只关注红色时，就会发现到处都是红色。如此，我们便只能看到自己想看的东西，只能听到自己想听的事情了。

① 未来新闻是指将未来可能发生的事情，加上未来的日期，以新闻报道的形式撰写出来。——编者注

② 电梯游说一般指电梯法则，即用极具吸引力的方式简明扼要地阐述自己的观点，例如在电梯里只有30秒的时间向大客户推广产品且必须成功。——编者注

③ 当人们有意识地去注意特定的东西时，与其相关的事物便会自然而然地进入人们的视野。——编者注

如果我们没有创建自己的信息接收器，就无法获得自己所需要的信息。因此，在我们收集信息时，脑海中一定要有明确具体的问题意识，同时还要带着充足的探索心和好奇心来挖掘信息。另外，你还可以通过磨炼五感的方式提高信息接收器的灵敏度，以此来获得其他人注意不到的独特信息，这些独特信息就是创意的种子。

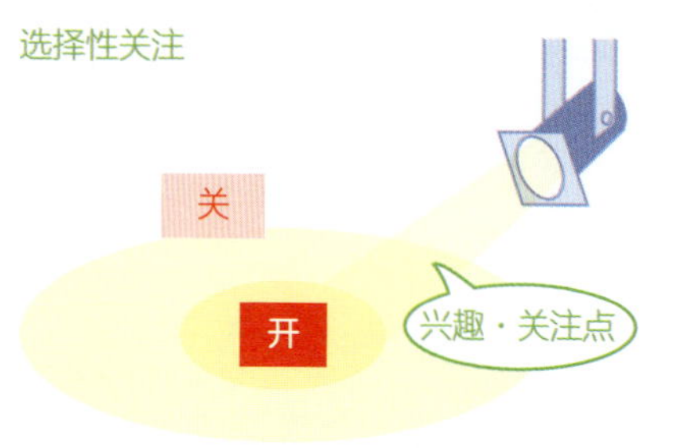

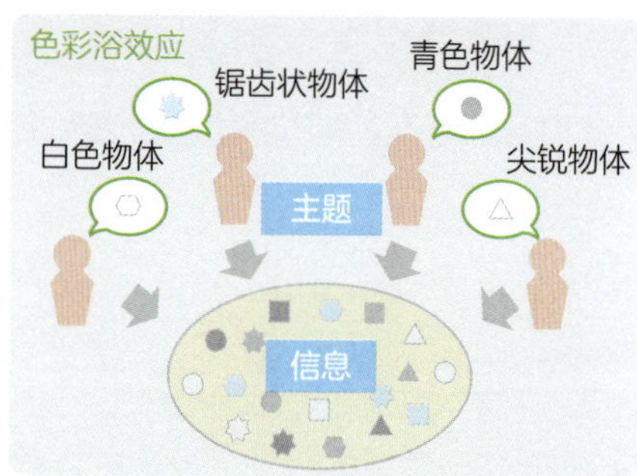

相关技能　支持创造性活动

04 创意构思　无论我们确定了一个如何精彩的着眼点，最后决定成功与否的还是创意设想这一关键点。如果我们想要提出高质量的创意设想，单纯依靠闭门造车是决然行不通的。我们必须要学会灵活运用那些蕴含创意原理的各类技能和工具。

16 演讲技能　将计划转变为现实离不开众人的协助和支持。此时，演讲内容能否打动人心成为决定性因素。

41 信息收集　从信息的收集整理到读书对话，都是日积月累的过程，这些积累能让创意之花绽放。对此，我们可以充分利用第5章介绍的技能。

04 创意构思

提出独创性设想

毫不夸张地说，创意可以解决一切问题。只要我们能够提出一个让大家眼前一亮的新奇创意，便能够立刻解决问题或同他人达成共识。当然，灵感不会从天而降，只有那些掌握了创意技巧并不断努力的人才能够获得它。

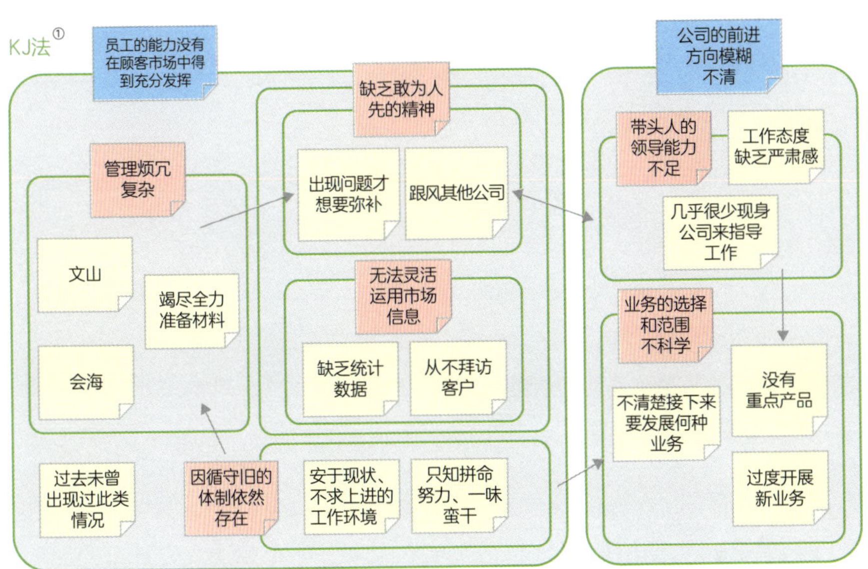

基本思路　打破束缚自身的框架

在实际生活和工作中，我们为达成目标必须确定相应的解决手段和方法。当这些手段和方法不仅仅停留在模糊的想法，而是十分清晰地闪现在脑海之中时，我们就将

① KJ法是全面质量管理的新七种工具之一。它是将处于混乱状态中的语言文字资料利用其内在相互关系（亲和性）加以归纳整理，然后找出解决问题新途径的方法。——编者注

其称为“创意构思”。另外，这一行为本身也构成了所有智力生产活动的核心。

自由思考的最大敌人便是自身的思维框架。为了打破这种思维束缚，前辈们已经创造出许多处理方法和规则，并将其发展成为一种创意技能法。如果我们能够自如地运用这些方法，便能够走上成为创意达人的康庄大道。

技能组合　熟练运用创意原理

发挥联想　即便我们现在并不能立刻提出具有独创性的设想，但只要能够逐渐扩展发散现有想法，终有一天会在不经意间乍现出人意料的创意。这就是灵活运用**联想**功能的创意构思法。例如，**头脑风暴法**以及在此基础上进一步加以发展和改良的书面头脑风暴法[①]便是这种创意构思法的典型代表。

将各种想法呈放射状进行排列的**思维导图**是我们联想时的一把利器。比如，我们可以通过内含3×3的**曼陀罗九宫格**[②]来进行联想，以此在短时间内产生大量的创意构思。

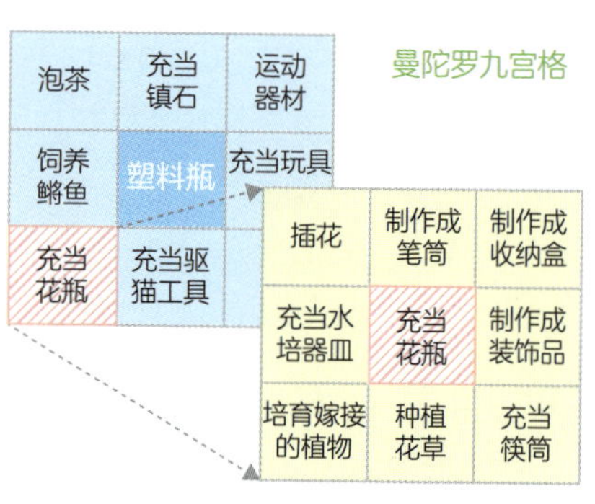

在联想过程中，一切在创意构思成形之前便对其进行评价的行为都是没有意义的。因为即便它们只是渣滓，也有可能成为通往成功彼岸的垫脚石。对此，掌握前进方向的舵手发挥了至关重要的作用，因为他决定了成员们究竟是要继续在细枝末节上下功夫，还是调转方向朝着关键因素出击。

具体展开　每个人都有自己独特的思考习惯。但如果天马行空般地胡乱思考，必定会产生较大的偏见。因此，我们要确定好一个易于思考的切入点并撒网式地思考，

---

① 书面头脑风暴法是对面对面头脑风暴的一种简单替代或补充，参与者将他们的想法写在纸上以匿名的方式进行传递，之后其他参与者继续接力书写，每位参与者都可以在前人想法的基础上进行补充和拓展。大约15分钟后会议结束，组织者将收集这些想法并将其公布进行分析讨论。这种方法主要应用于群体过于庞大和时间有限等场合。——译者注

② “曼陀罗九宫格”是“曼陀罗思考法”的重要体现。曼陀罗图能在任何一个区域（方格）内写下任何事项，从四面八方针对主题做审视，是一种“视觉式思考”。——译者注

这样才能不被自己的框架所束缚。

属性列举法和**问题分析解决型树状图**便是利用这一原理的具体体现。另外，**价值图**[①]有助于我们捕捉那些平时被忽略了的灵感，同时也可作为**突破性思维**[②]的实践工具发挥巨大作用。除此之外，还有以**奔驰创新思维法**[③]为代表的许多将创意切入点结合起来的技巧能够为我们所用。

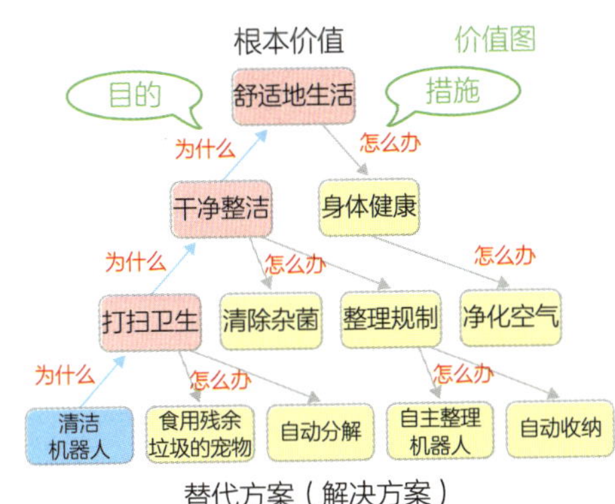

无论使用上述哪种方法，目的都是为了无遗漏地获得创意。但如果使用方法不当，最终只会产出大量老套陈腐的设想，这一点值得引起注意。

类比推理 根据两个对象在某些属性上相同性或相似性来进行思考和推断，我们往往会得到意想不到的灵感。这种思维方法被称为**“类比推理”**。例如，广为人知的**“综摄法”（又称“类比思考法”）、“戈登法”（又称“教学式头脑风暴法”或“隐含法”）**和**“NM法”（又称“中山正和法”或“目标词法”）**等都是这一思维方法的代表。

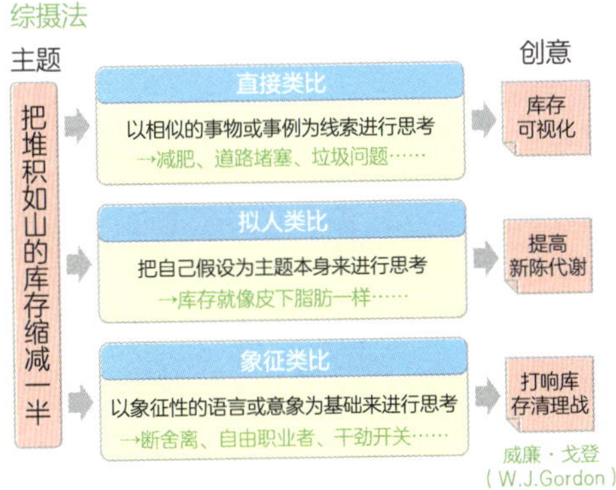

在类比推理中，关键点在于类推对象之间的关联性。如果关联性太

---

① 其目的是构建更高层次的目标和价值，并鼓励涌现出更多的创造性思维。——译者注

② 一种介于自由联想和头脑风暴之间的结构化问题解决方式，其主要是通过控制性的目标设定和创造性的试错来寻找新的解决方案。——译者注

③ 该方法包括了7个切入点——Substitute（替代）、Combine（合并）、Adapt（改造）、Modify/Magnify（修改/扩大）、Put to other uses（改变用途）、Eliminate（去除）、Reverse/Rearrange（颠倒/重排），所以取其首字母组合成“SCAMPER”一词，并译为“奔驰法”。奔驰法不仅代表着7种改进或改变的方向来激发人们推敲出新的构想，而且是一种常见的思考、管理工具和决策方法，可以有效地产生改进现状的新想法。这一方法常用在改进现有产品、服务或商业模式中。——译者注

强，那么我们便不能得到奇思妙想；但如果关联性太弱，那么我们就很难将两者联系起来。因此，最好的类比推理状态应该是类推对象看似关联性较弱，却存在一些意想不到的共同点。

为了培养自身类比推理的能力，我们不妨在日常生活中选定某一事物并思考有哪些事物也具有类似的原理、功能、作用和特性，以及是否可以将其比作为其他事物。

优化综合 即便每一部分平淡无奇，也可以通过**优化组合**的方式变得不平凡。川喜田二郎的**KJ法**，也是在对意想之外的要素进行分类组合之时才产生了崭新的构思。组合之妙才是创意之源。

例如，我们在构想出些许创意之后来将其随机组合，这样便可以获得具有独特性的设想。此时，有许多方法和技巧可供我们使用。例如，通过颠倒或位移的方式来对各创意要素进行组合的**"矩阵图法"**、考虑各要素之间多种组合方式的**"情景分析法"**以及将事先准备好的关键词强行组合在一起的**"刺激词法"**①也颇有趣味。

无论怎样的组合，我们都能从中找到某种关联性。正是因为人脑具有将不同事物联系起来的类推能力，所以我们才能够进行各种创新和创造。

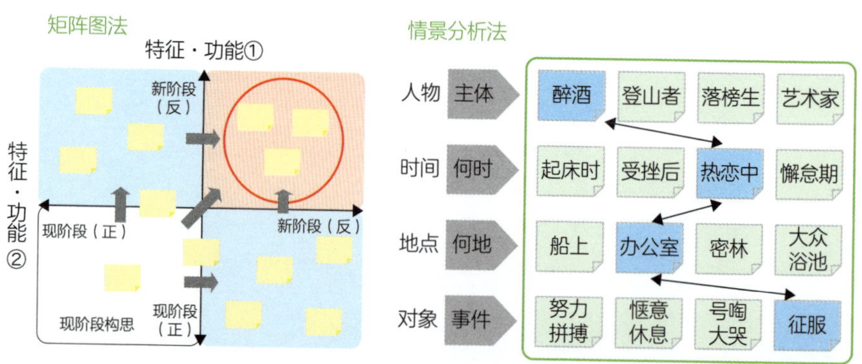

第一步骤 创意在多不在精

意欲掌握创意技能的人首先要做的事情并非说三道四，而是要尽可能多地构想出

① "刺激词法"是指通过将乍一看与主题无关的关键词组合在一起来获得刺激（灵感），进而产生创意思维的框架。——译者注

各类创意。对此，我们要将目标数量设定为现在的10倍。例如，假设我们现在的能力极限是10个，那么就将目标设定为100个。

这样一来，我们就必须通过自身的力量来打破思维的束缚，同时也不得不捡起那些零散的创意并丰富其具体内涵。就如笨鸟先飞那样，只要我们不断努力地拼命构思，一定能够想出闪闪发光的金点子。

在我们构想出100个点子之后，就要尝试对其进行组合升华，使这些想法变得别出心裁、与众不同，继续努力再次提出100个创意。如果大家觉得这项工作很困难，不妨使用**奔驰创新思维法**等一系列创意切入点组合技巧。如此，我们要永不言弃地持续构思各类创意设想。

创意会议亦是如此。如果我们没有事先设定好目标数量（或者目标数量过低），那么便无法使得整个会议氛围活跃起来。因此，请大家牢记，创意构思在于多不是精。

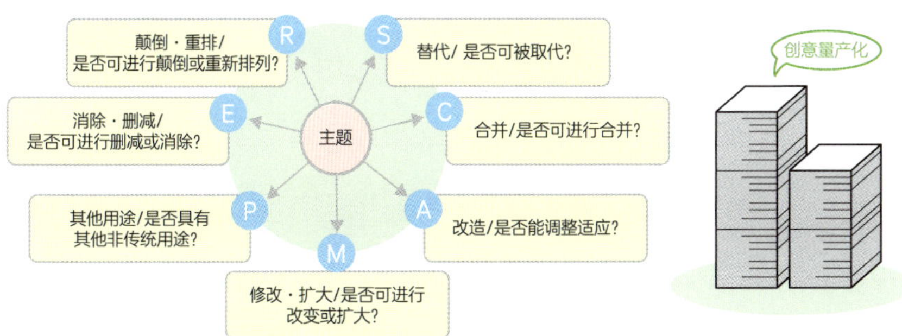

相关技能　提高个人和组织的想象力

03 创造性思维　莽撞地乱想一气并不会有助于我们提出创意性设想。只有在我们掌握了创造性思维的基本流程之后，构思艺术才有了用武之地。

24 团队建设　即便多位拥有丰富想象力的人聚集在一起，如果不能很好地进行团队合作，那么也无法使组织整体取得可喜的成果。

49 信息输出　想象力并非依靠一朝一夕之功便可迅速提高的。我们只有不断增加信息的输出量，最终才可以提高创意构思的质量。

05 问题解决

促进理想状态的实现

问题的解决永无尽头，而且那些本认为已经解决了的问题会反复出现，甚至采取的措施越多情况就越恶化。此时，胡乱采取对策是无济于事的。为了从这种无休止的“打地鼠”状态中摆脱出来，我们就必须掌握解决问题的技能，并按照正确的步骤来寻求解决方案。

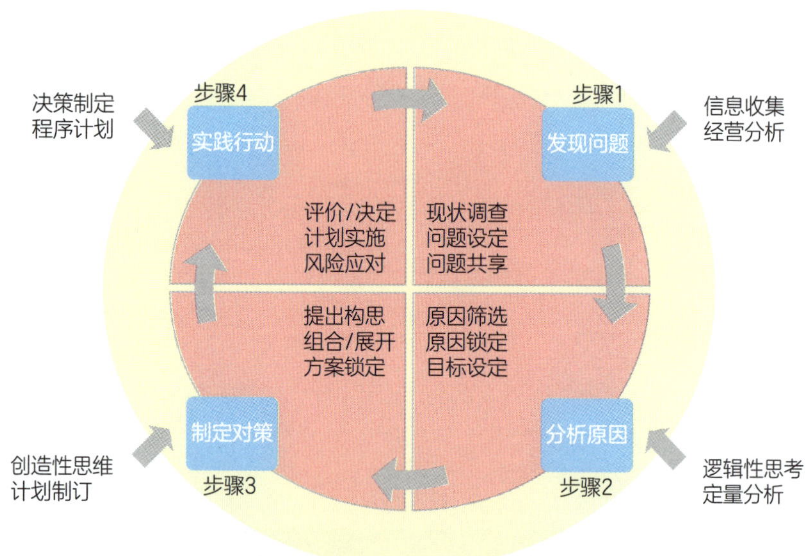

基本思路　**消除理想与现实之间的差距**

我们现在的生活状态叫作现实，但人人都有上进心，渴望变得更优秀，因此会提出理想和目标。然而，现实（As Is）和理想（To Be）之间的差距成为我们不得不直面的重大**问题**。为了消除这种差距，我们必须要改善现实状况直至达到理想目标——这种行为就是所谓的“**问题解决**”。

如果我们仅凭借一时心血来潮便采取草率的措施，即使能够在一定程度上遏制问题，也无法从根本上解决问题。因为按照正确的步骤来解决问题才是至关重要的。

技能组合　切实完成四大步骤

发现问题　问题可以分为以下三大类型：①现实与理想的差距较为明显的“显性问题”，这也是最常见的问题类型；②眼下虽未存在差距，但将来有可能出现隐患的“潜在型问题”；③虽然现状已经达到了让人充分满足的水平，但为了达到更高的目标而故意设定的“理想追求型问题”。

无论面对上述哪一种情况，只要我们没有合理地设定问题，就会无所适从。既然如此，那么我们就应该在努力揭示事物本质的同时，通过崭新的视角找出可依靠自身力量解决的问题（安宅和人）。

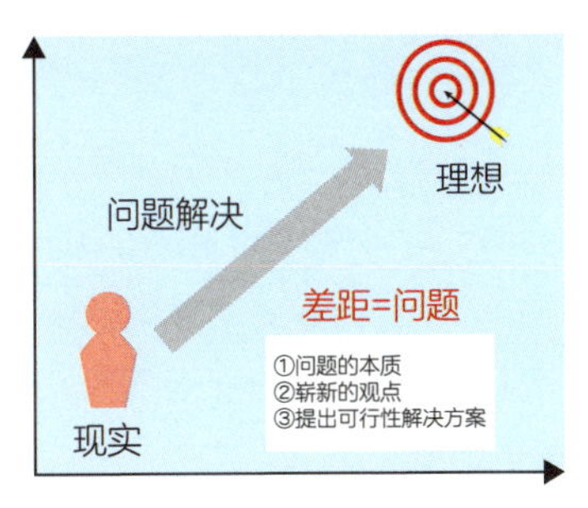

另外，在多人聚在一起共同讨论问题解决方案时，必须确保所有的讨论者都对问题有着清晰的认识，否则最终只会各行其是。

分析原因　如果你只是看到问题的表面而“头痛医头、脚痛医脚”的话，就无法从根本上解决问题，继而会导致问题反复出现。我们必须找出引发问题的真正原因，对症下药。对此，我们要根据问题的具体情况来熟练运用特性要因分析、逻辑树和关联图等原因分析工具。通过上述方式便能很快锁定需重点关注的因素。

在这一阶段中，假设性思维能够发挥巨大的作用。因为如果我们要调查分析所有原因，时间是远远不够用的。此时，我们不妨假设“○○可能是导致问题出现的真正原因”，有针对性地进行验证，这样就能节省大量的时间和精力。另外，获取一定数值数据并进行定量

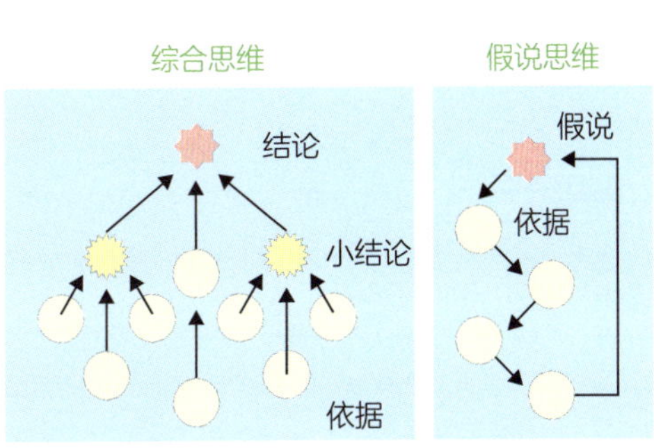

分析是确保验证准确性所必不可少的步骤。

制定对策 无论我们付出多少努力来调查出现问题的真正原因，如果没有确定有效的应对方案，也是无法从根本上解决问题的。另外，我们制定的对策能否真正解决问题完全取决于创意构思的好坏。因此，我们必须要擅长运用**创造性思维**和**创意构思技能**。

一般说来，眼下最流行的方法是由创造学和创造工程之父亚历克斯·奥斯本提出的**头脑风暴法**。头脑风暴法是一种群体遵循四大原则①自由交换想法和意见的方法。除此之外，还有各种各样的技能和框架。如果我们能够根据不同主题来区别运用这些技能和工具的话，便能够有效地拓展我们的思维。

我们构想出来的创意可以说是一块璞玉，只有通过开发、整理、统合、提炼等步骤才能将其打造成为真正具体可行的解决方案。

如果我们想要提出高质量的创意设想，就一定要关注创意环境和团队氛围。当个人的创造力能够最大限度和集体**互动**时，创新性方案便自然而然地产生了。

实践行动 最后一步是要选择最佳的解决方案。如果我们只是根据形式是否新颖或外表是否华丽来选择方案的话，那么最后一定会面临鸡飞蛋打的局面。最佳的解决方案一定能够通过最小的成本消耗来发挥最大的性能价值。为达到这一目的，我们可以借助“**支付矩阵**②”和“**决策矩阵**”等决策工具的力量。

---

① 头脑风暴法应遵守如下原则：A. 庭外判决原则。对各种意见、方案的评判必须放到最后阶段，此前不能对别人的意见提出批评和评价。认真对待任何一种设想，而不管其是否适当和可行。B. 欢迎各抒己见，自由鸣放。创造一种自由的气氛，激发参加者提出各种荒诞的想法。C. 追求数量。意见越多，产生好意见的可能性越大。D. 探索取长补短和改进办法。除提出自己的意见外，鼓励参加者对他人已经提出的设想进行补充、改进和综合。——译者注

② 支付矩阵，也称“赢得矩阵”、报酬矩阵、收益矩阵、得益矩阵，是指从支付表中抽象出来由损益值形成的矩阵，用来描述两个人或多个参与人的策略和支付的矩阵。不同参与人的利润或效用就是支付。在实验心理学的信号检测论中，指在一定的信号和噪声出现的先定概率条件下，对被试判断结果的奖惩办法。——译者注

我们在确定了某个解决方案之后，需要根据它来制订相应的具体计划，否则便不会有人采取行动。一个合格的**行动计划**必定包含行为主体、行为客体和时间期限这三大要素，而不能只是喊喊口号便匆匆了事。另外，为了能够从容不迫地应对突发情况，我们也需要提前制订好**风险管理计划**。

行动计划		
人物	事件	时间
吉田	准备总经理发言材料	9月25日
木村	整理今日会议讨论的内容	明日17时
佐藤	对重点客户的情况进行调研	10月17日
小林	处理上周的投诉案件	现在
高桥	分析B方案的建设性	11月上旬
渡边	制定下次研讨会的相关议程	本周五

问题解决的四大步骤并非是依靠一朝一夕之功便可完成的，因为只要我们不放弃追求理想，那么问题就永远不会消失。因此，通过不断重复上述**管理周期**来不断地解决问题才是工作的本质。

第一步骤　找出真正的问题所在

日常生活就是一个不断解决问题的连续过程，并且每一个人都有能力解决自己所面对的问题。然而，大部分人并没有按照上述步骤来解决问题，而只是在遇到问题时想一出是一出。我们把这种行为称为“**头脑发热症**”。因此，我们要做的第一件事便是从这种状态中摆脱出来。

当你发现某些疑似问题的迹象时，应该首先反复斟酌那是否真的是需要解决的问

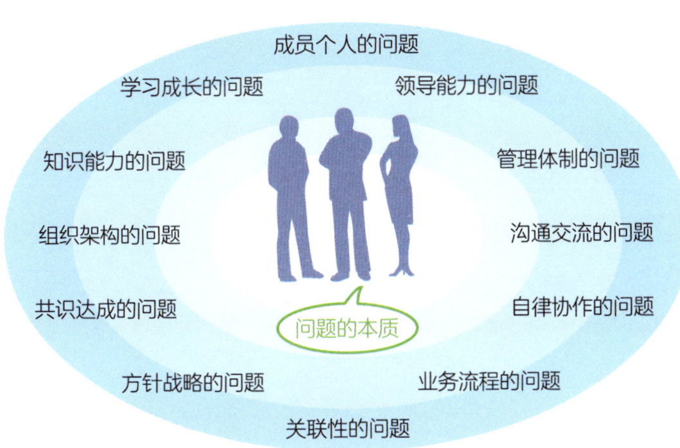

题。但即便确定该问题亟待解决，也不能立刻慌乱地去思考解决方案，而是要认真探究该问题的本质。这就是本书提出的希望大家能够养成的行为习惯。能否解决问题的关键在于我们是否能够正确地认识问题。

相关技能　综合利用多种思维方式

01 逻辑性思维　在步骤2分析原因和步骤4实践行动这两个阶段中，我们必须具备逻辑性思维能力。逻辑树和其他逻辑性思维工具在解决问题之时能够发挥巨大威力。

03 创造性思维　在步骤1发现问题和步骤3制定对策这两个阶段中，我们必须具备创造性思维能力。创造构思的原理及相关技巧有助于问题的解决。

10 定量分析　在步骤1发现问题和步骤2分析原因这两个阶段中，如果我们没有结合定量分析来思考，那么就极有可能推导出错误的结论。

06 决策制定

制定最佳决策

判断稍有失误就有可能导致不可逆转的事态出现。很多时候我们会发现，虽然自己勇敢地做出了一项决定，却没有人愿意追随。为了避免出现这种不体面的状况，我们必须掌握决策制定的相关技能。在这个不透明且不稳定的时代，决策方式显得至关重要。

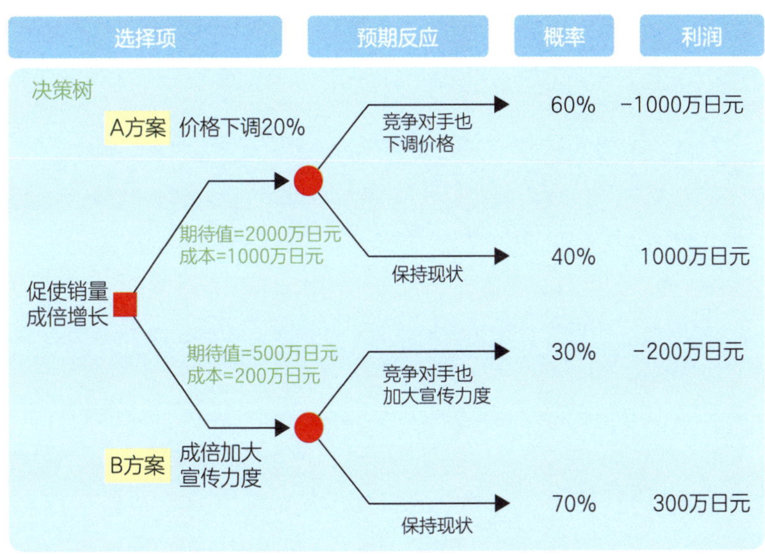

基本思路 **正确选择应当采取的行动**

所谓**“决策制定”**是指我们为了达成目标而选择最佳方案。从日常的即时决断到公司的中长期发展战略，这一系列的决策制定贯穿于整个商业活动之中。决策制定的成功与否决定了企业经营业绩的好坏。

对此，你必须在信息有限的情况下迅速地做出决定，并切实稳健地付诸行动。如何在**合理性有限**的状态下做出合理且令人信服的决策是商业活动的一大课题。

技能组合　按照合理的程序做出判断

明确目标　无论我们制定何种决策，目的都是希望在做出决定并付诸实际行动之后能够有所收获。如果我们没有提前设定明确的**目标**，就会迷失思考的方向。这样一来，我们既无法判断决策的合理性，事后更无法评估决策的质量。以上图为例，我们制定决策的第一步便是设定“促使销量成倍增长”这一目标。

然而，这并不意味着我们可以随心所欲，而是要设定某些**制约条件**。比如，我们要将时间期限设定在一年之内，且要把预算控制在10亿日元以内等。如果我们事先没有明确这些条件要素，那么就会浪费大量不必要的精力。

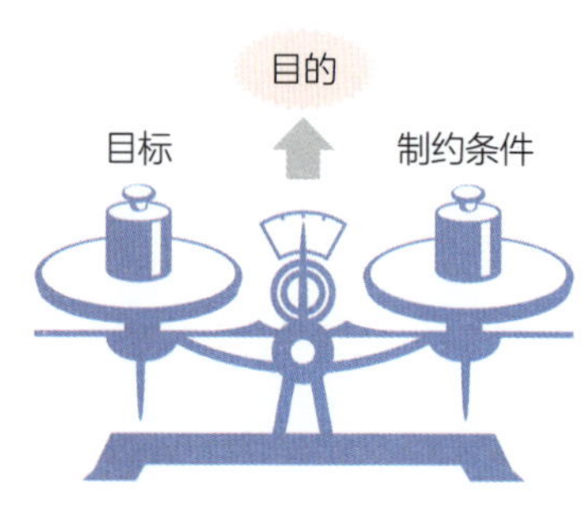

我们为了达到最终**目的**而需要不断探寻并确定可同时满足既定目标和制约条件的最佳方案。这种行为即为“决策制定”。特别是在组织决策过程中，如果我们没有设定好目标和制约条件，那么就会意见百出，难以制定决策。

设定标准　我们在明确目标之后，紧接着便要设定**评价标准**来判断应该对哪些要素予以重视。因为如果我们在提出方案选项之后再次设定标准的话，就有可能为了支持自己中意的方案而肆意地左右评价标准。

一般来说，合理的做法是根据所得效用（销售额、满意度等）的多寡来设定评价标准。例如，在**期望效用理论**中，我们便是通过预期增益和期望概率来计算所得效用的。当然，标准并非只有一个。一般情况下，我们需要综合利用多个标准来进行评价。

然而，人们并不总是只靠理性来思考问题。“创业精神”和“行动方针”等一系列为组织所重视的价值观也有可能成为评价的标准。除此之外，一些情感方面的交流，诸如“是否感觉合适呢”“能否引起你的共鸣呢”等话题讨论也会在组织运作的过程中发挥重要作用。总之，我们须注意不要让理性成为唯一的判断标准。

提炼备选方案　为了达成目标，我们需要借助多种方法来尽可能多地确定**备选**

方案。例如，我们可以利用问题分析解决型树状图来列举出一个全面式方案备选清单，或者通过头脑风暴法来罗列出一个自由式方案备选清单，最终究竟要采用上述哪种方法要视主题或情况而定。

在该阶段，重要的是要暂时保留自己的评价和判断。因为如果我们先入为主的话，最终将无法列举出全面的备选方案。

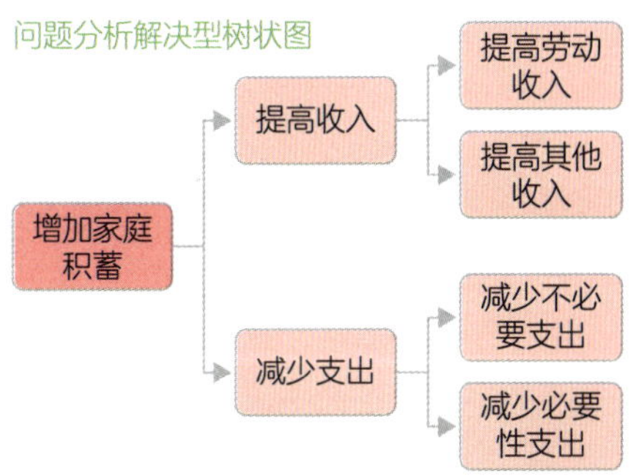

确保一定数量的备选方案是一切选择的前提。但是，如果备选方案数量过多也会导致后续的评价环节变得异常困难。在这种情况下，我们可以使用多重投票法或其他方法来进行初步筛选，使下一步的工作变得更加轻松。

评价备选方案　在评价标准较少的情况下，我们可以使用支付矩阵等简单方式来选择出那些能够以最小的投资来获得最大效用的方案。如果我们想要进行更加精准的定量评价，那么可以借助“决策树”等方法。

另一方面，当评价标准涉及多个方面时，采用“决策矩阵”更加方便。其中，评价标准的权重是关键要素。根据权重的不同，选择的最佳方案也会发生变化。

一般来说，采用综合评价最高的选项是比较合理的。但是，我们也完全可以特意选择其他备选项。毕竟，对各备选方案所做的评估只不过是提供了判断依据而已，最后选择哪种方案还是要视自己的意志而定。

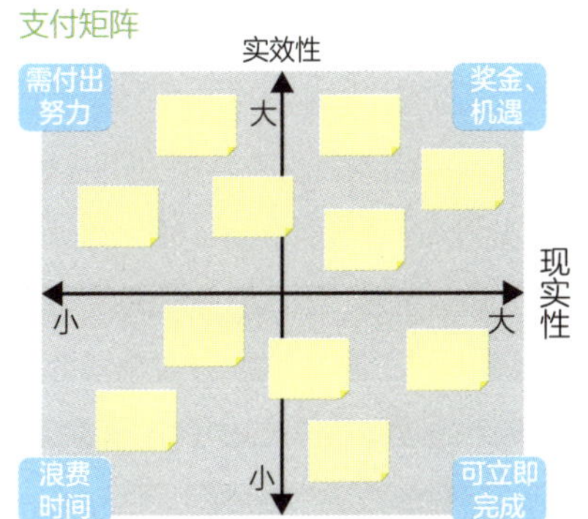

决策矩阵

权重	实效性	现实性	新颖性	亲和性	风险性	合计
	X 3	X2	X2	X1	X1	
计划A	6	6	6	6	6	54
计划B	10	5	1	1	5	48
计划C	1	10	1	8	10	43
计划D	3	1	10	8	6	45
计划E	3	3	5	10	3	38

第一步骤　培养正确的习惯

决策制定的四个步骤看起来是浅显易懂的，然而真正能够做到的人却出乎意料的少。因为大部分人在面临必须做出决定的状况时，会立即思考解决办法，并且在构想出一个方案之后就停止提案。之后，他们只简单判断该方案的好坏便决定是否采用。

比较各个备选方案可以获得多方面的评价，并提高决策的质量。这种方法也有利于我们对最终决策产生认同感，因为这是根据自己的意愿所做出的选择。所以我们需要养成准备多个备选项的思考习惯。同时，还必须要准备出一些**反对方案**。

另外，我还希望大家养成先设定标准再判断的习惯，否则就会被本能或感觉所左右，无法做出合理的决策。

特别是在组织决策过程中，你必须要在提出备选方案之前确定评价标准。很多时候公司会议之所以迟迟无法得出结论，就是因为没有事先确定好决策方法。当事情迟迟没有进展的时候，讨论决策方法无疑是一条捷径。

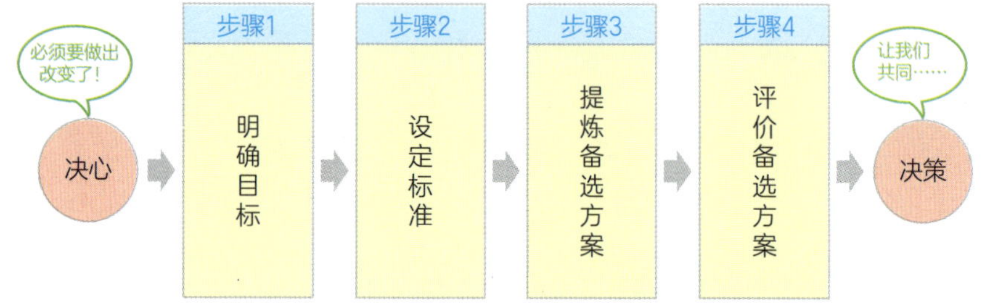

相关技能　通过决策制定推动组织发展

01 逻辑性思维　逻辑思考是避免决策错误的关键要素。即使你是在做非理性决策，如果没有基于逻辑来判断，这个决策只能算是一场盲目的赌博，没有任何人会追随你。

19 建导技能　由于组织的决策大多是通过讨论来制定的，因此用来掌控会议进程的建导技能成为关键性要素。

21 组织管理　如果我们能够将决策制定技能灵活地应用在日常业务中，便能够轻松地进行管理了。另外，这也有利于构建一支自律的工作团队。

07 战略规划
思考取胜之道

日常工作中，我经常听到许多商务人士抱怨所在的公司没有自己的战略。然而，当被问到“什么是战略”时，他们往往是含糊其词。如果我接着问他们“你自身又制定了哪些发展战略”，他们会变得更加吞吞吐吐，不知所云。试想，这样的企业和个人能够安然地生存下去吗？

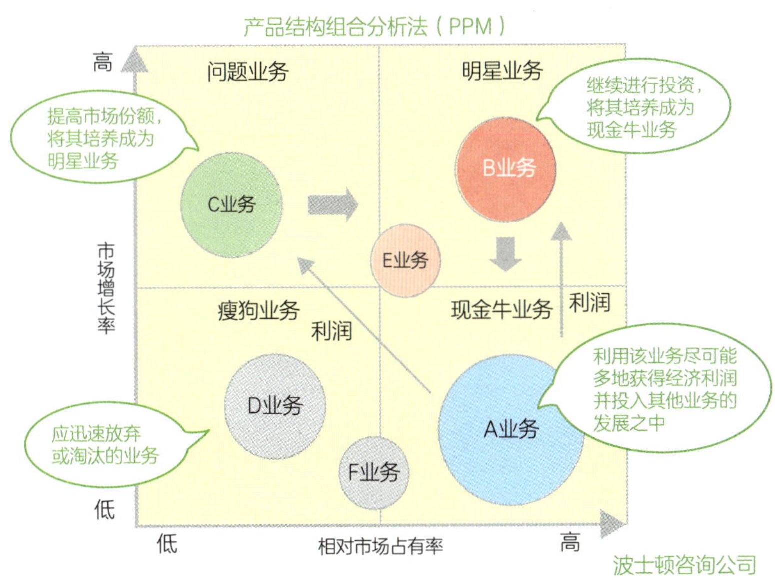

基本思路　做出选择并关注重点

究竟何为**战略**，一言以蔽之，就是确定在何领域内以何种方式展开竞争。另外，战略的真谛就在于如何最大限度地利用现有资源来取得有利位置。为此，我们必须明确地对经营业务进行取舍，在做出**选择**之后重点**关注**保留业务。

企业为了实现提出的愿景，需要制定经营战略、业务战略和竞争战略等各种战略，然后将其各自发展成具体的战术和计划。因此，制定有效可行的战略是商业活动的起点。

技能组合　熟练运用战略框架

外部分析　孙子曰：知己知彼，百战不殆。了解自身所处的商业环境以及竞争对手的动向是制定战略的第一步。

例如，PEST分析法就是一种从政治（Politics）、经济（Economics）、社会（Society）和技术（Technology）这4个角度来分析企业所处外部环境的方法。又如“波特五力模型”则是从新进入者的威胁、替代品的威胁、供应商的议价能力、购买者的议价能力和同行企业的竞争等5个角度来分析行业结构和市场吸引力。

P政治	E经济
·注重防灾和福利的政策 ·为提高税收而提高税率 ·全民讨论宪法修正 ·放松管控以促进经济增长 ·削减公务员人数 ·促进地方自治和公众参与度	·制定经济增长路线，摆脱低迷状态 ·保持稳定的物价水平 ·储蓄率持续下降 ·控制货币的极度增值或贬值 ·全球范围内的金融机构大动荡 ·企业的设备投资趋势有所回头
S社会	**T技术**
·人口持续减少，超老龄化社会来临 ·回归市中心趋势增强，地方人口过于稀少 ·公众渴望和平安定 ·年轻人失业率持续上升 ·学校教育致力于应对国际化趋势 ·女性就业率和未婚率持续上升	·信息通信技术得到进一步发展 ·仿真机器人实用化趋势增强 ·电动汽车的成本降低 ·自然资源的利用得以优化 ·磁悬浮列车日益普及 ·电子货币引导更加便利的生活

在这些显露的外部因素之中，既有机会（机遇）也有威胁（风险），既有值得引起重视的要素也有无须过分关注的要素。对此，我们可以利用风险评估图，依据不确定性和影响程度的大小来评估，之后便能自然而然地发现需应对处理的问题。

内部分析　无论现实给予我们多少取胜的机遇，如果自身没有充足的战斗资源及灵活运用这些资源的能力，那么依然无法在竞争中获胜。对于制定战略而言，客观地对自身的强项、弱项及所持有资源进行客观分析是不可或缺的重要步骤。

例如，杰恩·巴尼（Jay Barney）所提出的VRIO模型便是从价值（Value）、稀缺性（Rarity）、难以模仿性（Inimitability）和组织（Organization）4个角度出发来分析企业所拥有的经营资源及其利用能力。

价值	·能否利用该资源优势抓住机遇？ ·能否利用该资源消除威胁要素？
稀缺性	·拥有且能够灵活运用该资源的企业是否为数不多？ ·该资源是否为少数人所把控？
难以模仿性	·获得该资源是否需付出巨大成本？ ·持有该资源是否会导致企业在成本上处于不利地位？
组织	·是否具备有效利用该资源的体制机制及规则？ ·是否具备充分利用该资源的组织架构？

又如，“麦肯锡7S模型”则是从战略（Strategy）、结构（Structure）、制度（System）、价值观（Shared Value）、风格（Style）、员工（Staff）和技能（Skill）这七大要素出发来对这一问题进行探讨的。在确定将哪一部分发展成为竞争优势的问题上，多角度分析企业的强项和弱项是不可或缺的一步。

战略定位　在完成对外部环境和内部资源的分析之后，我们必须将两者综合起来考虑以确定战略定位，即所谓的“竞争平台”。

例如，如果我们想成为行业的领头羊，就应该采取成本领先战略[1]；如果我们想成为市场中独一无二的存在，那么就应该采取差异化战略[2]。另外，你还必须要明确，在各个竞争平台上，自己应当使用何种武器以及采取何种战斗方式。

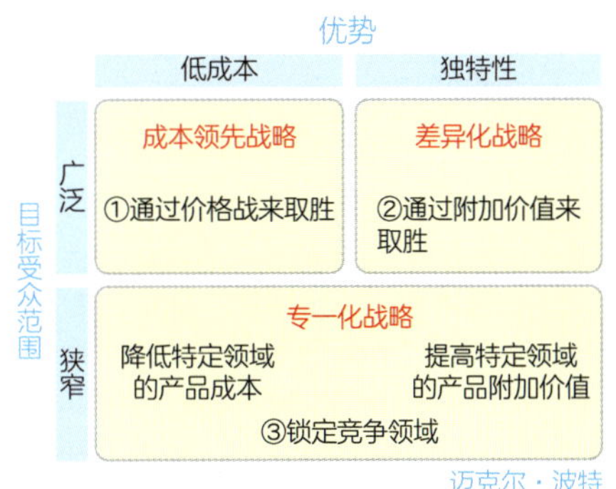

更为重要的是我们要能够把资源集中投入能够取胜的关键方面并果断舍弃其他领域。产品结构组合分析法便是思考如何选择及关注重点领域的绝佳工具。

战略框架　经营学家和经营管理咨询公司提出了很多可用于战略思考的框架。除了在上文中所介绍的模式之外，还有一些其他的框架技巧需要我们学习掌握。

第一种是在现有业务的基础上考虑经营业务多元化时所使用的安索夫矩阵；第二种是可用于分析组织活动中的哪些流程真正具有价值的价值链分析法；第三种是与前

① 一种通过实现低于所有竞争对手的产品成本来获得竞争优势的战略。——译者注

② 利用竞争对手所不具备的独特产品或服务来获得竞争优势的战略。——译者注

安索夫矩阵

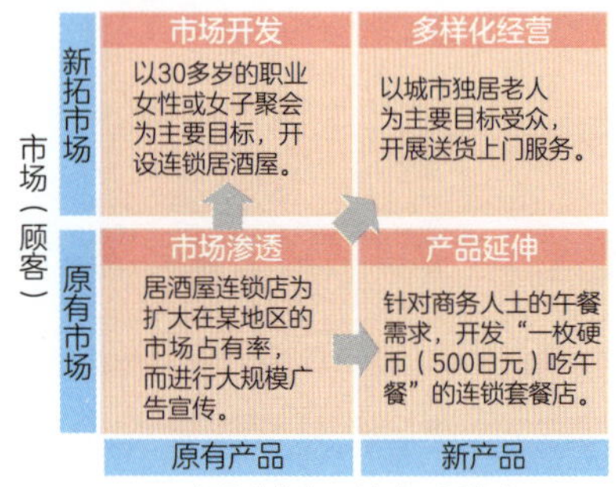

安索夫

价值链分析法

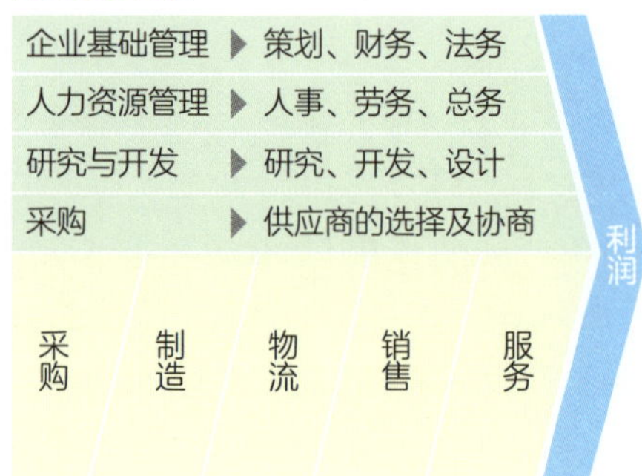

迈克尔·波特

两者稍有不同的“**蓝契斯特法则**”①，它主要分析了强者与弱者之间的战斗法则。这些框架对于战略规划而言无疑是大有裨益的，但如何灵活运用蕴含于这些框架中的智慧则取决于我们自身。

第一步骤 分析本公司的优势和劣势

意欲掌握战略规划技能的人首先应当牢记的框架是由海因茨·韦里克（Heinz Weihrich）教授所提出的“**SWOT分析法**”。该方法不仅易于把握和使用，而且非常有助于制定有效战略。我建议大家从本公司或自己入手来对该分析矩阵进行实际演练。

首先，我们要从所具备资源的角度出发罗列出本公司的优势（优点）和劣势（问题），之后罗列出本公司所面临的外部环境的机会（顺势）和威胁（逆势）。接下来，我们要将内外部的4个要素以“机会×优势”“机会×劣势”“威胁×优势”“威胁×劣势”的方式排列组合，思考解决问题的对策。这种方法被称为“**交叉SWOT分析法**”。

问题的关键点在于我们不能轻易地按照固有观念来划分企业的优势和劣势。例

① 该法则分为第一法则（单兵战斗法则）和第二法则（集中战斗法则），而由这两个法则的观念，再导出弱者的战略（第一法则型的应用）和强者的战略（第二法则的应用）。其中，所谓“强者的战略”就是以数量取胜；“弱者的战略”则是选择特定的阶级对象，集中兵力展开局部斗争，以此来取得最终胜利。——译者注

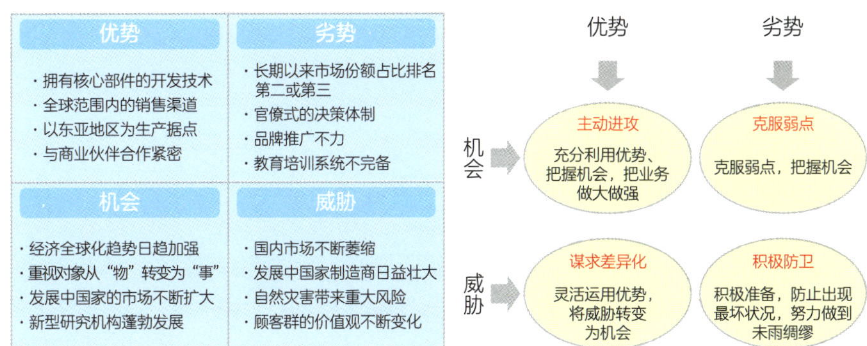

如，当我们把某一劣势转化为优势时，就能创造出一个起死回生的战略。究竟何为优势（机会）何为劣势（威胁）不能一概而论，而是取决于我们如何定义它们。这正是战略规划的奇妙之处。

相关技能　提高战略方案的可执行力

06 决策制定　无论我们制定了多么优秀的战略，如果不被组织内部所采纳，那么依然无济于事。对此，我们必须掌握能够让战略性决策顺利实施的相关技能。

09 企业会计　从企业会计的视角出发来分析本公司和竞争对手是必不可少的一环。如果一个精心制定出来的战略缺少了财务层面的支撑，就只是纸上谈兵。

21 组织管理　战略能否取得成果主要取决于执行状况。为了避免战略落空，我们必须将其转化为具体的战术或计划，并管理好执行进度。最后，战略的成功与否也在一定程度上取决于组织内部是否团结一致、众志成城。

08 市场营销

打造畅销模式

产品无法卖出，便不会产生人气，进而也不会形成固定的客户群。在这个日趋成熟的社会中，市场营销也变得日趋重要。这不仅仅关系到商品或服务本身，也与企业和团体的命运息息相关。如果他们没有好好推销自己，便无法在市场中继续存活下去。

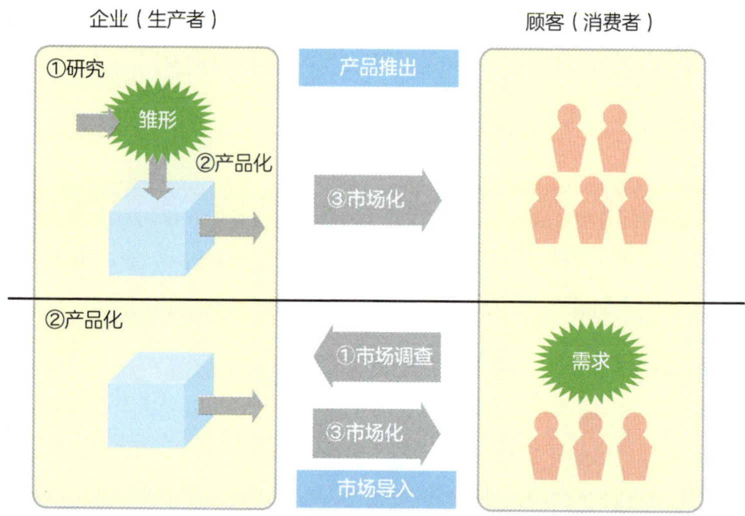

基本思路　从客户的需求中创造价值

所谓**“市场营销”**是指为开拓市场而进行的综合性活动行为，具体包括市场调查、产品开发、产品市场化、广告宣传、产品促销、流通政策、品牌推广、顾客管理等一系列工作流程。

现代管理学之父彼得·德鲁克（Peter F. Drucker）认为，市场营销的终极目标是“使推销变得不必要”。在他看来，所谓营销就是要让顾客能够自发自愿购买某种商品或服务。随着网络社会的到来，新的营销方法也在不断涌现。

技能组合　开拓新市场

市场调查　营销过程的第一步是市场调查。一方面，我们在进行宏观环境分析时，可以使用3C分析法（顾客：Customer、竞争对手：Competitor、本公司：Company）等战略框架。通过该方法，你可以分析行业结构，把握自身及其他企业的优势和劣势，并考虑可在哪些方面取得成功。

另一方面，我们在进行微观市场调查时，要通过顾客问卷调查、小组访谈、实地调查等手段来对顾客的需求（期望）和追求的价值（意义）进行深度探索。为准确把握相关信息，你还需要从定量和定性两方面进行调查分析。通过这两类分析来找到营销机会——这就是市场调查的主要目的。

市场定位　在完成市场调查之后，接下来我们就要以调查结果为基础来思考如何占领市场。第一步是要根据顾客及其特性来进行市场细分。

在这个过程中，我们要确定准备发起挑战的目标市场。为此，我们必须要认真考虑公司本身所拥有的资源及所处的外部环境。

此外，我们还需要考虑自己的市场定位从而在目标领域的竞争中脱颖而出。我们的目标是通过实现产品和服务的差异化来获得其他公司无法取代的独特地位。这些步骤统称为“STP战略”。如此，我们便可以确定究竟是在蓝海市场还是在红海市场之中展开竞争了。

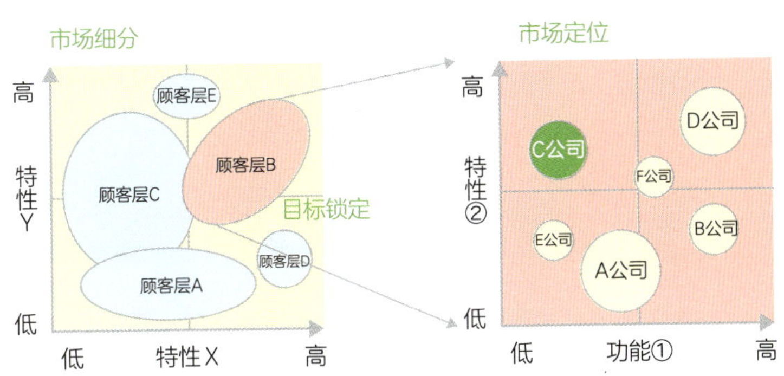

营销组合 我们在制定好整体作战计划之后，接下来便要将其转化为实际行动并落实到**营销组合**之中。最基础的营销组合是**4P营销理论**，4P是指①能够满足消费者需求的产品（Product）；②能为顾客或其他购买渠道所接受的价格（Price）；③能够及时交付商品的流通渠道（Place）；④提高消费者购买欲望的促销（Promotion）。上述四大要素正是不同企业各显其能的主要平台。

E.尤金尼·麦卡锡（E. Jerome McCarthy）和罗伯特·F.劳特朋（Robert F. Lauterborn）

与站在卖方角度所提出的4P营销理论不同，从买方角度出发所提出的**4C营销理论**也非常重要。我们必须在对“4P”和“4C”进行综合考虑分析的基础上制定解决措施。解决措施确定后，我们就要将其分解成为营销计划并付诸实际行动。

产品管理 对我们所开发的市场和顾客进行维护也是市场营销的重要一环。所有的产品都要经历由引入期、成长期、成熟期和衰退期这四个阶段组成的**产品生命周期**。根据阶段的不同，顾客和竞争对手的状况也会发生相应的变化。如果不适当地调整政策，那么历经千辛万苦才建立起来的市场就会面临被夺走的风险。

另外，我们还必须重视旨在开发、维持和发展企业品牌的**“品牌建设”**。建立起足够强大的品牌能确保我们中长期的优势。具体来说，品牌建设战略又可细分为产品

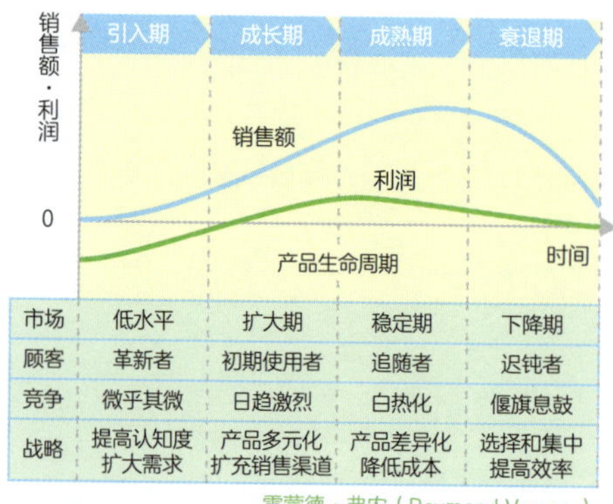

雷蒙德·弗农（Raymond Vernon）

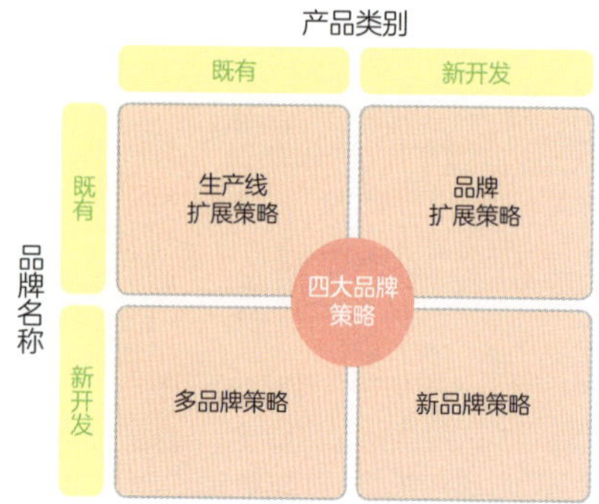

线扩展策略、多品牌策略、品牌扩展策略和新品牌策略等四种。而且，我们必须将其与企业整体的品牌战略联系起来进行综合运用。

第一步骤　分析其他公司的经营策略

培养营销技巧的最佳方式是从营销的角度分析已经实现了市场化的商品或服务。

首先，我们可以选择自己喜欢的食品和日用品，考虑它们的生产背景、生产目的以及销售方式。在进行实地考察或网络调查之后，将结果整理成为**营销地图**。之后，我们可以通过此图将各个项目相互比较，推测营销人员的真实意图。

如果你想进一步深入挖掘，可以设定一个虚构的顾客形象（人物角色）。之后认真思考该名顾客从知道该商品到购买为止的这一过程中所产生的相关体验（行动、思考、感情等），并将其总结成一张“**用户体验图**”。这将有助于你确定接下来应该采取何种措施，或者判断当前对策应该怎样改进。上述两种方式都有助于锻炼提升你的营销技能。

营销地图

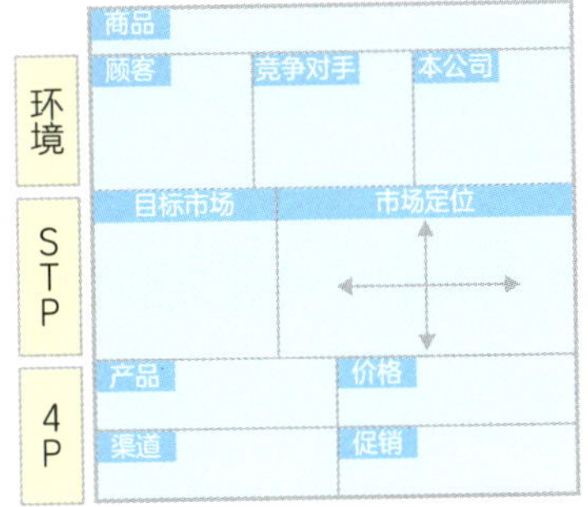

用户体验图

	略有耳闻	产生兴趣	信息收集	探讨研究	购买
视角					
行动					
思考					
感情					

相关技能　打动顾客的心

03 创造性思维　营销是一种迎合顾客心理的活动，因此我们一味地强调逻辑性思维是行不通的。如果我们想要开拓新的市场或者彻底击败竞争对手，就必须充分发挥创造性思维。

10 定量分析 感性因素在市场营销中发挥着重要作用，但如果我们过于依赖感性就会被绊住脚步。因此，保持感性因素和理性因素之间的良好平衡是至关重要的。

46 文书设计 制作演示文稿和宣传文件等文档对于信息传达而言是必不可少的。除了文档的内容本身，文书设计也非常重要。

09

企业会计

资金管理

在日本，商业经营的艺术是建立在资金的撙节、筹措和计算之上的，甚至可以说资金管理是商业活动的基础。对此，如果我们掌握了良好的会计技能，就能够正确地判断自己所处公司的现状和今后的合作伙伴的信用度。

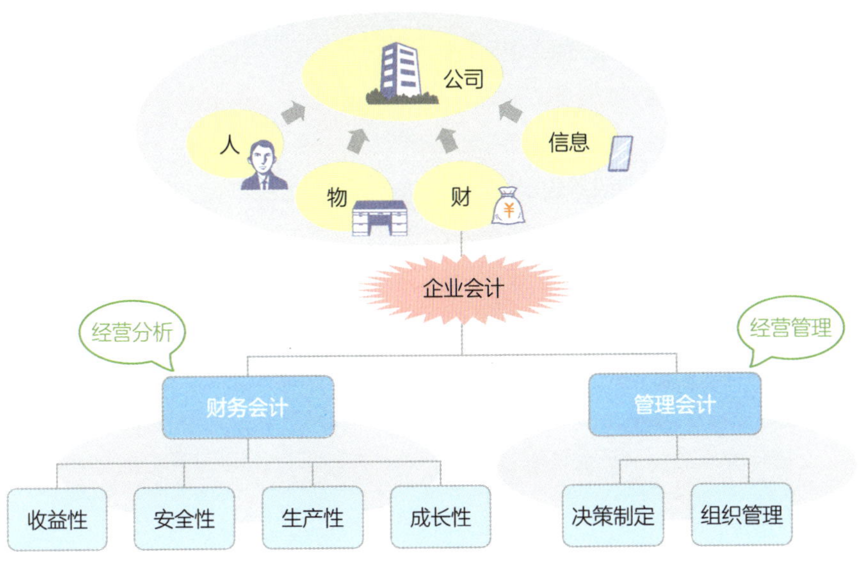

基本思路　**把握企业的实际状况**

为了更加准确地判断公司的财务健康状态并对其进行更好的管理，我们需要掌握企业会计技能。这不仅是财务相关人员需要具备的能力，也是所有商务人士都应该掌握的基础技能。

企业会计大致分为两类：一类主要用于经营分析的财务会计，其工作方式是标准化的；另外一类用于组织管理的**管理会计**，其具体做法则会根据企业的主体差异而有所不同。我们需要将两者综合起来进行企业管理。

技能组合 灵活运用两种会计技能

财务会计 财务分析有助于我们把握本公司的经营状况并找出需要进行改善的问题点。另外，在我们做出投资决定或与其他公司交易时，它也可以作为重要的判断依据。

财务分析中最重要的线索是财务报表（财务三张表）。其中，第一个是体现企业财务状况的**资产负债表（B/S）**，它主要表示企业在某一时间点的资产、负债和所有者权益的相关状况，是体现该时间点企业财务状况的静态报表；第二个是体现企业经营资金动态表现的**利润表（P/L）**，它通过从销售额等收入中扣除成本费用来计算出企业的利润或损失，进而表明企业在该时间段内的盈利能力；第三个是**现金流量表（C/F）**，它主要表明企业一定时期内的现金持有量以及这些现金或现金等价物的流入和流出情况。我们应当将这三大财务报表相互对照参考，以此来综合把握实际情况。

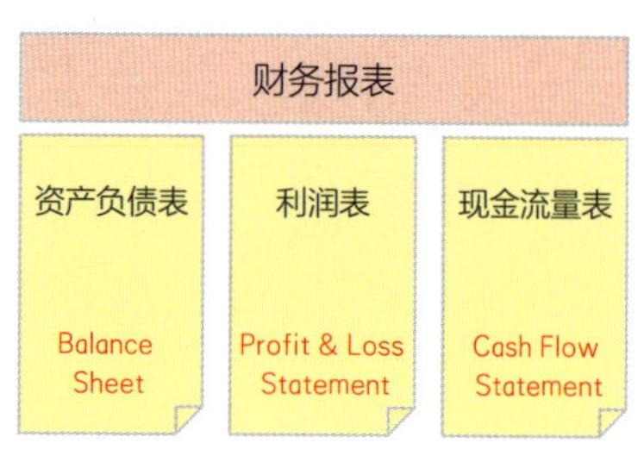

收益性和生产性 为了更详细地把握企业的经营状态，我们可以使用**比率分析法**。首先，我们通过**资产收益率**（ROA）来评估投入的资金能够产生多少利润，这也体现了企业的**综合实力**。

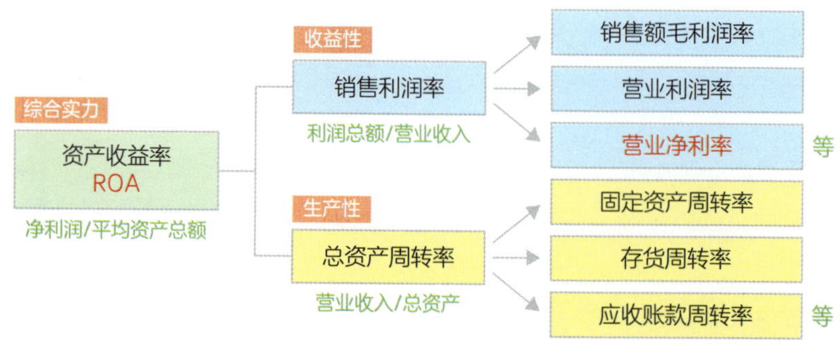

其次，我们要通过**销售利润率**来把握企业创造利润的能力，即所谓的**收益性**。此外，我们还可以通过**总资产周转率**等各类指标来评价公司的资金有效利用率，即所谓的**生产性**。

安全性和成长性　无论一个企业的盈利能力如何强大，如果资金周转不顺畅，那么它最终只会走向破产的深渊。因此，通过**流动比率**、**固定比率**和**所有者权益比率**等指标来分析企业经营的**安全性**是至关重要的。

另外，企业的**成长性**也是关键因素之一。对此，我们可以通过**销售额增长率**和**总资产增长率**等指标来评价该企业在一定期间内的销售额和资产增长情况。

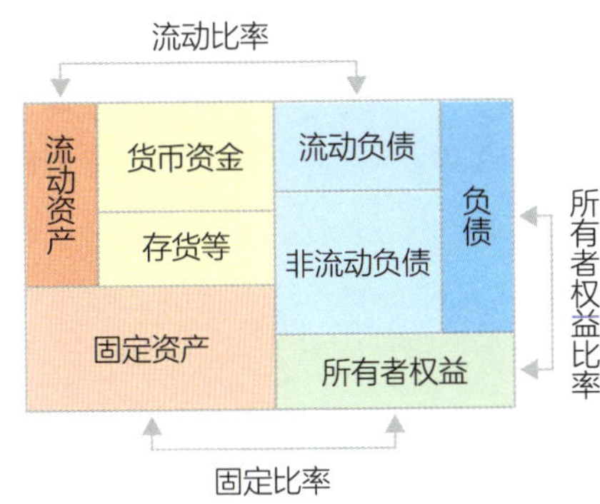

一般来说，如果一个企业想要发挥高水平的综合实力，就必须在收益性、生产性、安全性、成长性这四个因素之间找到最佳平衡点。同时，从四个角度出发对企业进行分析也有助于找到综合实力下降的真正原因。另外，这也有利于发现财务方面的优势和劣势，进而制定更加合理的战略。

管理会计　管理会计的目的之一在于合理地把握利润结构和经营状况，并据此制定合理的决策。例如，在开发新商品之时，我们必须了解在目前的成本结构下要将销售额提高至多少才能够产生利润。换言之，我们要在确定**盈亏平衡点**之后再制订业务计划。

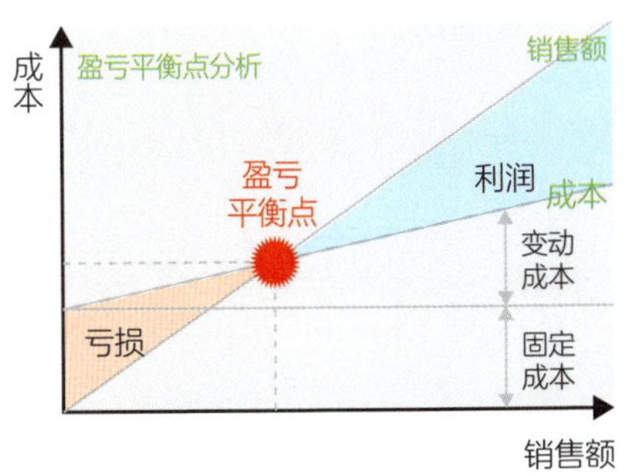

		变动成本	固定成本
成本	直接费用	原材料、外购零件等	直接劳务、折旧等
管理费用	间接费用	消耗性工具、外包费用等	研究开发、建筑耗材等

管理会计的另一目的是组织管理。如果我们想要按照原定计划推进工作进程，就必须进行预算控制，以尽量减少预算和实际结果之间的差距。如果差距较大，就需要努力降低商品的成本或压缩销售层面的人工费。如果我们没有进行成本控制，最终就无法获得预期利润。

第一步骤　分析本公司的实际状况

如果你不能准确地读懂财务报表，就不算真正掌握企业会计技能。最好的练习素材便是本公司的财务报表。接下来，我们要从公布的资产负债表和利润表出发来分析本公司的实际状况。

首先，要从某一年度的决算出发掌握现在的状况。如果能做到这一点，就能类推到其他年份，进而把握财务状况的变化和趋势。此外，它还有利于我们更清楚地了解本企业与同行业其他企业相比存在的优势和劣势。另外，对比不同行业的业务结构，有助于我们加深对所从事业务的理解。

当然，财务报表只是单纯的数字罗列，不感兴趣的人必定会非常痛苦。对此，我

资产负债表（百万日元）

资产		负债	
流动资产	32,823	流动负债	50,716
现金存款	11,550	应付票据	304
应收票据	568	应付账款	42,255
应收账款	11,550	短期借款	8,157
交易性金融资产	2,568	非流动负债	9,497
存货	6,587	长期借款	931
固定资产	68,180	应付债券	8,566
土地	33,778	所有者权益	
房屋建筑物	25,679	实收资本	39,118
设备	8,723	盈余公积	772
合计	101,003	合计	100,103

利润表（百万日元）

营业收入	714,285
营业成本	498,237
毛利润	216,048
销售费用/管理费用	172,269
营业利润	43,779
营业外收支	6,542
经常性收益①	50,321
特殊性收支	(9,365)
利润总额	40,956
所得税费用	22,365
净利润	18,591

① 日本财务报表中的“经常性收益”科目大致相当于国内的税前利润+财务费用。——编者注

建议这些人可以尝试从炒股出发来熟悉数字，这可能会成为他们对会计产生兴趣的契机。

相关技能　从财务的角度出发思考问题

06 决策制定　小到预算编制和成本计算等日常管理，大到新业务开发和企业并购等战略性判断，企业会计相关知识和技能在各种商业决策中发挥着不可或缺的作用。

07 战略规划　战略规划的出发点是准确把握自己和竞争对手的优势和劣势。从财务的角度进行分析对战略思考大有助益。

10 定量分析　无论你是想要深入地分析财务状况，还是对各个组织进行管理，定量分析技能都是必不可少的。

10 定量分析
用数据说明问题

逻辑和数字在世界任何地方都是通用的。如果我们能够利用数值数据来分析把握事物的实际状况或本质，便可以做出合理的判断。另外，数值数据的运用能够大大提高说服力。要想控制难以捉摸的商业活动，就必须掌握定量分析的相关技能。

	定量分析	定性分析
特征	使用数字数据进行量化分析和验证	使用语言和图像对性质进行分析和验证
益处	· 能够排除主观因素的影响，进而得出客观科学的分析 · 证据确凿且具有说服力 · 具有较高的稳定性和可重复性，且易于验证	· 可处理不可量化的相关事务 · 充满亲和力且有利于直观理解 · 适合把握了解整体状况
弊端	· 只能根据过去的信息进行分析 · 过分关注数字本身而导致无法从大局出发做出判断 · 让人产生一种冰冷且难以入门的感觉	· 缺乏客观性，判断容易产生分歧 · 不具备明确性证据，缺乏确定性要素 · 解释的差异性会导致难以达成共识

基本思路　分析数值数据

所谓**定量分析**是指利用数值数据进行量化分析。例如，当我们想要探究顾客的心理时，便可以通过统计问卷反馈结果的方式来计算其满意度。与此相对，通过访谈等方式收集那些无法用数字表达的真实声音的行为即被称为**定性分析**。

另外，一味地盲目收集数据并统计处理并不能成为有效的定量分析。你需要从熟练使用一些相关的常用管理指标开始着手才算是上上之策。以下是不同业务领域的代表性指标。

技能组合　熟练运用KPI（关键绩效指标）

经营管理·人力资源　我们在企业会计一节中所介绍的“销售利润率”和“总资产周转率”等各种指标均有助于企业状况的定量分析以及经营策略的制定。因此，我们首先要牢记并熟练运用这些指标。

除此之外，经营活动中还存在许多有助于经营策略制定的指标，如表示企业价值的股票市值和增值额、表示未来发展前景的自由现金流量以及用于投资决策的净现值（NPV）等。另外，我们有时还需要应用决策树、决策矩阵和敏感性分析等定量决策方法。

在人力资源及劳务类工作方面，我们为了把握员工的实际情况会经常使用到年龄结构、平均工资、平均工作时间、正式员工比率和离职率等各项指标。此外，为达到有效利用人力资源的目的，我们往往会以人工成本率、劳动生产率、劳动分配率和管理职位比率等为基础来探讨有效的改善对策。

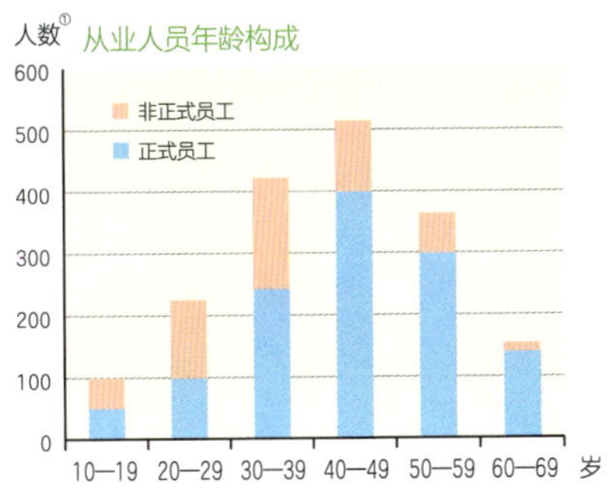

然而，仅依靠定量分析来推进人力资源管理政策是非常危险的。因为我们不仅仅要考虑“量”，还必须重视“质”。

研究·开发　研发费用占销售收入比例作为反映企业研究开发能力的重要指标而被广泛使用。另一个常用指标是专利申请（注册）数量。只要我们能够就上述两大指标来分析企业多年的变化趋势或者同其他企业进行比较，就能客观地把握一个企业的创新能力。

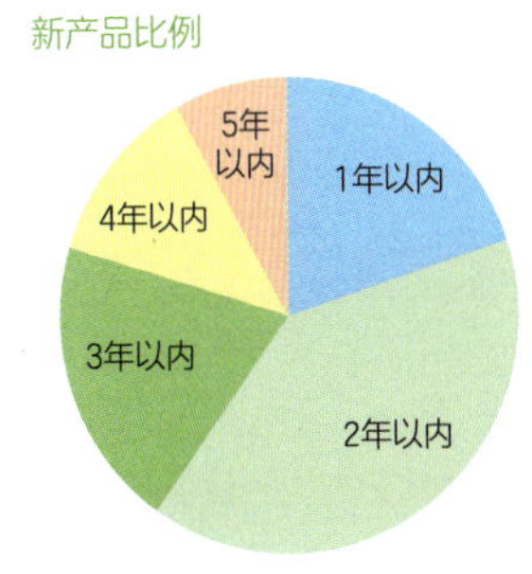

① 本书的图均为示意图，并非完善的数据图，仅供参考。——编者注

用于了解研究开发效率的惯用手段包括调查**单位产品的销售额**、**新产品比例**及**平均开发时间**等要素。研究开发工作很难从数量上把握。一旦处理不当，就会变成内容不详的黑匣子。我们需要不断努力来对其进行定量化处理，避免出现工作盲区。

销售・市场营销 该领域中最重要的指标是**市场份额**（占有率）。如果我们根据地域、商品类别、顾客和店铺等差异化要素来调整市场占有率计算范围的话，就能够发现其实际情况千差万别。另外，**价格弹性**作为决定和调整商品价格的重要判断因素也经常被用于定量分析之中。

当我们想要了解销售效率时，可以使用**销售费用率**、**人均销售额**、**购买率**及**客单价**等指标。另外，我们还可以通过**帕累托分析法**①来对商品、销售网点和营销人员进行有效管理。除此之外，如果我们想要了解促销政策的效果，可以使用客户**辨识率**和**响应率**来进行判断；而如果想要了解商品的动向，则可以通过**商品周转率**和**损耗率**来进行分析。

销售类的工作很容易依赖直觉和感觉做出判断，但如果你能够通过量化数据来制定对策的话，就可以大大提升判断的可信度。

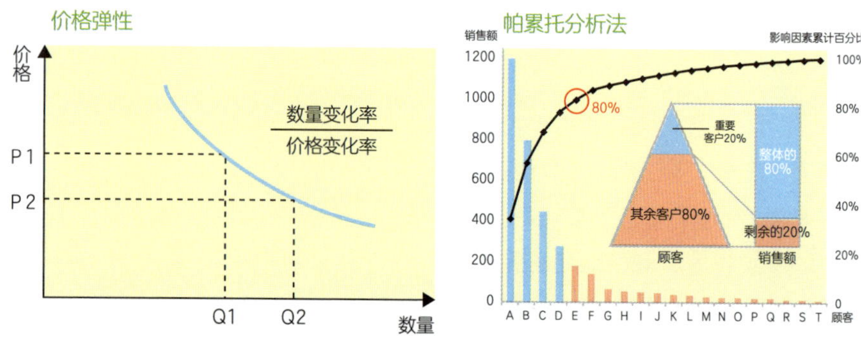

生产・物流 质量（Q）、成本（C）和交货期（D）是生产管理的主要关注点，具体表现为**成品率（良品率）**、**费用**和**准时率**等重要指标。另外，**前导时间**②和**周期**

---

① 帕累托分析法指ABC分类法，由意大利经济学家维尔弗雷多・帕累托（Vilfredo Pareto）首创，是项目管理的常用方法。在帕累托分析法的分析图中，左边的纵坐标表示频数，右边纵坐标表示频率，横坐标表示影响质量的各项因素，按影响大小从左向右排列，曲线表示各种影响因素大小的累计百分数。——编者注

② 产品从设计，到生产、物流、销售的过程。——译者注

时间[①]等数值要素也不容忽视。

在管理库存方面，我们会使用库存天数和存货周转率等指标。另外，如果你想要了解设备的相关状况需要使用设备开动率[②]等指标，而在分析配送管理状况时则需要用到物流效率等指标。

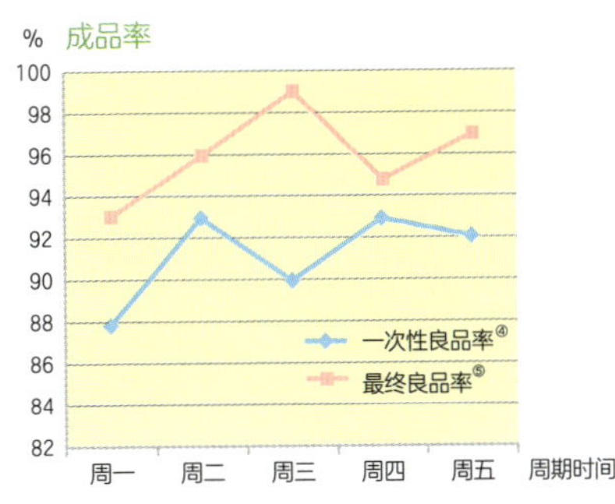

该领域还存在许多其他的指标，而这些指标在质量控制[③]等提高生产效率相关活动中发挥着不可或缺的作用。这些指标不仅能够量化工作，更重要的是要使工作变得简单易懂并实现可视化。

第一步骤　阶段化推进工作量化

对定量分析感到棘手或抵触的人可能是不擅长量化本身。为了养成用数值思考的习惯，我们不妨先对自己的行为进行量化并从中体验这样做的益处。

例如，当我们决心要学习掌握某项技能时，首先要做的是每天不断问自己做了还是没做。这种二选一的判定方式就是最简单的量化行为。在做好这项量化工作之后，接下来就需要问自己做到何种程度了，并将结果以“做得很好（√）”或“没有做（×）”的形式记录下来。

如果大家能够做到这一点的话，就可以开始进入数值化阶段了。当然，大家可以制定适合自己的工作量化方法，比如测算提高技能所花费的时间、计算所读书籍的页数等。如此，只要我们能够养成从身边事物出发着手进行量化思考的习惯，就一定能更顺利地推进工作量化。

① 制造一件产品需要的时间。——译者注

② 在某一时间段内（如一班、一天等）开动机器生产所占的时间比率。——译者注

③ 质量控制是质量管理的一部分，致力于满足质量要求。——译者注

④ 一件产品在经过连续的整个加工工艺过程中无返工返修的合格率，主要用于评价连续过程的质量水平。——译者注

⑤ 最终通过测试的良品数量占投入材料理论产出的数量的比例。——译者注

步骤1
二选一
已经做了
尚未做
做了!

步骤2
程度化
做到何种
程度了?
◎○△X……

步骤3
数值化
具体做了多少?
读书30分钟……

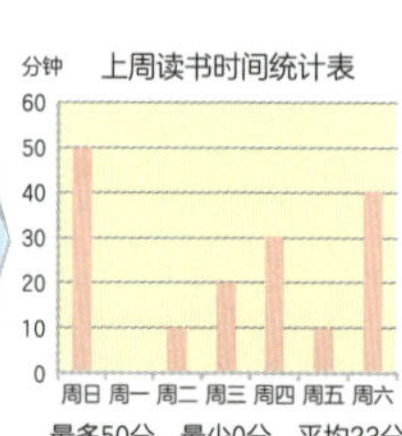

相关技能　将定量分析灵活应用于工作之中

01 逻辑性思维　使用语言文字进行定性分析也是非常重要的。如果我们缺乏清晰的思路，就无法推导出合适的结论。

21 组织管理　我们在日常工作或管理下属时往往依靠自身的经验和感觉。这样一来，即使工作进展得相对顺利，业务本身也不会自行改善。因此，我们必须灵活运用定量分析来提高工作效率。

35 数据活用　定量分析的基础是统计技能。如果我们想要进一步深入调查或验证假说的话，也必须借助数据分析的力量。这些都是商务人士必须具备的基本技能，因此我希望大家能够学习掌握。

其他技能　提升变革思维的能力

假设性思维

假设性思维作为逻辑性思维的一种具体应用，在解决问题的过程中发挥着重要作用。其具体操作流程如下：我们要根据最低限度的信息来建立假说并以此为基础进行有针对性的调查，在反复验证和修正假说的过程中最终找到解决问题的最佳方案。

假设性思维能否顺利发挥作用取决于我们提出的假说是否一针见血。我们在不断问自己“为何如此”和“那又如何”的同时，逐渐找到接近问题的本质并可作为崭新切入点的假说。

另外，很多事情并非会按照我们最初的假设发展下去。对此，我们要学会排除偏见并坚持不懈地思考原因，这样才可以使假说变得更加完善精练。

设计思维

所谓**设计思维**是指供应商要找到用户潜在的本质需求并通过崭新的方式来解决问题。该思维方式的独特之处在于它所设计的并非单纯的物品而是一种体验，是一种广泛应用的创新方法。

斯坦福大学设计学院在其教学探索中，提出了设计思维的五个步骤：共感（Empathize）、定义（Define）、构思（Ideate）、原型（Prototype）和测试（Test）。

设计思维所使用的技能和工具与创造性思维并无二致。然而，设计思维的真正精髓却在于它是从用户视角出发、以解决问题为导向来重新整理组合这些技能和工具的。

业务开发

业务开发是指建立新业务或对现有业务进行更新。在业务开发的问题上，我们需要掌握并熟练运用包括战略规划、市场营销、企业会计在内的所有商务技能。

另外，业务开发中所特有的**商务模式**是赢利机制的构建。我们要在熟悉典型商务模式的基础上灵活运用战略规划的框架，并以新的思维进行思考。

在业务开发中，**协作**也是必不可少的重要因素之一。从选择合作伙伴到创造协同效应的过程中存在许多值得探讨的课题。

第 2 章

谋求和谐共处的

人际关系类技能

人际关系类技能

要点提示

建立联系，加强合作

最受重视的沟通能力

学生和职场人最大的区别就在于是一个人单独完成课题，还是同大家一起完成某项任务。无论你的能力有多强，如果不能同大家进行合作，也会在职场之中被他人排斥。为此，我们必须学会协调彼此的想法和行动。

实际上，我们有一半以上的工作时间都用在了电子邮件、电话和会议等沟通之上。如果再加上资料的制作和传阅等书面沟通，这个比例会变得更高。

这样一来，我们就不难理解为什么近几年来沟通能力成为各企业最重视的因素。当然，这也可以从侧面说明员工之间的沟通已经变得与过去大相径庭了。

人际关系类技能的主要特征在于不能依靠个人的单打独斗，必须要有沟通对象才可以发挥该技能的真正作用。无论你如何磨炼自身技巧，始终是无法控制对方的。只有双方协力配合才称得上是有效沟通。

这样一来，我们不仅能够保证工作的顺利进行，还可以带动伙伴和团队发挥出更大的潜力。另外，这也有助于构建良好的人际关系，增加工作的乐趣和喜悦感。人际关系类技能是我们人类作为社会性动物的基础，在商业活动之外的领域也发挥着很大作用。

巧妙应用沟通基本技巧的人际关系类技能

接下来要为大家介绍的10种人际关系技巧均是建立在“说”与“听”等**沟通技能**之上的，而这也是学习其他9项技能的基础。

如果我们对沟通技能进行深入提炼，就可以将其转化为一种**职业引导（也称“教练技巧”）**，主要用于调动对方的思想并帮助其实现目标。

坚定地表达自己的想法被称为**断言主张**。如果你在掌握该技能的基础上同时学会**愤怒管理**，就无异于如虎添翼。运用这些技能的最佳途径是**投诉应对**等问题。

如果你面对的听众不断增加或者要在正式的场合发表自我主张，就必须要运用演讲技能了。如果必须让对方接受自己的想法，说服劝导就显得尤为重要。

如果对方也在不断地据理力争，那么我们就不得不反复谈判交涉，使双方达成一致意见。在参与讨论者人数众多的情况下，你还必须掌握可用于控制会议进程的建导技能。

另外，书面交流也是沟通的重要形式之一。如今，伴随着网络化办公日益普遍，写作技能也变得越来越重要。

这些技能之间存在许多重叠部分，掌握其中一项对习得其他技能也有所帮助。瞄准其中一项技能并集中训练是学习的捷径之一。另外，通过积累多种经验来掌握适合自己的风格也是非常重要的。

11 沟通交流

切实传递信息

几乎所有人都有着这样的烦恼——希望同对方共同增进对彼此的了解。当然，也有一些人个性极强，认为自己无法做出改变而放弃与他人的沟通交流。但正因为如此，我们更需要扎实地学习沟通技能并踏实地练习。

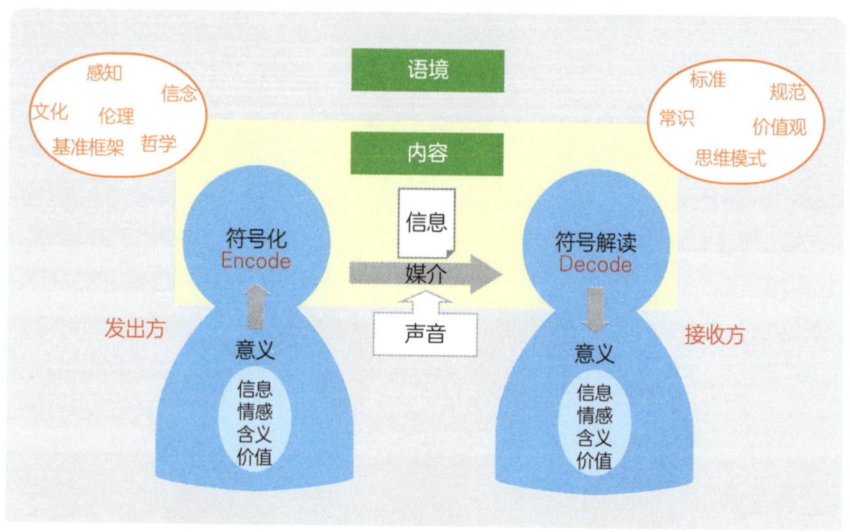

基本思路 彼此沟通思想

所谓**沟通交流**是指彼此间互相传达信息、感情、想法和价值等。如果我们能够彼此分享自己的心思和想法，就意味着沟通取得了成功。理解和共情是沟通的目的。

“良好的沟通”同“明确的目标”和“协作的意愿”一起并称为**组织的三大要素**。组织活动的本质是通过沟通交流来达成一致意见，并协调彼此的行动。这也可以称得上是商务活动的基本组成部分。

技能组合　双向沟通

信息传达　在商务交流中占据主导地位的是口语沟通。为了将信息准确地传达给对方，我们最需要掌握的是简单易懂的表达技巧。然而，我们必须要注意的是，听话者未必事先对所讨论的话题有所了解。因此，**语境**（上下文）的传达有时也是非常重要的。如果一不小心省略了对事情前因后果的解释，就极有可能会引起误解。

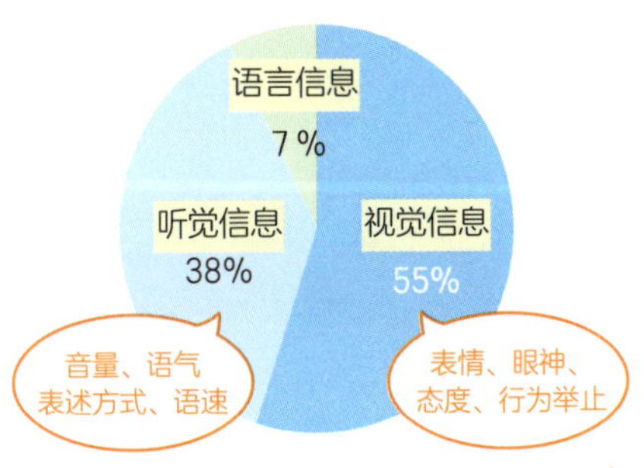

阿尔伯特・梅拉宾（Albert Mehrabian）

另外，对方也会从语言以外的其他方面读取相关信息。例如，当你的**表情**、**眼神**、**态度**、**声音大小**以及**说话方式**同语言表达内容不匹配时，对方就会认为你在撒谎（**梅拉宾法则**）[①]。因此，我们不但要注意说话内容本身，还要重视表述方式，尤其是必须掌握并有效使用非语言表达技巧。

信息接收　成功的沟通不能只依靠单方面的信息传达，还要精准地接收对方所传递的信息。当然，接收信息的方式也是多种多样的，因此我们必须根据具体情况来区别使用。其中最重要的便是**倾听**了，这是丰富多彩的沟通技能中非常重要的一环。

对方会根据得到的**反应**来判断我们是否在认真听其讲话。如果我们能够适时做出**附和**、**总结**或**点头**等回应，那么对方就会觉得自己得到了认可。这样一来，他们就有勇气传达更多的信息。

另外，**提问**也是一个很好的方法。因为这能够表现出我们对对方所述内容的兴趣和关心。通过不同的提问方式，

① 一个人对他人的印象约有7%取决于谈话的内容，辅助表达的方法如音量、语气等占了38%，肢体动作所占的比例则高达55%。——译者注

我们可能会接触到一些意想不到的真相或加深话题的讨论。提出问题作为一项基本技能，不仅能够引出更多信息，而且在把握沟通重点和方向等方面发挥着重要作用。

信息读取 如果说我们同对方交换的**内容**（信息）只是冰山浮出水面的部分，那么水面以下必定隐藏着各自内心的真实想法或整个事件的全貌。该隐藏部分被称为**过程**。如果我们不能准确解读这些信息，就无法进行真正意义上的交流。这就是所谓的“察言观色”。

为此，我们必须要像昆虫那样通过“复眼”从各种角度**观察**每个人释放出的非语言信息，如眼神、动作和说话方式等。我们在了解某人对另外一人做出何种反应之后，便能够理解他们之间的关系了。此外，我们还必须要学会像鸟类那样通过“鸟瞰”的方式来观察现场整体的氛围和热络程度。如果我们能够知晓何种契机诱发了何种变化，就可以知道接下来要发生怎样的人际交往“大戏”了。

观察要点

①现场的**气氛**如何？
热烈程度、开朗程度、严肃程度、对立程度、紧张程度……

②全体人员是否平等**参与**？
发言次数、发言时间、方向性、抢话（排斥）……

③彼此的**说话方式**如何？
身体朝向、眼神接触、音调（语气）、肢体动作、面部表情……

④彼此的**反应**如何？
眼神交流、点头示意、随声附和、面部表情、整体态度、行为举止……

⑤团队有何**特征**？
程序、决策、达成共识、时间管理、默认前提、角色……

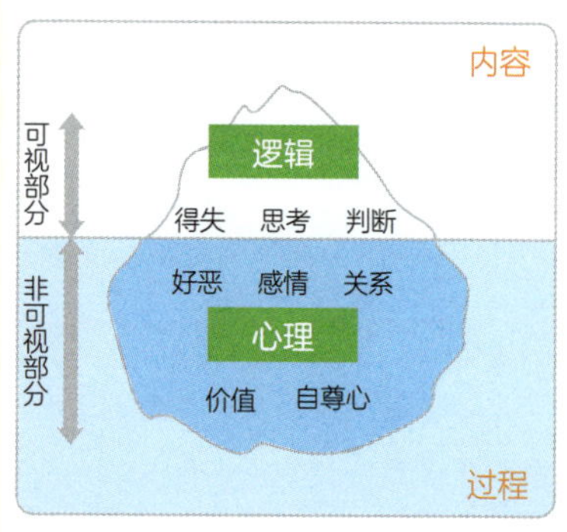

关系构建 业务联络不是沟通的唯一目的。沟通是为了同对方建立相互信赖的关系（协调关系[①]）。我们在同他人交往的过程中有时会产生“与对方合得来”“什么

① 原文中作者采用了“rapport”的表达方式，该词汇来自法语“rapporter（带回，来自）”，现引申为“恢复、融洽、和谐”。Rapport原本是一个在临床心理咨询、心理治疗中经常用到的专业术语。其在心理测验实施中是指主试和被试之间一种友好的、合作的、能促使被试最大限度地做好测验的一种关系。在本文中，它是指某个人与另一个人或团体之间和谐融洽的状态，而建立融洽关系就是与他人建立这种联系的过程。因此，在译文中将其翻译为“协调关系”。——译者注

都可以放心谈论”或“心灵相通”等感觉，建立这样的良好关系正是我们的目标。

为此，我们除了掌握上文中所介绍的部分基本技能之外，还需要掌握**复述**对方话语以及根据说话方式和情绪**调整合适节奏**①等技能。然而，如果技能使用频率过高或太过自作聪明的话，也会产生反作用。只有当我们能够自然而然地使用这些技巧时，才算得上是真正做到了“协调关系”。

第一步骤　观察自身的行为举止

所谓沟通能力的提高，与其说是对全新技能的学习，不如说是对已经掌握的技巧或能力的修正和提升。而这一切的出发点都是了解自身的做法及风格。

要想了解对方会如何看待我们的行为举止，唯一的方法是依靠从对方那里获得的**反馈意见**来判断。然而，频繁的意见反馈在日常工作过程中是较难实现的，因此集体培训便成了一条了解对方态度的捷径。我们可以充分利用“**乔哈里视窗**（Johari Window）”②，通过自我表露和意见反馈等方式来达到相互了解的目的。

如果很难获得反馈，我们就只能依靠对自我状态的观察来了解自身了。例如，我们可以通过网络会议的方式轻松地录制话题讨论的过程，回看视频就能清楚地了解自身的交流习惯及周围人的态度反应。虽然观察自己的样子可能会有些尴尬，但有勇气的人不妨尝试一下。

---

① 原文中作者采用了“pacing”的表达方式，意为“调整自己的工作（或活动）节奏”。在人际交流方面，其主要是指在语音语调、说话速度和呼吸的节奏等方面配合对方。简单来说，就是要配合对方的节奏进行交流。这是建立信赖关系的沟通技巧之一。在对话中，通过将自己的言行配合对方的语言或非语言特征，可以在短时间内引起对方的注意，并使其产生亲近感和信赖感。在NLP（神经语言程序学）中，通常将其译为“协调”或“呼应”。——译者注

② “乔哈里视窗”将人际沟通的信息比作一个窗子，它被分为4个区域：开放区、隐秘区、盲目区、未知区，人的有效沟通就是这四个区域的有机融合。——译者注

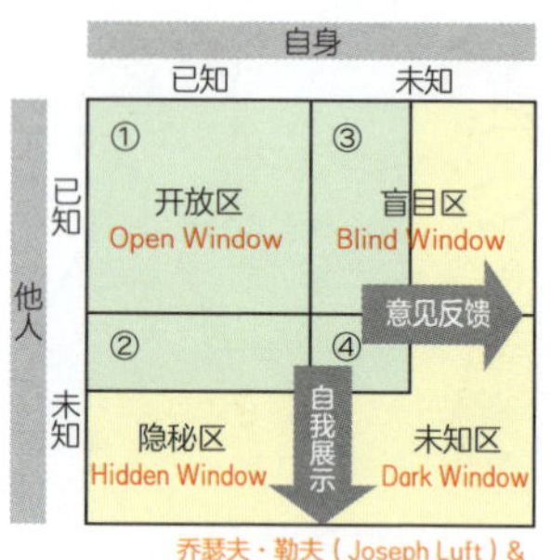

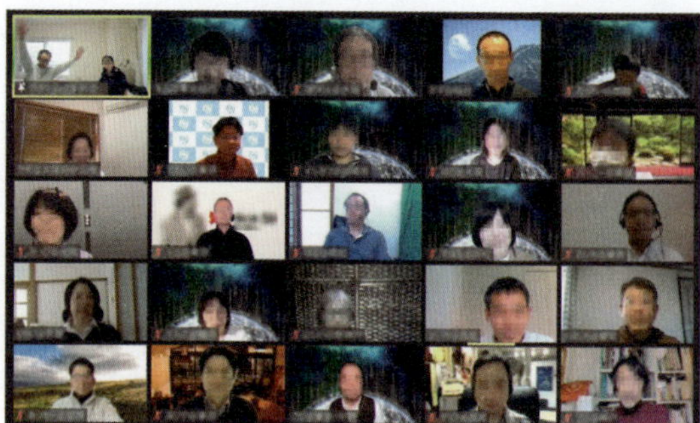

相关技能 **发展广泛技能**

12 职业引导 职业引导包含了倾听和提问在内的主要沟通技巧，它可以应用在所有的商务活动之中。

20 写作技能 我们除了注意口头交流以外，还必须要重视书面交流。写作、制图和文书设计等技能对于商务活动的顺利运行是不可或缺的。

31 商务礼仪 除上述技巧之外，商务交流中还有一套独特的礼仪（规则）能够保证工作顺利推进。

12 职业引导

支持个人成长发展

即便我们拼命地鼓励员工拿出干劲儿或者手把手地指导其开展业务，也未必能够轻易激发他们的斗志。人只有在自主思考和行动时，才能够发挥最大的主观能动性。因此，我们在职业指导的过程中不但要承认对方本身存在的意义，还要相信并致力于提高对方的成长可能性。只有通过这种方式，我们才能够真正培养出自律型人才。

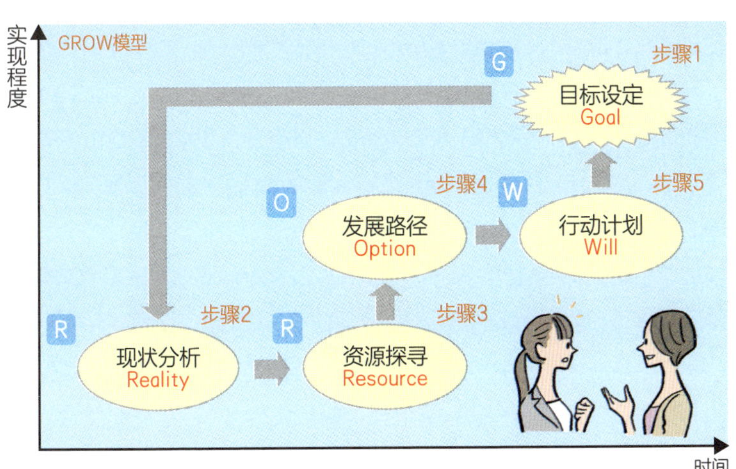

基本思路 **帮助对方寻找答案**

所谓**职业引导**是指鼓励对方自发地展开行动，令其有效地实现目标。指导者（教练）通过对话的方式来促进接受者（咨询者）产生更多的新认识或新变化，从而引导其充分地发挥自身的潜在力量。该方法不仅仅可以用于人才开发，对于个人和组织的学习和成长而言也是不可或缺的法宝之一。

另外，我们单纯依靠学习相关技巧是无法成功进行现场职业引导的，更重要的是心怀真切希望对方获得发展或成功的坦诚之念，并时刻保持尊重对方主体性的态度。

技能组合　灵活运用沟通技能

倾听　职业引导的第一步是要创造一个有利于展开一对一对话的环境。此时，我们需要做的事情并非单纯的“听（Hearing）”，而是“聆听（Listening）”。换言之，要把注意力集中于对方身上，用心灵而不只是耳朵去积极倾听并产生共鸣。这种我们所必须具备的技能叫作**积极倾听**（Active Listening）。

同时，为了让对方知道自己的信息已被接收，促使对话进一步发展，我们需要积极地做出复述、附和或点头等反应。最后，如果我们能够通过**调整合适节奏**或使用**镜像模仿**等技能配合对方，就能够取得更好的沟通效果。这样的态度是与后文中所提到“同意认可”息息相关的。

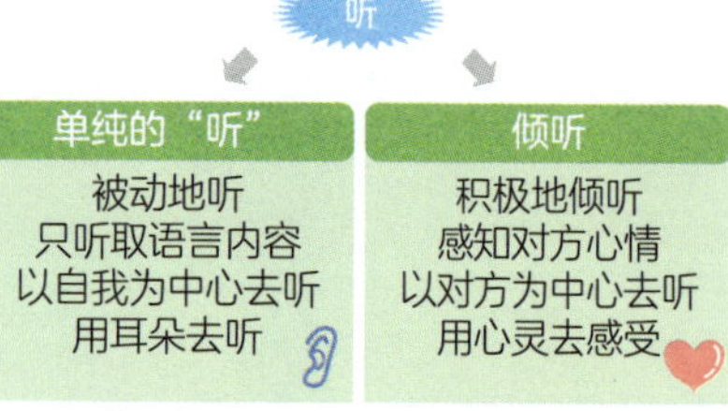

提出问题　要想让对方明确内心的想法，关键在于要掌握提问的相关技巧。我们需要在观察对方状态的同时，根据谈话内容和进展情况来提出丰富多样的问题。这正是考验引导能力的地方。

为此，我们必须丰富所提问题的形式。例如，用于展开话题的**扩展型提问**和压缩话题的**指定型提问**；正面提出问题的**肯定型提问**和负面提出问题的**否定型提问**；用于探究今后走向的**未来型提问**和回顾以往经过的**过去型提问**等。为了深入挖掘话题，我们还可以利用**具体化提问**和**抽象化提问**等方式。

但是，我们要注意提问方式，不能诱导对方说出我们想要的答案，也不能一味追问。并且，越简单的提问越能够打动对方的心。

扩展型提问
- 你遇到了什么困难？
- A 给你带来了哪些困难呢？

指定型提问
- 你是遇到什么困难了吗？
- 在 A 与 B 中，谁是困难的主要原因？

肯定型提问
- 怎样才能够做到呢？
- 你能够做哪些事情呢？

否定型提问
- 你为什么不能做到呢？
- 你不能做到哪些事情呢？

未来型提问
- 你想变成什么样子呢？
- 接下来该如何做呢？

过去型提问
- 过去发生了怎样的事情呢？
- 你是如何做的呢？

具体化提问
- 比如，都存在哪些因素呢？
- 你能否举个例子来说明呢？

抽象化提问
- 总体而言，是哪一部分行不通呢？
- 能否用一句话来概括呢？

同意认可　当一个人得到他人的认可之后，便能够放心地改变自己。**同意认可**是实现这一目标的重要技能，而倾听和提问也是该技能中的重要组成部分。

首先，我们要注意对方的活动和状态并直接予以认可。这是**意见反馈**的基础。特别是在我们指出对方的努力、贡献、优点或成长等积极表现时，对方被认可的心情就会大大增强。

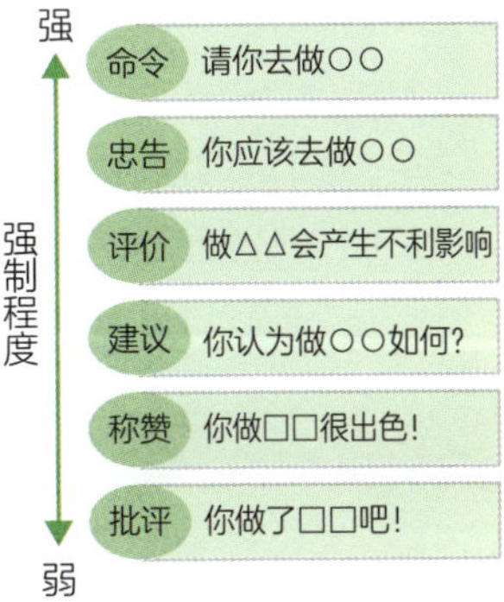

强制程度		
强	命令	请你去做○○
	忠告	你应该去做○○
	评价	做△△会产生不利影响
	建议	你认为做○○如何?
	称赞	你做□□很出色!
弱	批评	你做了□□吧!

“表扬”（称赞）也是反馈的一种。根据表扬的内容、时间和表述方式的差异，效果也不同。另外一种常见的反馈形式是传达自己的感受和期待，比如告诉对方自己非常高兴等。如果我们能够和对方建立信赖关系的话，就会给予对方极大的勇气。

使用哪种反馈方式，我们都要注意一味好评导致对方对表扬式反馈产生依赖心理。即使是负面的话题也要公开地说出来，这才是真正的反馈。

设计流程　职业引导必须在获得对方同意的前提下，有目标有计划地推进才能取得成果。对此，我们不仅要掌握各种沟通技巧，还要具备组织整个流程的能力。

其中，最具代表性的推进方式之一便是**GROW模型**。它主要是通过目标设定、现状分析、资源探寻、发展路径、行动计划这5个步骤来推进职业引导进程。在上述每一个步骤中，我们都可以随机应变地提出许多问题。

除此之外还有许多模型，如果我们能够将其牢记并熟练使用的话，那将无异于如获至宝。然而，模型本身并不能产生任何成果，如何提高对话的质量才是最为关键的因素。当然，这一切都是建立在与对方的关系基础之上的。

G 目标	· 你现在最想达成的目标是什么？ · 5 年后的自己变成什么样才会感到满足？
R 现状	· 这个目标眼下的进展如何? · 到目前为止，你为实现这一目标做了什么?
R 资源	· 在实现目标的过程中，你会借助谁的力量? · 哪些信息会帮助你向前迈进?
O 路径	· 能不能构想出一些前所未有的做法? · 到目前为止还没有尝试过哪些方法？
W 行动	· 如果你可以从最容易做的事情开始着手，你会选择哪一个？ · 这件事情你打算执行多久，完成到什么程度呢?

第一步骤　学会聆听

想要掌握职业引导技能的人最先应该学习的技能便是聆听。然而，在实践活动中要做到这一点并不容易。因为我们在听对方说话时，很容易心不在焉，脑海之中会不知不觉地浮现出许多与话题无关的事情。

聆听的关键在于清空私心杂念，全身心地投入对方所讲内容之中。1分钟也好，5分钟也罢，我们在这段时间内唯一要做的事情就是集中注意力。即使你是一个健谈的人，此时也要学会控制表达欲。如果此时不克制自己，就无法认真地听他人说话。

我们在聆听时，要努力对对方产生兴趣或关心。如果你觉得很难做到这一点，就尝试对对方感兴趣的事情（多数情况下是他们热衷谈论的对象）给予关注。这样一来，我们自然而然就能够听进对方的话，并与之产生共鸣和认可。那么，就请大家找机会试一下吧！

相关技能　促进个人和组织成长发展

19 建导技能　虽然职业引导和建导的处理方式不同，但两者都属于促进组织发展的代表性技巧。如果我们能够同时掌握这两种能力的话，那无异于如虎添翼。

22 领导能力　领导能力是多种多样、各具风格的，我们必须根据状况的不同来区分使用。真正的领导不仅仅是引领团队成员，还要灵活运用包括职业引导在内的相关技能来支持下属成员发展成长。

26 人才开发　商业活动中存在丰富多彩的学习方法和机会。如果我们能够结合职业引导等技能对其加以利用，就能够大幅提升教育效果。

3 断言主张

在不责备对方的同时提出自我主张

上司会把自己想说的话单方面地传达给下属，但是下属却不会把自己想说的话告诉上司——这是职场交流的现状。如此一来，我们不仅不能够高效推进，也会丧失工作的意义。因此，上司和下属均需掌握断言主张的技能来创建沟通顺畅的职场环境。

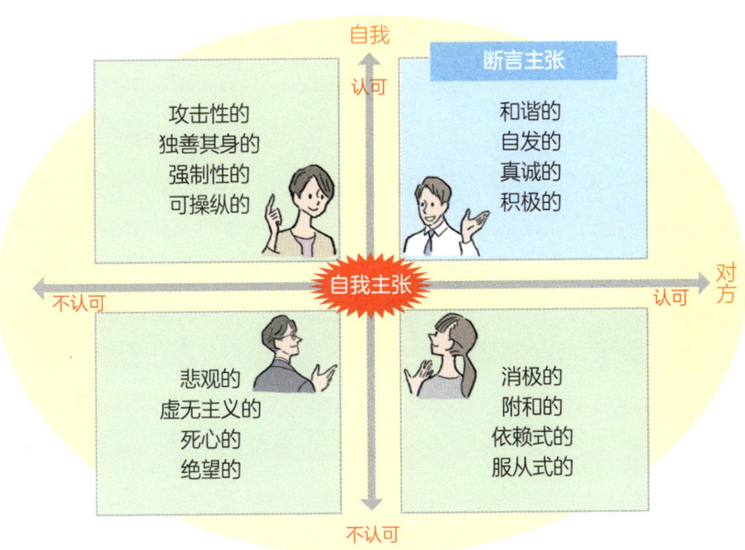

基本思路 **自身和对方均认可的谈话方式**

所谓**断言主张**是一种在重视自己和对方的前提下提出自我见解的表达方式。真正的断言主张既不是要咄咄逼人，也不是要压抑自己的主张，更不是放弃说话的权利。我们在直率地表达自己想法的同时，也要真诚地倾听对方的主张。像这种自身和对方均认可的谈话方式就是**坚定断言**的理想状态。

除商务场合之外，断言主张在建立人际关系方面也很重要。我们不仅要重视断言主张的方式方法，也要重视其存在本身。

技能组合 理解并践行原则

四项原则 断言主张要求我们既要诚实地面对自己，也要**真诚**地对待对方，不能欺骗和捏造事实。我们在说话之时切忌支支吾吾或闪烁其词，而是要**坦率**地表述自己的主张，把话说到对方心里去。

具体来说，我们既不能居高临下地俯视对方，也不可卑躬屈膝地仰视对方，而是要**平等**地展开谈话。我们要能够撇开年龄和地位上的**等级**差别，作为一个独立的个体来交流。开口说话与否视心意而定，但最终的一切后果均为**自身责任**。因此，我们必须拥有足够的勇气和决心来为自己的行为负责。

如果我们能够将这4个原则牢牢记在脑海之中，自然而然就可以做到坚定断言。这些原则不仅仅适用于语言表述，还可用于包括表情、态度在内的非语言信息。

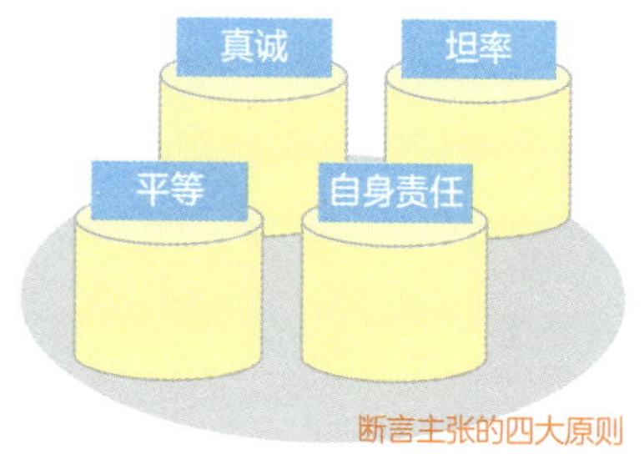

断言主张的四大原则

DESC法 断言主张的关键在于要区分事实、感情和要求。如果将其混为一谈，那么不仅无法传达内心的真实想法，甚至还有可能引发不必要的摩擦冲突。DESC法能够指导我们使用断言主张技能来解决问题。如果我们能够熟练掌握该方法，就能够非常顺利地整理相关信息并传达给对方。

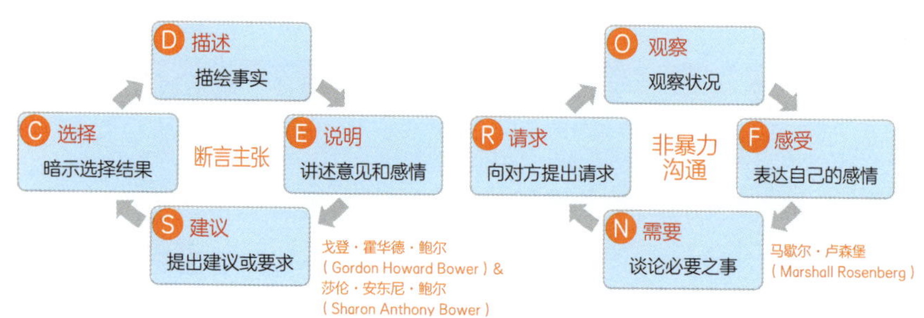

非暴力沟通（NVC：Nonviolent Communication）是与断言主张非常相似的一种表达技巧，它亦是基于问题解决意识而提出的。我们只有牢记各种各样的沟通方式才能够提高应对能力。

自我表露　所谓自我表露就是将自己的想法、心情和相关信息等告知他人的行为。自我主张也是自我表露的一种形式。如果我们不能很好地打开心门，那么便不能实现有效的断言式沟通。

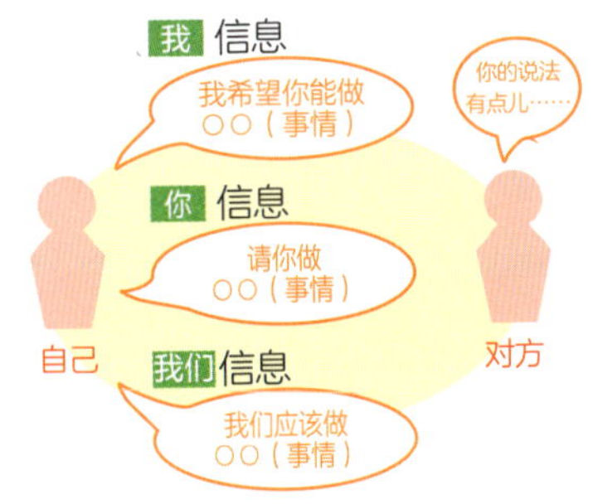

因为在自我表露时讨论的话题是自己，所以主语应该是“我”。只要我们牢记使用“**‘我’信息**”，就能够敢于进行断言主张。相反，如果我们使用“你”或“我们”等人称代名词作为主语，就会显得咄咄逼人或者引起对方不必要的抵抗心理。

例如在提出反驳意见时，“你的想法是错误的”和“我与你的想法不同”这两种表达方式会给对方带来截然不同的印象。由此看来，“我信息”是可应用于各种场合的必修技巧。

合理信念　断言主张的目的是冷静地对待对方的言行，勇敢地说出内心的真实想法。对此，我们不但要掌握丰富多彩的表达方式，而且还要变革思考问题的方式。

我们经常会觉得“应该〇〇”。然而，如果我们认为自身的信念放之四海而皆

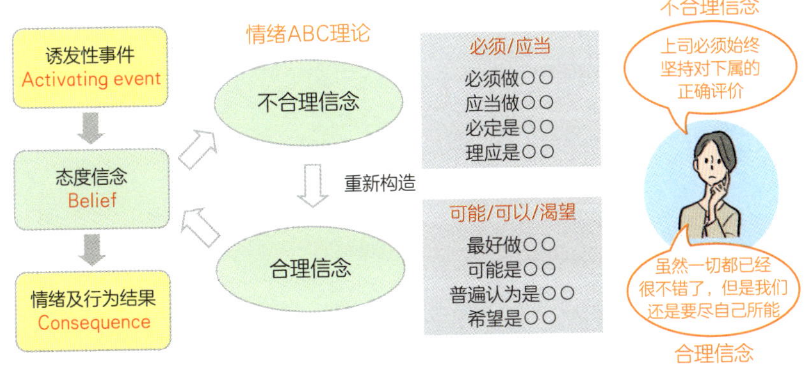

准，那就言过其实了。一切要视情况和程度而定。换言之，一以贯之的想法其实是一种**不合理信念**（臆想）。因此，我们要用“尽可能地做○○”一类的思维方式来思考。这就是旨在摆脱束缚的“**情绪ABC理论**［埃利斯（Albert Ellis）］”。

第一步骤 从书面表达着手

在日本社会中，断言主张是一件极难付诸实践的活动。例如，“居高临下”“察言观色”和“不懂拒绝的日本人”等一些为人熟知的俗语便是最好的证明。无论我们重复进行多少次事前模拟，都不可能完全预测出现场会发生什么事。如果你没有积累相当丰富的训练经验，也是无法鼓起勇气运用到实际生活中的。

对于此类人，我建议他们从电子邮件或书信等书面表达着手训练。例如，大家可以尝试通过DESC法来写一封拒绝客户委托的电子邮件。这样一来，即便是不擅长表达自我主张的人也能够清晰地整理自己的想法并传达给对方。在反复推敲练习的过程中，我们也就逐渐地掌握了断言技能了。

如果你在写电子邮件时情绪异常激动，这些情绪就会表露在字里行间。对于此类信件，我们要将其放置一天左右之后再确认发送才算是比较安全的。当然，回复的时机也是一个非常重要的信号，因此还要注意不可回复过晚。

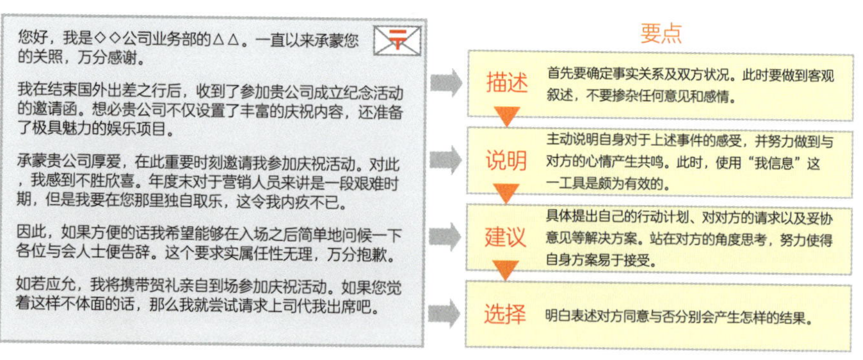

相关技能 灵活运用断言主张

14 愤怒管理 断言失败的一个重要原因就在于无法管理愤怒和烦躁等情绪。

15 投诉应对 在应对投诉时，理解对方的要求和情绪是非常重要的。当然，在某些情况下我们也必须认真表达自己的观点。如果我们不能熟练地应用断言，就无法找到双方均满意的解决方案。

26 人才开发　我们在培养下属的过程中，偶尔会碰到必须做出评价或提出改善意见的状况。如果我们不能掌握断言主张，就会破坏双方关系。

14 愤怒管理
学会控制你的愤怒情绪

“要是那个时候没有那么说就好了……”你是否也有过因愤怒言行不当而后悔不已的经历呢？当然，也有许多人会受到他人愤怒情绪的伤害。愤怒是一种既可以成为毒药亦可成为良药的复杂情绪。只要我们能够掌握控制愤怒情绪的方法，就能够建立起安全可靠的人际关系。

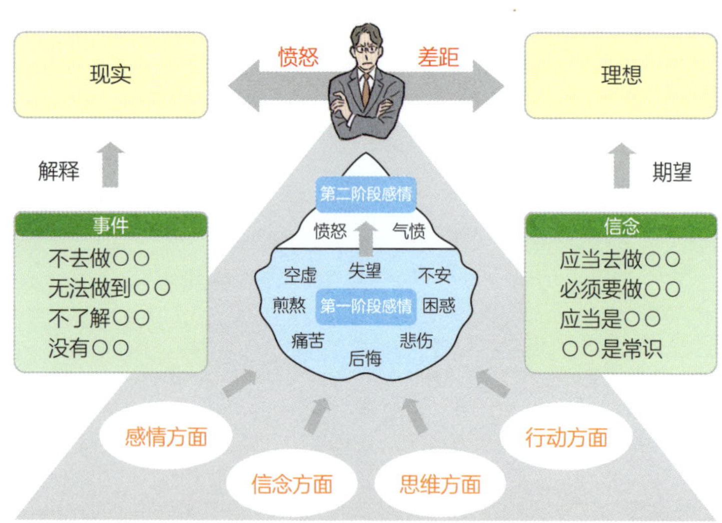

基本思路　与愤怒情绪融洽相处

愤怒会对周围的人产生影响，但是这种情绪并不是他人带给我们的。它是我们自身产生的一种感情，也是自己可以控制的一种感情。**愤怒管理**便是妥善处理愤怒情绪的主要技巧。

愤怒情绪产生的根源在于理想（期望）和现实（实际）之间的差距，是一种保护自我的**防御机制**。其本身并不是消极因素，且根据人们处理方式和表达方式的不同也可以转化为积极的力量。

技能组合　掌握处理愤怒情绪的方法

抑制愤怒　据说愤怒情绪的高峰期最长可达6秒。只要度过了这一阶段，我们便能够冷静地处理问题了。对此，前人们提出了可用于冷却心头怒火的方法，如倒计数、愤怒分级[①]或重复语言[②]等。我们可以通过各种尝试来找到适合自己的方法。

愤怒其实是**第二阶段感情**，其背后存在着引发愤怒的**第一阶段感情**，而该阶段的感情往往是沮丧、不安、困惑、悲伤或懊悔等消极情绪。我们要直接表达自己的第一阶段感情，如此，我们的心情就能够逐渐平静下来，不至于上升到愤怒情绪。

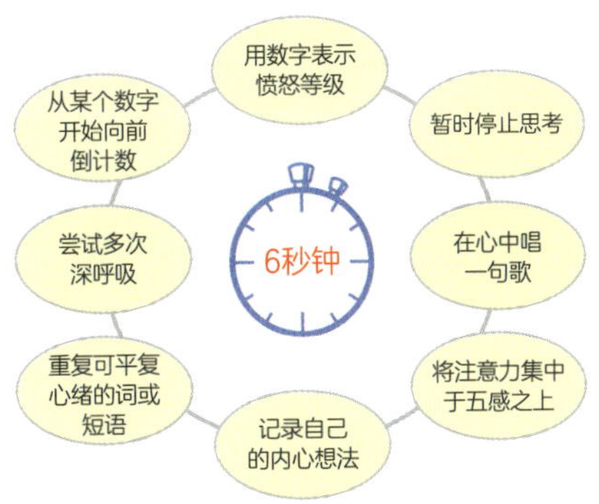

相反，当对方向你发火的时候，你要认真聆听并关注对方的第一阶段感情。当我们理解了该阶段的真实感情之后便会产生共鸣，而对方的愤怒也会逐渐平息。

提高容忍度　愤怒情绪的产生根源在于我们所坚信的**信念**（belief）。当我们原本以为毋庸置疑的信念遭受质疑或侵犯之时，便会产生愤怒之感。

然而，信念的内容和程度会伴随着人、立场、状况和时代的变化而变化。根据**情绪ABC理论**所示，认为自身信念放之四海而皆准的想法正是问题的症结所在。如果我们能够对信念的逻辑性、

【信念】在商务活动中做○○可是常识啊！

逻辑性	· 你认为应当是○○的依据是什么？ · 眼下○○进行程度或取得的效果如何？ · 目前是否已经不再推进○○了？
灵活性	· 是否有必要一直做○○？ · 如果没有彻底贯彻○○，是否会带来致命风险？ · 是否必须是○○呢？
现实性	· 是否能百分之百地完成○○？ · 是否有人能够完美地做到○○？ · 未来是否永远将○○持续下去？
效果性	· 如果你因为○○而烦恼会有何益处？ · 做○○的真实目的是什么？ · 如果我们谴责不做○○的人，会取得怎样的成效？

① 愤怒情绪本身是无等级可言的，而我们自身也很难准确感知愤怒值。对此，我们可以采取愤怒分析的方式来切身体会愤怒值。例如，1级为烦躁，2级为愤怒，3级为狂怒，4级为勃然大怒等。通过该方法，我们可以感知到愤怒情绪的强度，进而能够客观地捕捉到原本无法捕捉到的愤怒之感。通过这一方法，我们不但可以平复情绪，而且还可以实现做好应对措施以防止出现出格之事。——译者注

② 找出一个词或短语来帮助我们冷静下来并重新集中注意力，如“放松”“放轻松”或“你会没事的”等。当我们感到心烦意乱之时，一遍又一遍地对自己重复这个词便可达到平复心绪的效果。——译者注

灵活性、现实性和效果性等保持一定程度的怀疑态度，就能够从自我束缚和臆想中解放出来，进而降低愤怒情绪出现的频率。

至关重要的一点在于，我们不能完全放弃自身信念，而是要把握不可让步的界限所在。尽管我们要努力提高自身的容忍度，但在该事件超过容忍界限时要坦诚地告知对方，否则自己便会陷入崩溃的深渊。当然，如果你突然发怒或闹情绪，也是无法明确告知对方自己的容忍界限的。因此，我们有必要培养自身的说明能力。

以平和心对待愤怒 如果我们花费精力去处理每一件让自己感觉愤怒的事，必定会分身乏术。我们应该把精力集中在那些对自己而言非常重要且可以通过自身力量进行改变（可控）的事情之上。与其把时间浪费于愤怒之上，倒不如立刻采取具体措施来让事态有所改善。

面对经济衰退或无能上司此类重要却无法改变的事物之时，即使我们倍感压力也无济于事，最终只能被迫接受。对此，最明智的做法是去寻找自己力所能及的事情。我们在面对那些不太重要的问题时，要么改变自己的信念以做出让步，要么干脆置之不理、听之任之。这才是控制愤怒情绪的上上策。

重要的是我们要把精力集中在自己能够改变的事情之上。比如，做一个记录（压力日志）来观察自己是否对无法改变的事情感到愤怒也不失为一种好方法。

	可控制	不可控制
重要	制订解决方案 立即采取措施	坦然接受 寻找力所能及之事
不重要	放弃该想法 能做的时候 再展开行动	置之不理 听之任之

改变发怒方式 一味地训斥下属并不能够真正起到指导作用。如果用“你本来就是这样！”或者“反正你也就这样了”之类的表述去进行人身攻击的话，最终只会被认为是职权骚扰。因此，我们必须要掌握有效的批评方法。

最重要的是我们要具体地阐明希望对方做什么以及如何做，并明确指出需要改善的地方及相关要求。此时，上文中所讲的许多

可取的批评方式	不可取的批评方式
传达要求	进行人身攻击
详细论述	模糊标准
阐明理由	偏离话题
实事求是	片面断定
使用“我信息”	追究责任
倾听对方解释	发表宏论
表明期待	夸大其词

断言主张技能便派上了用场，比如实事求是、给出充分恰当的理由以及灵活运用“我信息”等。我们与其浪费精力去指责对方的理由（为何不能做到等），倒不如全神贯注地去思考解决方案（如何才能做到等）。只有这样才能够获得实实在在的成果。

当然，这一切都是建立在上司和下属之间的信赖关系的基础之上。如果我们不能切实地传达出真心希望对方成长发展的心意，那么他们只会把你的忠告和建议理解为斥责。

第一步骤　记录愤怒过程

愤怒管理始于客观地看待自己的愤怒情绪。我们只有在明白平时为何而生气以及有多生气之后，才能够知晓应当掌握何种愤怒管理方法。

此时，我们可以利用一种名为愤怒日志的工具，在每次愤怒的苗头出现之时，记录自身的愤怒过程。坚持记录能够把握自身的愤怒动向。此外，动笔记录也有整理心情等益处。

在写愤怒日志时，你只需要记录实际发生的事情和自己的内心动态。此时，对“我为什么要采取那样的表述方式”以及“不可退让的信念究竟是什么”等问题进行分析是大忌。那是日志记录积累到一定程度才需要做的事情。如果我们在现阶段便急于分析的话，只会得出一个毫无分量的答案。因此，我们首先要做的是完整地收集原始数据。

愤怒日志

①日期	2021年9月20日
②地点	市场营销部大厅
③事件	托付给○○员工所做的表格错误百出，无法使用
④内心想法	到底要说多少次才能明白？真是受够了！
⑤愤怒程度	0　2　4　6　8　10
⑥行动	用粗暴的语气训斥他说：“你为什么总是这样……”
⑦结果	只见他一言不发地回到座位，我也不清楚他到底有没有听懂我说的话

相关技能 冷静理性地推动组织发展

13 断言主张 断言是愤怒管理的一部分，应当配套掌握。学习和把握愤怒运作机制及控制愤怒的方法之后，才能够更加容易地实践断言技能。

21 组织管理 对于活跃职场氛围而言，愤怒管理是不可或缺的技能之一。其中，管理者的行为举止是关键因素。

30 反职场骚扰 当今时代，语气过于严厉容易造成“职权骚扰”，因此愤怒管理的重要性与日俱增。

15

投诉应对
应对客户需求

眼下无论从事何种职业的人，与顾客接触的频率都越来越高。如果我们能够灵活运用顾客的反馈意见，就可以提前掌握市场的需求。相反，如果我们不能恰当地应对客户需求，就有可能给企业招致巨大的风险。我们要想把危机转化成机会，就必须掌握扎实可靠的应对技能。

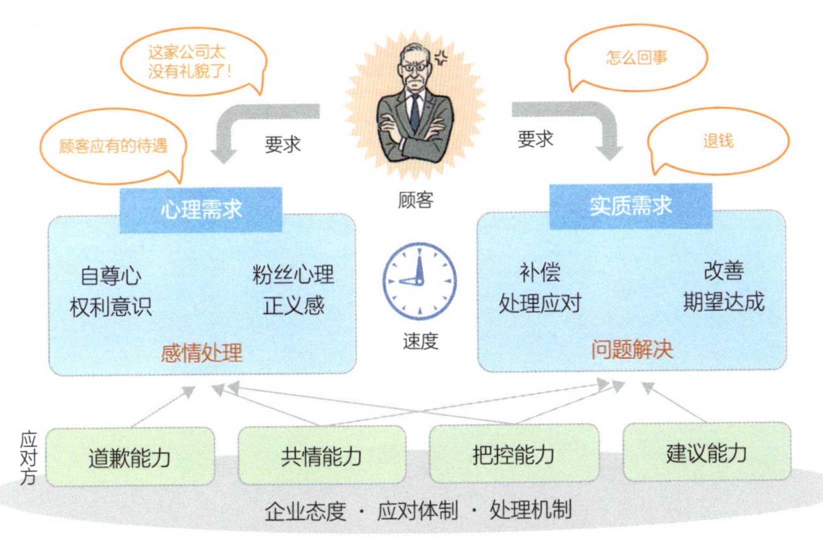

基本思路 **消除顾客的不满情绪**

所谓**投诉**就是指顾客提出抱怨和不满并要求企业进行改善的状况，而妥善处理解决这些问题的过程被称为**投诉应对**。它是提高顾客满意度并建立企业和顾客之间信赖关系的重要工作之一。在大力提倡CS[①]经营战略的今天，所有员工都应该掌握投诉应

① CS是英文Customer Satisfaction的缩写，意为“顾客满意度”。——译者注

对的相关技能。

顾客是基于**心理需求**和**实质需求**这两种需求而提出投诉意见的。因此，一般的应对流程是先处理前者，然后再向后者过渡。

技能组合　妥善应对两大需求

道歉能力　在我们同顾客打交道之时，**第一印象**非常重要。因为最初的应对方式会对以后的事情进展产生巨大的影响。为了满足顾客的心理需求，我们需要先**道歉**以平复他们的不满情绪。当然，仅仅轻描淡写地说一句“对不起”是无法真切地表达歉意的。如果我们不明确指出自己为什么而道歉，反而会激怒对方。

面向过去之事道歉

- 给您带来诸多麻烦，对此我深表歉意
- 给您带来不愉悦的体验，我感到万分抱歉
- 未能满足您的期望，我愧疚万分
- 我们的纰漏给您造成不便，敬请谅解
- 解释说明的不足之处给您带来诸多不便，请您海涵
- 让您久等了，万分抱歉

面向未来之事道歉

- 我们保证今后绝不会再发生此类事件
- 感谢您提出的宝贵意见，我们今后一定按照您的要求进行改善
- 我们将根据您的意见进一步做出完善
- 对您提出的宝贵意见，我们深表感谢

在这个阶段，己方还没有完全确认事实。因此，此时的道歉不是为了处理出现的问题或顾客的损失，而是针对所发生的不愉快状况。但如果千篇一律地道歉或者显露出一种“这不是我的错”的态度，反而会令事态火上浇油。因此，我们必须站在**顾客的角度**上诚恳地道歉。

在此过程中，对方慢慢缓和情绪并萌生一起解决问题的念头。如果有必要的话，我们也可以面向未来之事表示歉意或感谢之情，并逐渐将焦点转移到引起不满情绪的问题之上。

共情能力　顾客提出投诉意见的根源并不在于不满情绪本身，而是希望对方能够理解自己的心情。我们只有认真接受他们的反馈意见才能够尽早地解决问题。

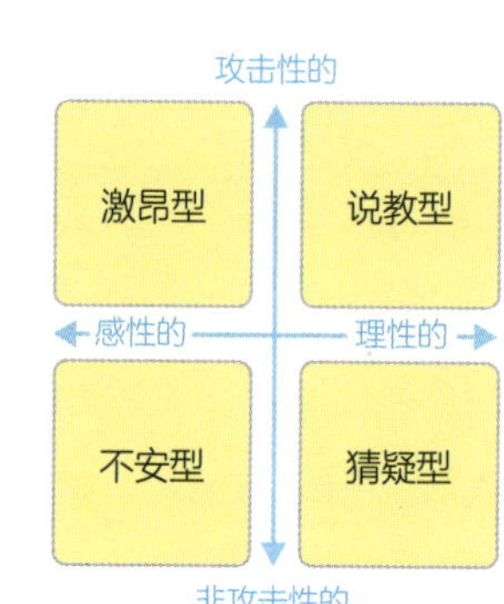

此时，**倾听技巧**就显得尤为重要。我们要认真做好眼神交流并全身心投入对方所述内容之中。同时，还要适当地附和、点头、复述及记录等，总之一定要做到认真倾听。

为了避免让对方产生被轻视或被怀疑等误解，我们在讲话之时要严格注意自己的**语音**、**语调**和**尾音**等。

当然，也有部分顾客会对我们大发雷霆。但是请你不要把这当作人身攻击，而是要耐心地倾听几分钟以待其愤怒情绪自动平静下来。如果我们想缩短客户发泄情绪的时间，就不要打断对方讲话，同时认真倾听他们的愤慨之语。总之，如果我们不能满足对方的**自尊心**和**正义感**，就无法开始具有建设性意义的对话。

把控能力　当顾客的情绪平静下来之后，我们就要把握已经发生的**客观事实**以及顾客的**心理事实**。此时，我们可以运用**提问**技巧来揭示**5W1H**（人物、事件、时间、地点、原因和方法）这几大要素。

因为此类提问是对顾客行为的一种探查，所以我们必须要学会使用**铺垫语**[①]。如果我们怀疑事件的真实性而提出质疑，那么极有可能会让对方感到不高兴。因此，我们必须学会从其他角度来收集事实。

一旦掌握了客观事实，就可以明确原因和责任。当错误在己方时，要坦率地道歉，切忌找借口推脱。如果责任在客户，我们也要进行确认。这样一来，我们就能够明确投诉意见的**结构**、**背景**和**过程**等，从而有针对性地找出解决问题的关键所在。

建议能力　在把握了客户需求之后，我们要就企业如何应对该问题提出专业的**备选方案**。这正是体现投诉处理者能力的地方。我们的最终目标是选择一个能够让双方都感到满意的方案。如果条件允许的话，我们可以让顾客从多个备用方案中选择一项，以此来大大提升对方的认同感。当然，我们可以让顾客也提出建议并一起讨论。此时的关键是不要将沟通变成说服或谈判。

① 作者在原文中采用了“クッション言葉”一词。该词源于英语中的“cushion”，原义是“靠垫”之意。而“クッション言葉”则被译为“缓冲语”“铺垫语”等。它作为日语前置语表达方式的一种，在口语中被大量运用。铺垫语在我们“请求”“反驳”“拒绝”对方前使用，可以使表达更加委婉。对于喜欢委婉表达的日本人而言，“クッション言葉”是表达本意的引入语，也是维系人际关系的重要润滑剂。——译者注

在该阶段，顾客有时会提出一些令人难以接受的要求。此时我们不要慌张，而是要以实事求是的态度去面对。轻易的妥协和临时的承诺是断然不可取的。当然，我们偶尔也会遇到暂时无法调停的情况，此时就要考验投诉处理者的瞬间**判断力**了。

把握客户需求	请问您是想要做○○吗？
提出方案选项	我们准备了A与B两套解决方案供您参考选择
确认对方意向	那么您是要选择A解决方案吗？
明确双方责任	我们会尽快着手准备的，但是也要请您……
达成一致意见	非常感谢您提出的宝贵意见！

顾客的意向一经确定，企业方和顾客方要确认各自要采取的**措施**并明确彼此的责任。最后，我们还要以感激之语来结束这一连串的投诉应对过程。

第一步骤　揣测对方心理

投诉应对需要我们具备综合能力以及丰富的处理经验。首先我们要做的就是**共鸣式沟通**。这种技能不但容易掌握，而且还适用于处理投诉之外的其他日常工作和生活。

其中最值得推荐的方法是将对方的话（事实或感情）原封不动重复一遍的**"鹦鹉学舌法"**。首先，我们要尽量使用相同的语言来重复对方的话，不可任意地转述或概括总结。这样一来，对方会感觉自己得到了理解和接纳。另外，从他人口中听到自己说过的话，也有利于顾客客观地看待问题。

在做到这一点后，我们要更进一步地复制对方的感情并替他们发声。在这种情况下，为了避免出现被顾客斥责"你懂什么！"的状况，我们必须要认真地观察对方的说话方式和面部表情。

相关技能　提升应对能力

13 断言主张　即使对方贵为客户，我们也要敢于拒绝他们的不合理要求。此时，断言技能便能够助我们一臂之力。

14 愤怒管理　处理投诉会增加自身的压力。因此，我们只有在学习和把握了愤怒运作机制及控制愤怒的方法之后才能够轻松应对各种投诉意见。

31 商务礼仪　只要我们的说话方式稍有差错，就有可能给顾客的愤怒火上浇油。因此，得当的谈吐、举止、仪表等都是做好投诉处理工作的基础。

16 演讲技能

传递信息以获得认同

很多时候，我们会遇到自己的话无法被对方理解、自己的提案不能获得周围人的支持以及热情无法传达给大家的状况。所述内容的好坏固然重要，但有时原因在于缺乏打动他人的技能。那么，接下来就让我们学习演讲技能，掌握主导权吧！

问题解决型	问题	原因	选项	判断
目标达成型	目标	措施	追加举措	行动确定
空雨伞型	论点	事实	解释	结论
辩证法型	问题	正论	反论	综合
FABE型	特征 Features	优势 Advantages	效益 Benefits	证据 Evidence
时间序列型	过去	现在	未来	建议
故事描述型	个人经历 Self	共同问题 Us	行为 Now	信息
改革创新型	变革主题	必要性	效果性	可行性

基本思路　打动听者的内心

所谓**演讲**就是将自己所掌握的信息和内心的想法传达给听众的行为。具体说来，大致可分为以下三大类型：以共享信息为目的的**说明型**、以转移知识和方法为目的的**指导型**、以阐明企划和提案为目的的**说服型**。根据目的不同，方法和侧重点也会有所不同。

演讲技能大致又可分为内容（演讲稿及演示资料）和表达（讲话内容及表述方式）两大类。缺少任何一项因素，我们都无法将信息或想法传达给对方。

技能组合　创作并表达演讲内容

创作演讲稿　准备工作要从确定演讲主题和策划构思演示内容开始。此时，我们需要借助5W1H法来思考以降低遗漏相关要素的概率。

其中，最重要的是要考虑清楚演讲的对象（Who）及要传达的信息（What）。对此，我们必须要清楚地掌握预想对象的属性、特征、需求和状况等。另外，我们还需要设定一系列具体目标，比如希望客户从此次演讲中获得哪些有用信息以及如何让演讲顺利进行等。在本阶段决定好演讲主题，之后就不会产生偏差了。

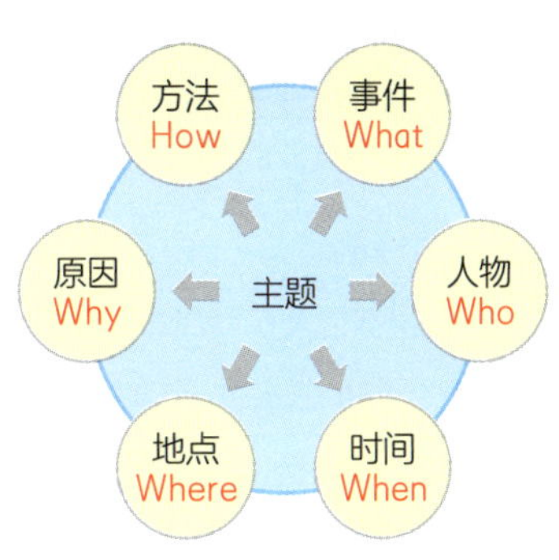

接下来，我们就要朝着既定目标来认真思考演讲内容和逻辑顺序等整体框架结构。常用的演讲稿一般由绪论、正文、结论等要素组成。如果你能够灵活运用这些组成要素，就可以轻松简单地制作演讲稿脚本了。之后，我们要确定并着手安排演讲时间、场所、器材、用品和通知等。

制作演示稿　简单易懂且具有冲击力的幻灯片在演讲过程中发挥着不可替代的作用。首先，我们要确定幻灯片的整体结构——如整体共需20页且每页耗时3分钟等。之后，要根据演讲稿的脚本大致分配排列内容。

接下来，我们就要确定幻灯片的模式、基调颜色和基本排版（字体大小、字数、配置）等来设计演示稿的整体风格。特别是在兼用文稿演示和资料分发两种方式的情况下，幻灯片的制作尤为重要。因为这直接决定了演示文稿的内容是否清晰易懂。

如果想要制作出让人一目了然的幻灯片，

就必须具备将想要传达的信息用简短的语言表达出来的能力（言简意赅）。另外，图解、照片、图表、插图等**视觉要素**也可发挥重要作用。如果你能够从整体布局出发合理安排这些视觉要素并恰当引导观众视线的话，就能让观众更好地理解。

传达信息 只有使用对方能够理解的语言来表达，才能实现有效沟通。尤其要注意对专业术语、缩略语和定义模糊的词语等词汇的使用。

另外，对当下正在讲解的内容进行**位置标注**也是非常重要的。这样一来，观众就能够明白整体与部分、论点与论据、目的与手段等演讲结构。另外，对演示内容进行**编号**也是一种非常有效的手段，如"〇〇的三大理由如下：一、……"等。此外，我们还可以运用一些相关技能来调整话题抽象程度或者展示选项及先后顺序等。另外，连词的运用也会让内容更加简单易懂。

序言 ⇕ 结语	原因 ⇕ 结果	事例 ⇕ 结论
除此之外 ⇕ 其中尤以……	因此 ⇕ 然而	说起来 ⇕ 如此说来
要素有三 ⇕ 第一要素	假设 ⇕ 特意	话说回来 ⇕ 回归正题

然而，如果一味地强调逻辑性，观众也会感到疲惫。因此，我们需要在演讲过程中以讲**故事**的方式穿插一些事例或经历来让观众持续保持兴趣和关注。根据观众而非自身的想法来表达，才是在演讲活动中应该具备的基本姿态。因此，我们必须要一边认真观察观众的反应，一边随机应变地进行演讲。

表达方式 我们在前文中曾经提到过非语言信息在人际沟通中发挥着重要作用，其实在演讲过程中亦是如此。我们在演讲时，要遵照商务礼仪规范，落落大方地带着灿烂笑容来面对观众。

其中，最大的关键点在于眼睛。当我们在论述一个话题时，可以与同一个人进行**眼神接触**（**一个话题·一个人物**），并依次把视线投向整个会场。另外，我们还可以通过眼神来引导观众的视线。

此外，声音也是一个重要因素。首先我们要做到自信且清楚地大声讲话，同时还必须要注意说话的**速度**。为了不让自己的演讲变成呆板的流水账，我们也要注意中途的停顿（**间隔**）方式。

最后，**肢体动作**也不容忽视。特别是面对很多人演讲时，我们需要适当表现得夸张一些。在线演讲亦是如此。这样一来，你向观众传达的不只是演示文稿的内容，还有热情——这就是非语言信息的作用。

眼睛	眼神接触、视线方向、强度、眼球运动
脸庞	脸色、表情是否拘谨、嘴形、鼻腔、眼角
声音	大小、高低、音调、节奏、停顿
姿势	身体姿态、方向、上身角度、服装、仪态
动作	肢体动作、抱胳膊、手势、重复
空间	同观众的距离、所站位置、位置移动、来回走动

第一步骤　灵活运用PREP演讲结构

与演讲相关的技能是多种多样的，我们要想在短时间内将其全部掌握是极为困难的。因此，你可以尝试从简单的演讲模式结构开始练习。其中，最适合新手的结构是一种被命名为“PREP”的框架。

首先，我们要简洁明了地抛出自己的**观点**（Point）；其次，我们要列举产生这种想法的**理由**（Reason）和依据。如果存在多个理由，我们可以编号并按顺序一一论述。在做这项工作时，你可以尝试一边掰着手指一边阐述理由，这样就可以在一定程度上提高演讲的感染力。

之后，我们要适当补充具体的**事例**（Example）和数据。最后，我们还需要再次阐述想要表达的**结论**（Point）。

关键是我们要把这几个步骤当作日常的口头禅来练习，以便在演讲时自然而然地脱口而出。当然，大家也可以尝试一下其他模式。

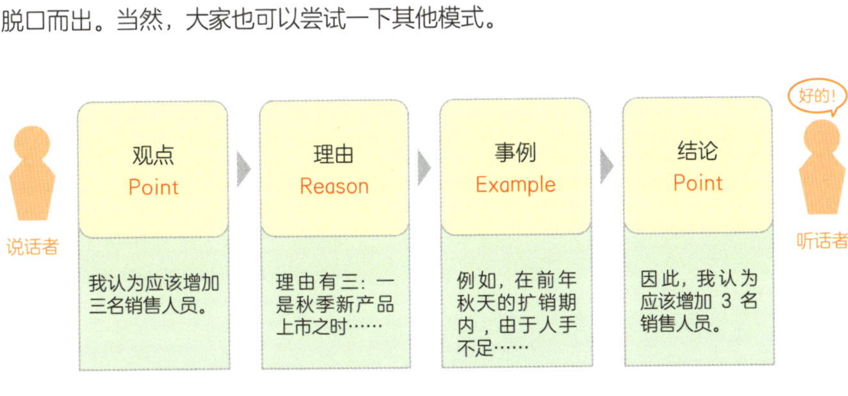

相关技能　提高自我表达能力

17 说服劝导　演讲的目的之一就是获得观众的认可。只要我们掌握了说服劝导的技巧，就能够稳步提升自身的演讲能力。

46 文书设计　认为制作幻灯片可有可无或者只要内容好就无须专注外在形式的人才更应该学习文书设计的相关技能。

48 闲聊漫谈　只顾自己一味地说出内心想法的人只能算是演讲的初学者，而经验丰富的人会通过说话人与听话人双方的良性沟通来完成演讲。如此看来，这与闲聊漫谈的原理是一样的。只要闲聊更顺畅，演讲的水平也会提高。

17 说服劝导

巧妙地说服他人

我经常听到周围的人抱怨说对方没有按照自己的想法去做。要解决这个问题，我们必须要具备一定的说服劝导能力。然而，说服上司或其他部门的同事并非易事，想要说服其他公司的工作人员或客户更是难上加难。因此，如果你想要提高自身对他人的影响力，就必须磨炼说服劝导的相关技巧。

影响力的六大原则

❶ 互惠

原理　想要对曾经接受的恩惠进行回报

对策　指出给予和回报的平衡以及已清算的回报

❷ 承诺和一致

原理　想要采取一以贯之的态度

对策　明示事态与以往相较所产生的变化，并以是非分明的态度来看待

❸ 社会认同

原理　认为他人支持的行为便是正确的

对策　只把他人的意见作为参考，重点是用自己的头脑斟酌内容后再判断

❹ 喜好

原理　想要回应有好感的人的期望

对策　读懂好感背后所隐藏的真实意图，谨防被欺骗

❺ 权威

原理　想要顺从有地位或有智慧的人

对策　以怀疑的目光审视权威，质疑内容的恰当性

❻ 稀缺

原理　认为物以稀为贵，数量越少就越有价值

对策　要深入挖掘某事物的真正价值，而非通过数量判断

基本思路　对他人的思维和行动产生影响

所谓**说服劝导**就是让对方接受自己的想法并按照这一方向来改变他们的意见和行动。它既是影响他人的行为之一，也是组织运作的原动力，同时还是发挥领导能力所必须掌握的能力之一。

说服劝导的方式是多种多样的。重要的是我们要通过学习各种各样的方法来找到

能最大限度发挥自身优势的专项技能。在演讲和谈判的过程中，如果我们想要让对方愉快地同意我们的意见，就必须进行相应的训练来积累经验。

技能组合　灵活运用各式各样的说服技能

自我说服　说服劝导的主要方式有以下三种：一、通过权力或暴力等压制性**力量**来说服；二、通过“妥协迁就”等**交换**方式来说服；三、通过让对方理解并产生**共鸣**的方式来说服。我们要根据具体情况来决定要采取哪种说服方式（暴力除外）。但不得不承认的是，共鸣是激发对方主动性的最佳方法。

另外，我们与其依靠**他人说服**的方式来说服对方，倒不如让对方通过自身思考来**自我说服**。因为这样更能够让对方爽快地展开行动。

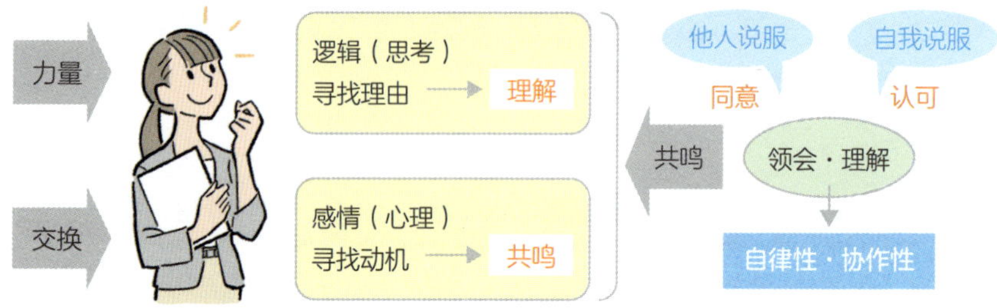

说服的步骤　为了说服他人，我们首先要正确地描述事实并让对方把握相关状况（**描述性说服**）。在此基础上，我们还要让对方理解到接受说服（不接受说服）会带来怎样的益处或害处（**功利性说服**）。因为如果你没有向被说服方阐明利害得失，就无法真正打动对方。

有时我们也会诉诸自由、正义、诚实等价值观来说服对方（**规范性说服**）。如果该方法也行不通的话，就只能通过请求对方卖自己一个面子等方式了（**情感性说服**）。

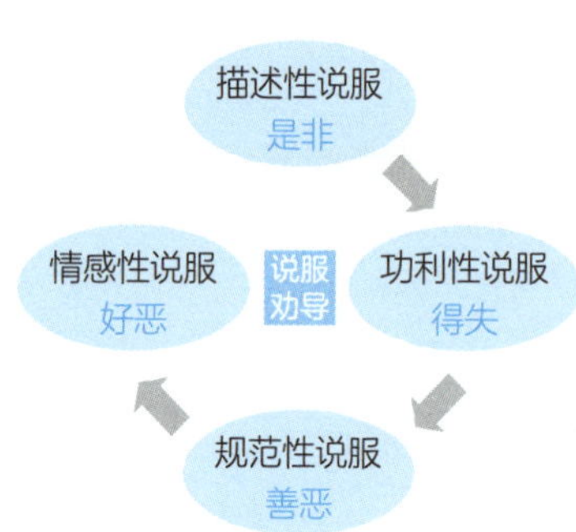

在商务场合中，大家一般都是按照这样的顺序来进行说服劝导的。当然，究竟哪种方式更能奏效要取决于对方。另外，说话人和听者

的关系也会对说服方式的选择和最终效果产生一定影响。我们要熟练掌握上述四种方法，在关键时刻动员一切力量来说服对方。

改变他人行为　说服的目的是改变他人行为，即让对方按照我们所期待的那样采取行动。如果我们想要说服别人去做一件极为复杂的事情，比如“从根本上改革业务流程”等，就需要创造一个紧扣主题的故事。

首先，我们要指出问题来营造危机感，并阐明按照自身意见改革的必要性。其次，我们要论述接受该意见的益处和不接受该意见的弊端，以明确效果性。该手段充分利用了对方损失规避的心理倾向，即人们重视损失甚于所得。

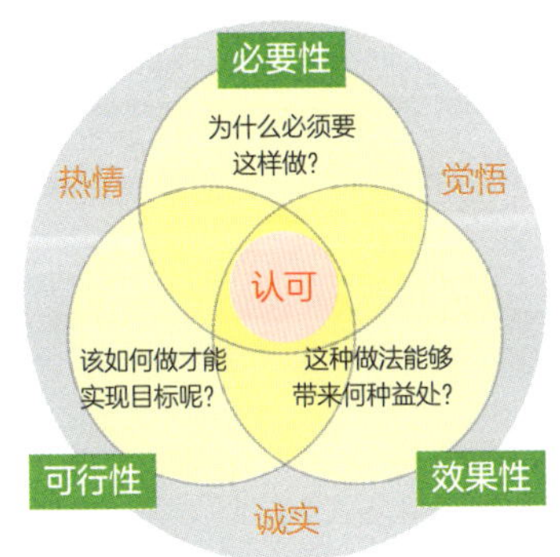

最后，我们需要向对方展示成功案例和实施步骤来让他们了解该意见的可行性。同时，这也能够消除对方对改革的不安。在此基础上，你还需要在整个谈话中注入热情。

影响力的六大原则　知名说服术与影响力研究权威学者罗伯特·B. 西奥迪尼（Robert B. Cialdini）所提出的影响力六大原则在说服他人的过程中发挥着不可或缺的作用。例如，运用互惠与承诺和一致的“以退为进法”[①]和“循序渐进法”[②]就是两种具有代表性的说服技巧。

所谓社会认同即告知对方目前社会上的大多数人都在采取某种行为，并由此促使从众效应的产生。另外，人们倾向于顺从自己抱有好感的人或有权威的人。此外，你还可以通过告诉对方机不可失等方式来突出稀缺性。

如果我们能够熟练地使用这六大原则，就可以大幅提升自身的说服力。这在演讲和营销过程中也颇有益处。同时，我们只有掌握了上述方法才能够不被对方的花言巧语所欺骗。

① 一开始提出不切实际的要求来引起对方的拒绝，然后降低要求并提出妥协方案，这样更容易得到对方的认可。——译者注

② 先让对方接受小请求，然后再慢慢让其接受较大请求的方法。——译者注

第一步骤 有理有据地说服对方

人是追求意义的动物，因此对于不理解的事情很难接受。换言之，阐明理由是说服他人的第一步。

著名心理学家埃伦·兰格（Ellen Langer）曾经做了一个实验，她采用各种表述方式来向排队等待复印文件的人提出让自己先行复印的请求，以此来观察人们对不同表达方式的反应。结果发现，比起单纯提出“请让我先复印”的请求而言，添加些许理由能够大大提高被应允率。即便这个请求微不足道，即便这个理由并不具有说服力，但同样可以提高对方同意的概率。

这就是所谓的**“自动反应模式”**，即当人们听到理由时，内心深处的开关会自动打开，且大脑不需要深入思考便会指使身体机械性地活动起来。这就是理由的强大之处。

然而，如果我们强加理由或者以恩人自居的话，对方也是难以接受的。因此，你需要站在对方的角度考虑，来确保该理由是合理且能为他人所接受的，之后再进行说服。

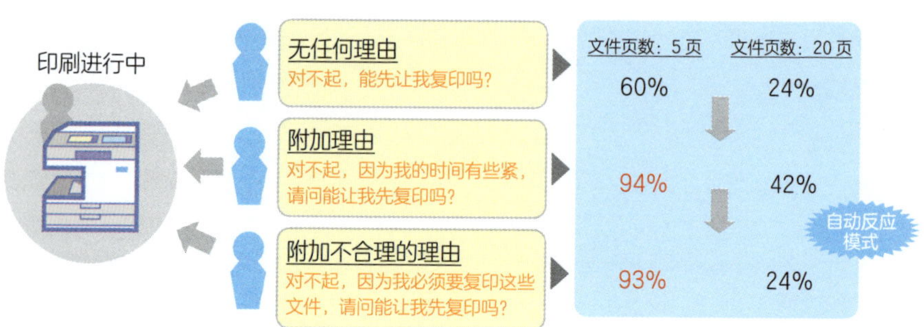

相关技能　将说服应用于工作之中

16 演讲技能　从制作简单易懂的资料到采用打动人心的表达方式——如何运用本章节中所讲到的技巧成为决定演讲成败的重要因素。

18 谈判交涉　拥有高超的说服技巧将有助于谈判的顺利进行，同时也可以促使我们沉着应对对方提出的各种说服策略。

25 动员激励　说服的最终目的是让对方按照我们所期待的那样来行动。为此，我们必须了解对方的愿望以及如何才能激励他们行动。此时，与动员激励相关的知识和技能就能够助我们一臂之力了。

18 谈判交涉

超越利害关系，达成一致意见

从职场碰头会到企业间的纷争解决，这些商业活动都是谈判交涉的延续。然而，将心领神会作为美德的日本人却非常不擅长谈判交涉。他们惯用的技能只有“威胁对方”“虚张声势”或者“失声痛哭”等。因此，我们只有掌握了谈判技巧才能够与形形色色的人共同解决问题。

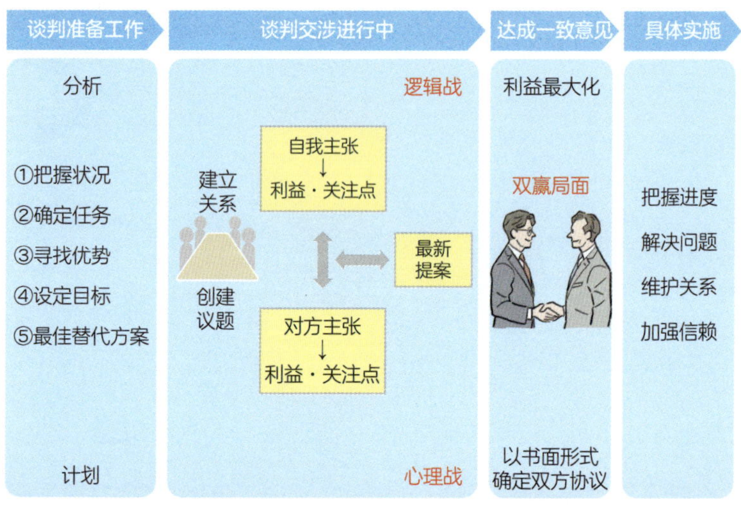

基本思路 依靠语言解决问题而非诉诸武力

所谓**谈判交涉**是指代表不同的利益方为了达成解决方案而进行的协商。谈判既不是为了分出胜负，也不是为了让对方屈服。其真正目的在于既要谋求自身利益的最大化，又要符合对方的利益。

如果我们想要切实有效地推进谈判进展并取得实实在在的成果，仅仅依靠人性和经验是远远不够的，而是必须要掌握既定的流程和技能。此外，在展开现场**逻辑战**的同时还会进行**心理战**，因此我们必须具备较高的**思维能力**和**人际交往能力**。

技能组合　遵循基本流程逐步推进谈判工作

事先准备　谈判交涉是一个有计划地解决问题的过程，因此我们不能以“走一步算一步”的放任态度来任其自由发展。事前准备的好坏将会对后续进展产生极大的影响。例如，在五步法中就将需要做的准备工作分为把握状况、确定任务（谈判意义）、寻找优势、设定目标以及准备最佳替代方案5个方面。

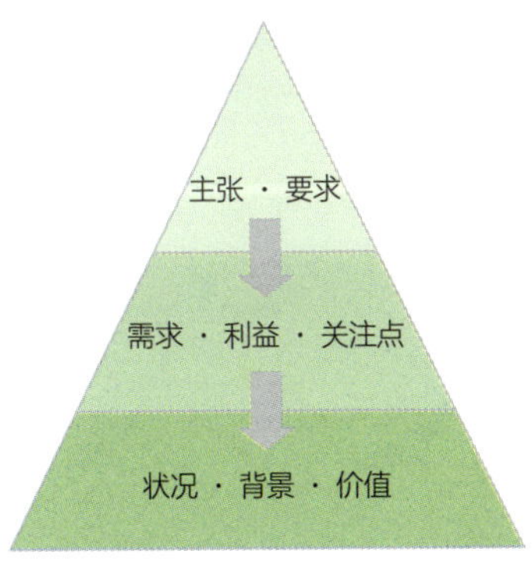

其中最重要的是把握状况。我们必须要明白对方的利益相关者是谁、对方有何需求、对方处于何种状况以及会产生怎样的影响等。对此，你需要竭尽全力地进行调查并提出假设。当然，我们也要对自身进行同样的分析。

另外，在进行团队谈判的准备工作时，我们必须要确保每个人都能够共享这五大步骤的最新信息，否则团队就难以步调一致。

打响逻辑战　谈判交涉实战的第一步是要确定议程，即按照什么顺序来讨论哪个议题。同时，这也是为了能够真诚沟通而建立关系。

讨论开始后，我们要直接地表达己方意见。此时如果能够适当添加证据和数据作为佐证，便更有利于对方理解。对此，你可以灵活运用空雨伞型和PREP型等逻辑性表述框架。

另外，如果我们能够向对方阐明己方意见可以为其带来的益处，那么对方就容易接受我们的观点了。同时，你还需要认真倾听并尽可能地理解对方的主张。

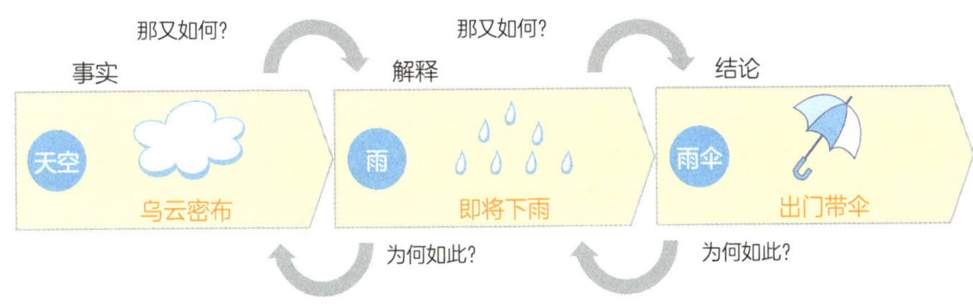

展开心理战 谈判结果不只依靠逻辑战决定，感情因素也会影响彼此的判断。谈判过程中极易出现锚定效应、框架效应、二分法陷阱、光环效应、沉没成本、损失规避效应等多种**偏见**。如果我们不能巧妙地应对对方发起的心理战，就会落入圈套。

其中，比较具有代表性的战术是**以退为进法**和**循序渐进法**这两种技巧。另外，两人各**唱红脸/白脸**以及单方面终止谈判的**最后通牒战术**也是经常被用到的谈判技能。如果我们事先学习掌握了对抗策略，就能够沉着应对对方的心理战术。

当然，这种欺骗性谈判技巧是否可取还有待商榷。因为这些方法即使在当时能够促进谈判顺利进行，但从长远来看却不利于建立良好的合作关系。

以退为进法

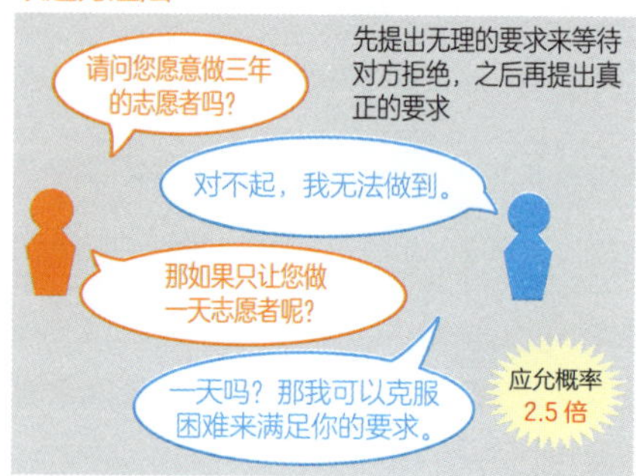

循序渐进法

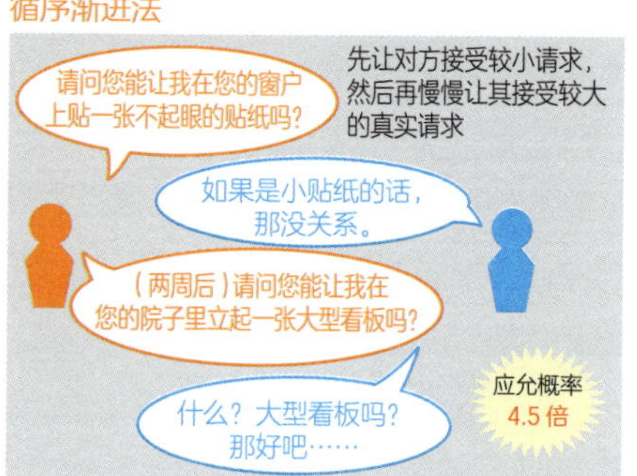

达成协议 不管双方的立场和想法有何不同，只有找到对双方均有利的解决方案才算得上是真正的谈判。因此，找出能够符合双方共同利益的目标并提出实现该目标的新手段（方案选项）才是最重要的。

协议的形式是多种多样的。即使双方都不满意，但只要协议能够符合双方的利益，那么谈判双方就会努力达成妥协。当然，我们必须以书面形式将协议事无巨细地确定下来，以防日后发生不必要的纠纷。

如果谈判交涉陷入僵局，那么就需要我们掌握另外的**冲突管理技能**。这样一来就必须要从重新建立对话开始。

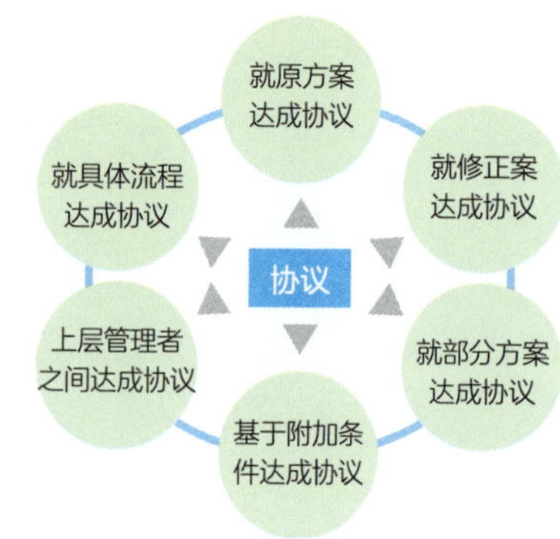

第一步骤 抢占谈判先机

不擅长谈判的人在谈判时很容易被对方的态度所左右。如此一来，无论如何都无法得到满意的谈判结果，更不可能掌握谈判技能了。谈判的关键在于**先下手为强**。因此，我们从一开始就要试着按照自己的步调节奏来谈判。

为此，你必须提前制订出先下手为强的作战计划。如此一来，既可以为谈判的准备工作预留出更多的时间，也可以让自己更加自信地面对谈判。正所谓**“八分准备，二分行动”**，这一原理不仅适用于日常工作，也适用于谈判交涉之中。

一旦谈判开始，我们首先要在议题选定等谈判方式上抢占先机。此外，抢在对方之前表明自己的主张才是上上之策。因为接下来的一切讨论和让步都是以该主张为出发点的。这种表述方式类似于下锚，所以我们可以将其称为**锚定效应**。

但即便如此，我们也要切记不可在没有合理根据的情况下虚张声势。因为一旦暴露，只会毁掉我们自身的信誉。诚实地对待对方才是明智之举。

相关技能 力求达成具有建设性意义的共识

17 说服劝导 如果我们无法让对方接受自己的主张，那么谈判就无法进行下去。只有我们掌握了说服劝导的相关技巧，才能促使谈判朝着有利的方向不断推进。

19 建导技能 谈判是对话的一种形式。只要我们掌握了建导技巧，就能够大幅提升对话质量。

28 国际化人才 谈判技巧备受关注的一个重要原因便是社会的全球化。谈判双方不仅其利害关系和各自立场有所不同，就连价值观和文化背景也各不相同。想要同这些人展开合作，就必须熟练地掌握谈判技巧。

19 建导技能

推进对话交流

有时候我们会面临这样的尴尬局面：谈话得不出有效意见，讨论无法达成共识，甚至连决定的事情都无法执行。如果你也有这样的烦恼，那么你就应该学习掌握建导技能了。这种技能可以激发团队成员们的智慧和干劲，并引导他们朝着全员都能接受的结论前进。只要改变会议形式，组织也会随之改变。

基本思路　促进人与人之间的互动

“建导”一词的原意是“促进”“便利”等含义。**建导技巧**不仅仅可用于会议之中，也可用来支持和推进问题解决、开发创意、建立共识、教育学习、改革创新、自我表现和组织发展等所有知识类创造性活动。承担这一职责的人则被称为“**建导者**”。

其主要特征是将讨论的内容交给团队成员，而建导者则要按照专业化的程序和技术来主持和引领团队活动以达成最佳效果。通过这种方式，我们可以激发整个团队的力量。

技能组合　主导话题讨论的方向

设计讨论现场　建导者的工作要从事前的沟通规划开始。建导者要就此规划安排咨询与会者意见，在获得对方同意后方可开始会议讨论。具体来说，该规划内容一般包括会议的**目的**、**目标**（成果目标）、**流程**（议题）、**规则**、**成员**（和职责）等。如果与会者们不认可该讨论的推进方式，最终也无法得出令人满意的结论。因此，我们必须要在这一阶段打消成员们的疑问和不安。

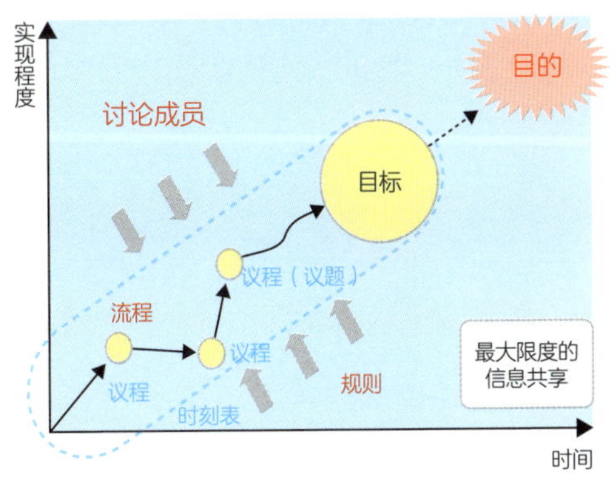

另外，设计一个舒适的讨论空间也是非常重要的。例如，谈话的轻松程度会随着椅子和桌子的摆放方式而改变。与此同时，我们也要优化好心理上的空间，即现场**氛围**。因此，建导者们有时也需要引入一些轻松的对话来缓解紧张的气氛。

建立人际关系　我们展开对话时，要给成员足够的**心理安全感**并允许讨论者们尽可能多地提出各种意见和想法。这一过程被称为**发散**。如此一来，我们便可以共同建立起一种可以真诚交谈的人际关系。

对此，**倾听**和**作出反应**这两大技能将会发挥重要作用。建导者在认真听取与会者意见的同时，要适当地做出回应以给予他们勇气。同时，也要激励其他参加者积极发表意见。此外，建导者还需要仔细**观察**每个人的样子以掌握语言背后的真实想法及现场气氛。

提问技巧是引出意见的关键所在。为了方便对方回答，建导者可以尝试从具体的小问题开始发问并逐渐逼近核心问题。另外，盘活话题也是一种非常重要的技能，它要求建导者们清楚地把握提问的对象、时间及回答对象等要素。

构建讨论结构 在经过充分的发散讨论之后，接下来就要进行汇总了。首先，建导者要通过简单易懂的方式整理每条意见并对其进行充分整合。特别是在面对那些论点、主张或根据模糊不清的意见时，我们必须明确发言者的真实想法。此时，逻辑性思维技能中的纵向逻辑和横向逻辑便有了用武之地。

我们在整理好每一条意见之后，接下来便要整理所有成员的意见了。在这一问题上，惯用的手段是把收集到的意见分类并找出共同点，进而确定优先顺序。此时，我们可以借助白板和便签等道具来对意见进行可视化处理，这样有利于加深与会成员们的理解。另外，图解也是整理意见的一种好方法。

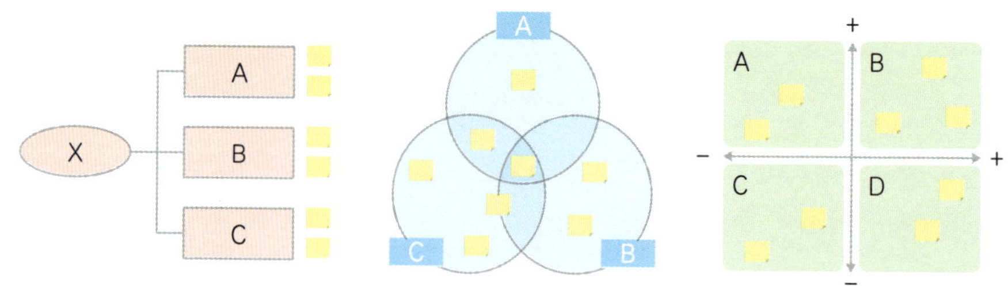

促使共识达成 推导出结论的方式大致有以下两种。一种是对备选方案进行排序并确定最佳选项，即所谓的选择。该方式的关键点在于我们以什么为判断标准。另一种方法是将几个选项合并后总结出一个全员均可参与的方案。究竟哪种方式更为合适要视情况而定。但无论如何，确定决策方式是不可或缺的重要一步。

当各方意见无法统一而产生龃龉时，最重要的是要促进双方的相互理解。接下来，建导者要努力找出大家共同的关注点并重新构建问题，进而打破思维的限制来找出实现既定目标的替代方案。

一旦找到了可顺利达成协议的折中方案，就意味着会议圆满结束了。最后，伴随着对商定事项和行动计划的审查确认，一场讨论缓缓地落下了帷幕。

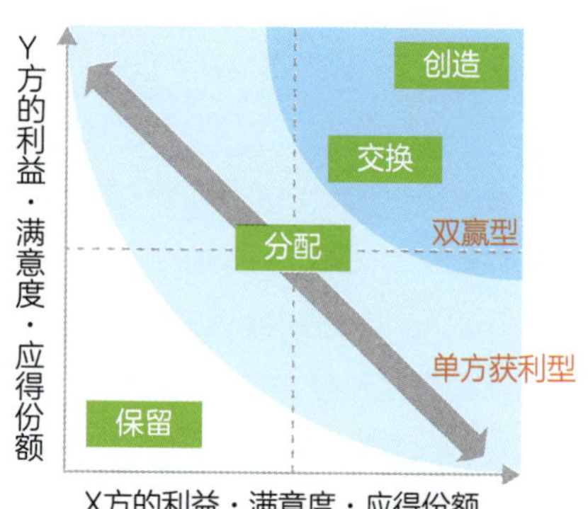

第一步骤　对交流讨论进行可视化处理

会议中之所以无法达成一致意见，是因为与会各方只进行了语言上的交锋，即所谓的“空战”。此时，我们就需要尝试把各方意见和想法写在白板上以进行可视化处理，使其变得更加通俗易懂。如此一来，会议的产出效率也会得到很大提高。这种方式被称为图像引导。通俗来说，其本质是一种板书技能。

要想做好这一点，我们需要掌握准确概括发言内容、发掘重要观点、把握各意见的异同和关系以及简明扼要陈述等一系列相关技能。即便我们一开始做得不好也没关系，因为引导双方进入肉眼可见的“陆战”阶段的行为本身就能够促进双方的讨论交流。

重要的是我们要勇于站在白板之前书写板书。这是成为建导者的第一步。当我们能够学会如何通过板书来熟练地整理各方意见时，就意味着自己已然掌握了管理讨论现场的方法。

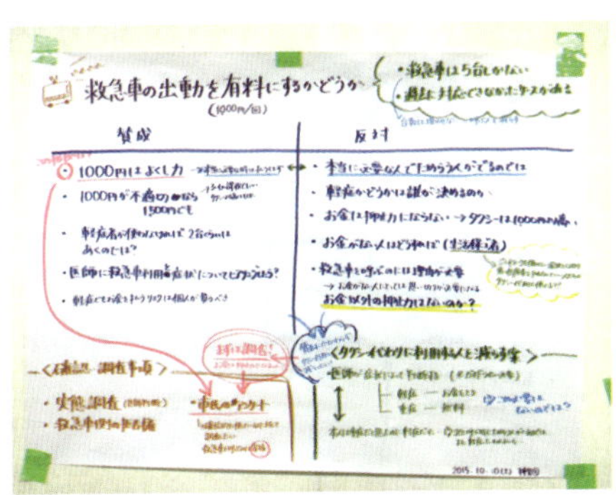

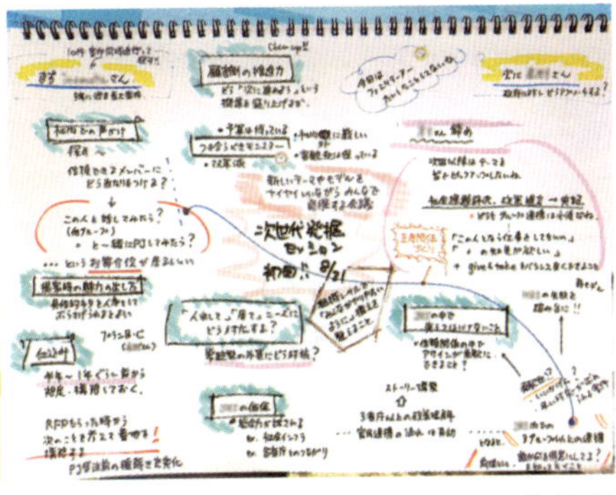

加藤彰

相关技能　帮助组织解决问题

05 问题解决　为了能够合理地设计会议流程并高效地管理讨论现场，我们必须要具备解决问题的知识和技能。

24 团队建设　建导技巧的最终目标在于打破僵化的思维和关系并实现组织变革。为此，我们必须掌握与团队（组织）相关的广泛知识和经验。

43 归纳整理　无论是讨论还是文件，归纳整理的原理都是一样的。归纳整理的技能越纯熟，就越能保证会议的顺利进行。

20 写作技能
准确地制作文件

日常工作中，常常有人被反复要求修改文件，或者不能通过邮件准确表达自己的想法，想来必定有许多人不擅长写作。然而，相当一部分的商务交流活动都是通过书面语言来完成的。因此，写作技能成为影响工作效率的重要因素。

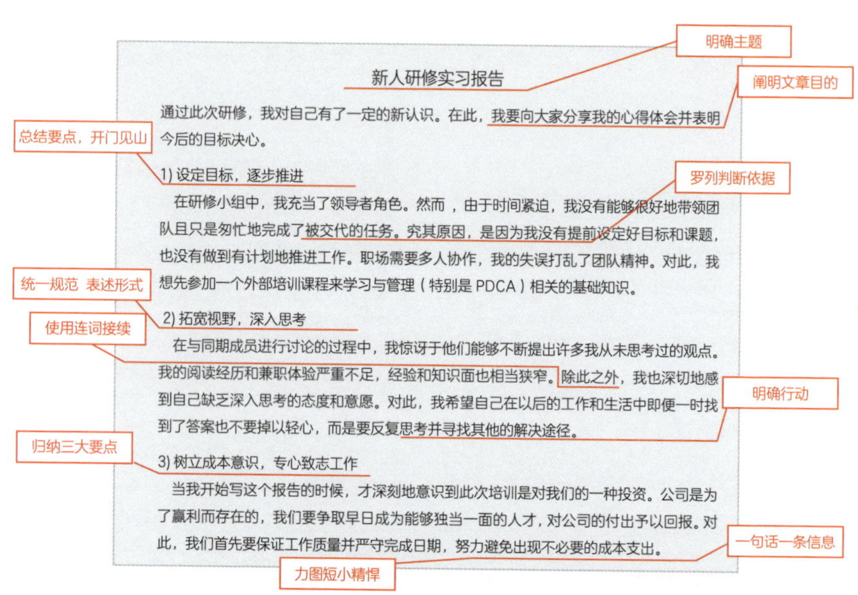

基本思路 **书写具有感染力的文章**

口语表达和书面表达的最大区别就在于后者的主导权掌握在读者手中。对方每天会收到大量的文件。因此，如何让读者愿意阅读并且读懂我们的文件成为**写作技能**的关键。

要做到这一点，我们就必须尽快写出能够给对方留下深刻印象且简洁易懂的文章。要想把自己的内心想法准确地传达给对方，还必须保证文章简明扼要且有条理。因此，**逻辑性写作**能帮助我们顺利地完成工作。

技能组合　创作有逻辑性的文章

整体结构　文章质量的好坏在很大程度上取决于整体结构，而结构又取决于目的和读者。一般而言，**SDS法**是较为常用的写作技能，主要包括**概要**（Summary）、**详情**（Details）和**总结**（Summary）这三大部分。如果详情部分内容较多的话，那么可以将其拆分为几个板块（分论点）。按照重要程度、时间顺序和因果关系等标准对各部分内容进行排列并组合成为一个完整的叙述结构。

此外，你还可以在写作过程中直接运用曾在**演讲技能**章节中介绍过的框架结构，如**PREP型**、**问题解决型**和**空雨伞型**等。无论我们运用上述哪种类型结构，都要在开头部分阐明结论，以方便读者阅读并理解。当然，我们也可以尝试将结论转化成标题等方法。

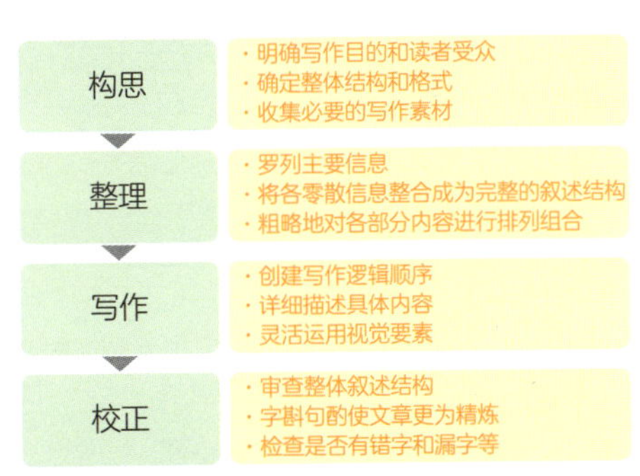

在确定文章整体结构之后，我们就要预估文章篇幅并确定**格式**和**布局**。这些也是直接影响到文章可读性的重要因素。

信息传递　创作逻辑性文章的决定性因素在于文本结构。首先，我们要尽可能地把想要传达的**主张**归纳为一点并用简短的语言将其表述出来。其次，我们要将其分解成数个**子信息**来论述得出该主张的理由。当存在多个理由时，我们可以使用**编号排序**等技巧。另外，当我们把每条子信息展开论述的时候，也要参照上述做法从结论部分开始。这种排列方式能够让文章整体显得更加清晰明了。

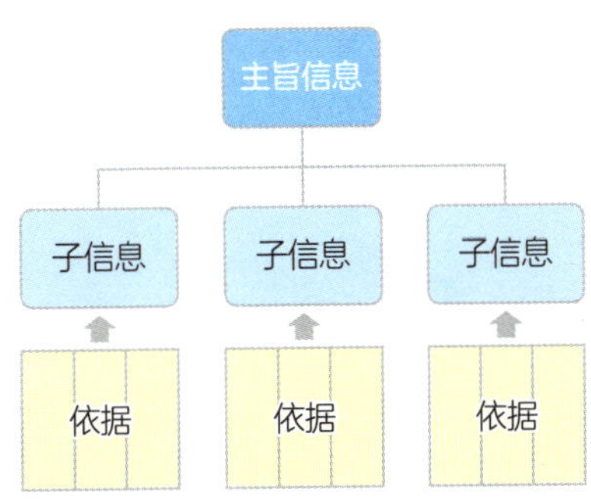

提供**依据**是增强文章说服力的重要手段，因此我们要毫无遗漏地将客观依据收集

整理起来，同时切记不可将客观事实和主观意见混为一谈。如果我们能够在文章之中嵌入**金字塔结构**，其逻辑性就会大大提高。

此外，写作思路是多种多样的，主要包括原因与结果、目的与手段、假说与验证、具体与抽象、选项与优先顺序等。为了能够让读者们把握写作的思维脉络，我们还需建立一个条理清晰的叙述流程。如有必要，也应在文章某处提及写作背景和前提。

行文表述 商务文章的遣词用句要正式。一篇文章的表达要点要能够凝练成一条信息，即所谓的“一文一义”。因此，你需要删除多余语句和重复表述，尽可能地做到短小精悍（最好是一行，不超过两行）。另外，最好是省略开场白部分并直接进入正题。

除了使用编号排序之外，我们还可以配合使用一些逻辑**接续词**。如果能够适当在文章之中适当穿插接续词，不但可以使前后文关系变得更加清晰明了，也可以更好地推动情节描述。另外，**标点符号**的插入方式也会影响阅读的流畅度。

类别	作用	示例
顺接·因果	表示原因/理由及其结果	因此、所以、因而、于是、故而、是以、以是
逆接·对立	表示对立或反对等概念	然而、但是、然则、不过、可是、尽管、即便
并列·附加	举出同类事物加以补充	然后、继而、而后、进而、另外、而且、甚至、更有甚者、并且
补充·说明	改变说法或说明理由	换言之、即、究其原因、例如、然而、顺带一言、总而言之
对比·选择	比较或选择其中一个	或者、或是、或许、取而代之、毋宁、也许、另一方面
转换·代替	转换话题	步入正题、话说回来、那么、如此一来、接下来、第二点、那时候

高山瞭

打动读者的心也颇为重要。因此，你必须结合对方的理解能力、疑问和心情等要素来使用**提问**、**隐喻**或**直抒胸臆**等表达方式。在保证行文不啰唆的基础上适当加入**事例**和**故事**是避免读者产生厌烦感的重要方法。除此之外，文章的节奏也非常重要。如果我们想要确认文章是否流畅，最好的方法就是大声朗读出来。

遣词造句 毋庸置疑，我们在行文过程中要准确使用包括敬语在内的符合商务场合的语言词汇。另外，我们要尽可能地使用**浅显易懂**的语言（例：迅速→马上），同时也要切忌采用拐弯抹角的说法（例：决定进行讨论→讨论）。

其中最需要注意的是不要使用“假大空”的说法。你要尽可能地使用自己的语言来表述。此外，还需避免使用那些语义模糊的**抽象词汇**，尽量使用具体的表达方式（例：大→5倍左右）。

文章的结尾也非常重要。同被动语态相比，明确主体的能动语态更能给人强有力的印象（例：普遍认为→我认为）。另外，我推荐各位在结尾处直截了当地做出判断（例：我认为→是这样的）。

第一步骤　从整体向部分逐步展开

不经思考直接就动笔是无法写出通俗易懂的商务文书的。首先我们要认真地研究结构和情节，并创建一个只包含大标题和重要信息的**提纲**。我们在粗略地构建好整体结构之后，再添加具体内容或细节。如果没有养成这一习惯，就永远也写不出提纲挈领的文章。当然，这一思维习惯在其他方面也能够发挥巨大作用。

幸运的是，Word文字处理软件具有制作提纲的功能，因此我们可以充分利用这一便利之处。在制作演示文稿时，我们要在设计幻灯片的样式之前，预先将所有要点对应的幻灯片制作完成。

在多次重复上述做法的过程中，我们自身俯瞰全局的能力会不断得到提升。终有一日，即使突然从头开始写文章，你也可以能够做到“下笔如有神”。训练的过程是辛苦的，但这的确是提高写作能力的实用之法。

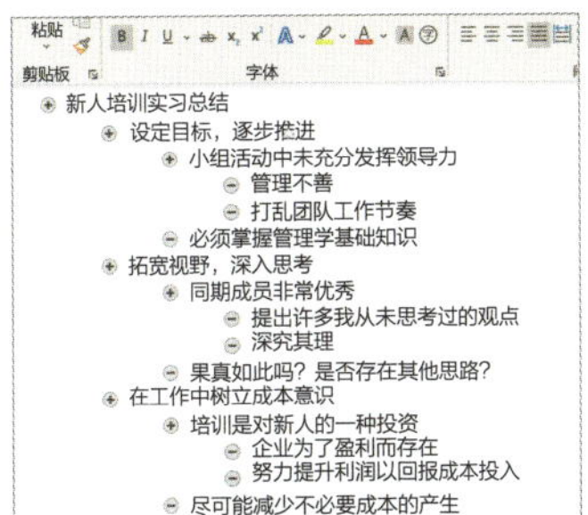

文件　菜单　开始　插入　设计　切换动画　动画　幻灯片放映　审阅　视图　帮助

1 新人培训实习总结　2 摘要　3 反思 1　4 事例・经验

5 分析・考察　6 目标・行动　7 反思 2　8 事例・经验

9 分析・考察　10 目标・行动　11 反思 3　12 事例・经验

相关技能　提高号召力

16 演讲技能　构建故事结构等演讲技能亦可以直接用于写作之中。同时，写作技能对制作演示文稿也颇有帮助。因此，我建议大家同时掌握这两种技能。

45 图示图解　比起用啰里啰唆的语言来解释复杂的信息，不如借助图表等形式更有利于听者的理解和把握。

46 文书设计　要想让文稿变得更加通俗易懂，单单靠写作是不够的。能否将文书设计得夺人眼球也是一个关键因素。

其他技能　提高协作能力

启发指导

所谓**启发指导**是指在指导者和被指导者一对一的关系中，指导者通过对话和建议鼓励被指导者进行自主发展。启发指导与**接受者**的不同之处就在于，启发指导的指导者是作为被指导者的人生导师来参与其中的。

启发指导无须任何特殊的指导技巧。指导者主要是通过倾听、提问或意见反馈等**沟通技能**来进行指导。谈话的主题也并不固定，指导者有时起榜样作用，有时只是谈话的一方。另外，指导者通过与被指导者的对话来促进后者成长发展也是启发指导的目的之一。

意见反馈

意见反馈作为一种可用于职业引导和人才开发的重要技能越来越频繁地被单独应用于各种商务场合。其中，就现场指导而言，提出中肯的反馈意见是不可或缺的技能之一。

具体来说，首先我们要在确认对方做好心理准备之后再提出反馈意见。之后，我们要从积极方面入手，告诉对方如何改善才可以让自己变得更加优秀。另外，我们要促使对方改变的是自身行为与方法，而非性格与心理。最后，我们还可以尝试激发对方敢于打破常规的反叛精神等。

只要我们对对方充满信心且愿意助其一臂之力，必定能够促进他们迅速成长发展。毕竟，替对方着想的心意也是非常重要的。

对话沟通

谈话旨在沟通交流，讨论旨在达成共识。与此不同，**对话**的目的在于深入理解彼此的想法并共同创造出新设想。这对于**团队建设**和**跨文化理解**而言是不可或缺的技能。

在对话中，我们要暂时保留判断并倾听对方讲话，通过相互提问来重新审视彼此的观点及初衷，并共同致力于探索新方案。我们不一定非要得出什么结论，只要自己的想法得到进一步深化就算得上是对话有所成效了。

与工作和社会相关的“溯源论[①]”是适合展开对话的主题之一。只有我们对不同观点的相互碰撞毫不畏惧，才能够促使新的想法出现（正反合[②]）。

① 溯源论是回到事物的最初来讨论、追溯必要性和存在的意义。在讨论“怎么做”的时候，重提“为什么要这样做”。——编者注

② 德国黑格尔所提辩证法的正反合三阶段，表示思想发展及一般事物演进的法则；即一现象出，为正；必有另一现象与之对立，为反；这两个矛盾现象解除而统一为一个新的现象，是为合。——编者注

第 3 章

促进团队成长进步的组织类技能

要点提示 发挥组织的力量

构建可持续发展的组织

我们建立组织是为了完成一些依靠个人无法完成的事情。要组建一个真正的团队并非单纯依靠人的集合，而是需要所有成员们齐心协力，共同奋斗。

构建可持续发展的组织的第一种方法是主动与其他组织成员接触。只有将大家的想法和行动方向统一并最大限度地发挥自身力量，才能够真正解决困难课题。如果大家没有主动去这样做，就无法构建起一个可持续发展的组织。

另一个方法是加强人与人之间的合作，即团队合作。只有当每个人都认真思考自己能够为大家做出何种贡献并真正做到积极合作、互帮互助之时，才能够建立起健全的组织。

俗话说，“我为人人，人人为我”。理想型组织的建立不恰恰说明了这一点吗?

因此，人才的培养成为重中之重。我们要通过工作提高自身能力，和伙伴们一起提高技能和升华内心，进而培养出下一代的中坚力量。

个人得以成长，组织才会发展。组织壮大了，个人也才能进步。建立这样一个良性循环就是所谓的“组织建设”。

人人皆需掌握的组织类技能

在本章所介绍的10种组织类技能之中，**组织管理**是最为基本的。如果想要让组织有效地运转起来，我们就需要对人员、资金、工作和时间等所有要素进行管理。

组织中最常见的是“**领导能力—追随能力**”这一纵向关系。如果两者不能很好地配合，那么组织就无法按照预想的那样运转。

与此相对，**团队建设**则主要用于处理横向关系。只有在横向和纵向都有序运转时，组织才能够发挥出应有的功能。此时，个人的动机（**动员激励**）成为影响力最大的因素。

如前所述，在组织建设中最重要的是人才建设。因此，我们必须有计划地进行人才开发。眼下，我们即将迎来“人生百年时代”①，职业规划的重要性也日趋凸显。

另外，国际化人才的开发也成了当务之急，我们可以将其看作应对多样性挑战的一种方式。

不过，组织活动也存在一定的负面影响。如果我们没有做好心理健康管理工作，可能会招致不幸的事态发生。另外，反职场骚扰等也逐渐成为眼下工作中不可或缺的组成部分。

实际上，这些技能大多为管理者所用。但是，我希望所有与组织相关的人员都能将其作为基础技能来学习。如果每个人都掌握了这些技能，必定会产生事半功倍的效果。

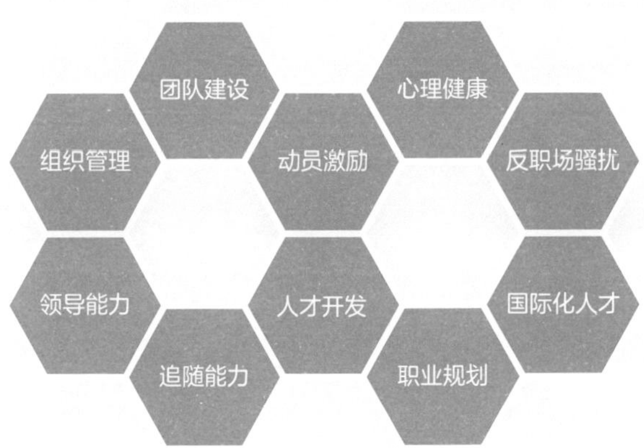

① 日语原作中采用了“人生100年時代”的说法。所谓“人生100年時代”是指近年来超过100岁的长寿老人在日本急速增长的现象。据预测，在不久的将来会有更多的日本人平均寿命超过100岁，所以彼时从国家的存在方式到个人的生存方式及社会总体都将发生巨大的变化。——译者注

21 组织管理

协调组织整体运作

我们在日常工作中经常考虑的一个问题就是，如何通过现有人员在固定时间内完成工作。此时，我们就需要诉诸组织管理技能了。该项技能所蕴含的智慧不仅适用于商业活动，还能在社会生活的方方面面发挥作用。接下来，就让我们一起努力学习组织管理技能，成为无论何时都能创造优秀成果的管理高手吧！

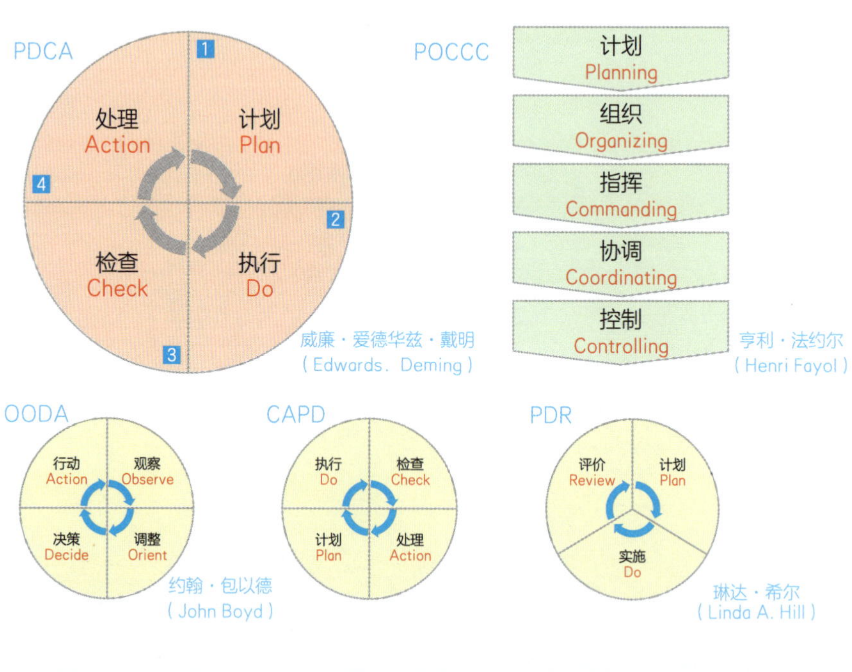

基本思路　**进行组织管理以实现目标**

所谓**组织管理**是指为了达成目的而掌管组织的行为。该词汇来源于英语“Management”，其原义为“掌管”或“处理”等。

从广义的管理范围来看，本书所涉及的大半技能都是必须要掌握的。在此，我将以组织运转的种种活动为焦点，以颇具代表性的管理循环法之“戴明循环（PDCA）”为依据来介绍必要的技能。

技能组合 熟练运用管理循环法

制订计划 组织管理的第一步是设定组织目标和方针开始。通常情况下，组织具有一定的等级（阶层）结构。上层组织制定整体目标，下层组织据此来设定具体目标。之后，管理者要负责将这些目标逐步转化为具体执行计划，包括行为主体及实施时间等，并调配必要的经营资源（人力、物力、资金、信息等）。

如果我们制订的目标和计划模糊不清，就无法顺利推进组织管理。如果日常管理的措辞不明确或未实现量化，管理循环也就无法正常运转。

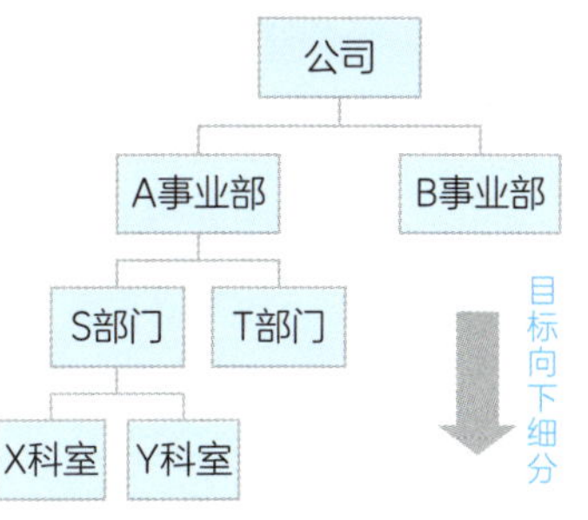

让组织成员共享目标和计划也是凝聚组织力量的重要环节之一。换言之，管理者最重要的工作就是让组织中的每一位成员都明白自己眼下必须要做的事情是什么。

组织实施 如果我们制订了计划却不去执行，最终结果无异于纸上谈兵。执行了但完成度不够，也会导致无法达成目标。因此，制订计划后的任务就是管理计划进度，确保能够稳步推进。

直接把工作一股脑儿地交给各个负责人是断不可取的。我们要时刻关注工作进展，一旦发现问题就要立即采取必要措施。面对种种突发状况，你必须做好随机应变的充足准备，如追加投入资源或改变计划等。

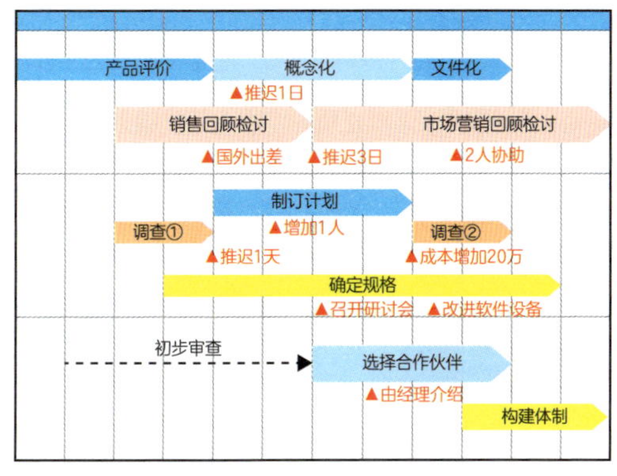

如果想要尽早发现问题，我

们不但要积极地报联商[①]，而且还要灵活地沟通交流。此外，要想圆满完成工作光靠鞭策激励是远远不够的，你还必须掌握提高团队积极性和合作度的方法。管理者既要细心，又要用心，更要专心。

事后评价 无论做什么事情，半途而废一定无法进步。在每项工作告一段落之后，我们都必须要评估目标达成度，并检验工作完成情况和具体做法。在此阶段，我们有时会发现由于目标和计划制订得过于草率而无法评价。

不管最终成功与否，关键在于我们要从成果和业务流程两方面来分析原因，这就需要我们必须掌握解决问题和活用数据的技能。但是，我们切记不可将追究原因变成追究责任，否则就很难找到导致问题出现的真正原因。

差距分析（单位：日元）

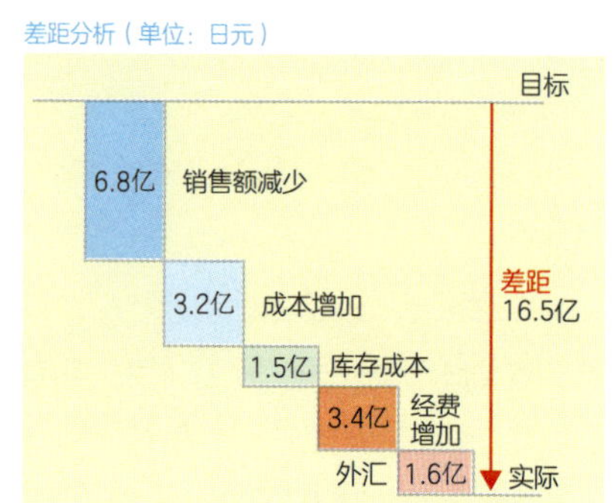

另外，你也必须要制定客观的标准来对成员的工作进行评价并给予反馈意见，并将其和日后的待遇及培养挂钩。职业引导也是一个能够让员工对自身工作状态进行反思的好方法。另外一种颇有效的方法是以团队为单位进行回顾检讨，并就没有反映在数据上的部分互相提出反馈意见。

改进完善 当我们对工作进行修正完善并将经验教训应用于下一个计划之中时，就意味着完成了一次管理循环。此时切忌盲目给员工鼓劲，也不要只做表面功夫来蒙混过关，而是要真正找到能够本质上进行改进完善的方案。不从根本上改变每个人的思维和行动，就不能改变结果。

---

① 报联商一词来源于日语中的“報連相”。“報連相”其实是“汇報（ほうこくHoukoku）連絡（れんらくRennraku）相談（そうだんSoudann）”由这三个日语单词的首字拼写组合而成的，意思为“凡事汇报、有事联络、遇事相谈”。这三个词的首字组合拼写在一起后，读音为“ほうれんそう（HouRennSou）”，与日语中的另外一个词“ほうれん草（菠菜）”的读音相同。这三个步骤在日本职场缺一不可，作为下级要及时向上级报告，进行中的情况要及时联络上级汇报进度，出现问题要向上级提出并和上级讨论解决办法。——译者注

另外，改进完善是没有终点的。我们必须在管理周期的反复循环中，通过**能力成熟度模型**[①]**集成**来促使组织和业务不断走向高度成熟。与此同时，管理方法也要不断进步。

此外，你还需要以长远的眼光来谋求个人与组织的学习与成长。毕竟，管理者的核心工作就是构建一个高效稳定的组织。

第一步骤 从设定目标开始

不懂管理技能的人都具有如下共同点——怀揣“不试不知道”的想法而盲目地展开行动。他们不在乎事情的来龙去脉及未来走向如何，只知一味蛮干，直到耗尽手中资源方才罢休，走到哪步算哪步。这种思维方式被称为**顺向思维**。

管理的方法数不胜数，但所有的方法都有一个共同点——“从目标出发展开思考”。无论是工作的管理、人的管理、金钱的管理还是文件的管理等，只要能被称为“管理”的事项都要遵循这一原则。我们首先要确定一个目标，进而思考实现该目标的最佳路径，最后再付诸行动。如果不能灵活运用这种**逆向思维**的话，就无法实现资

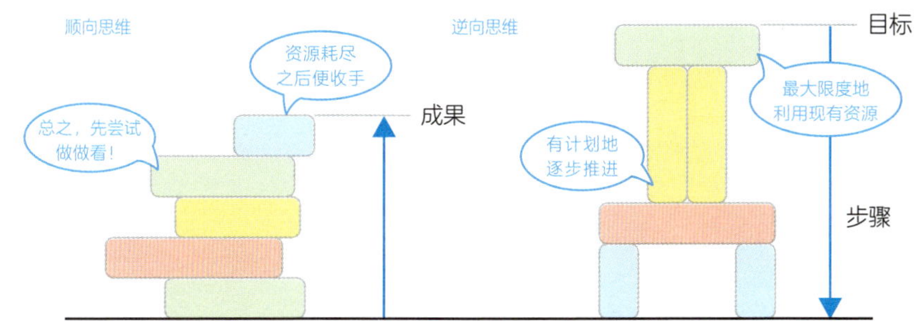

① 能力成熟度模型（CMM）是一种用于评价软件承包能力以改善软件质量的方法，侧重于软件开发过程的管理及工程能力的提高与评估。分为初始级、已管理级、已定义级、量化管理级和优化级。该模型现也用作一般模式来辅助业务流程。——编者注

源的最佳配置。这样一来，不但无法把握进度，也得不到预期的成果。

目标无谓大小，哪怕是“现在开始读10页书”这样的小事也可以。总之，让我们养成从目标出发进行思考的习惯吧。另外，前文中所讲的“从结论出发”亦是同样的道理。

相关技能　引导成员发挥出自身潜力

22 领导能力　有很多人会把“领导能力”同“管理能力”混为一谈，其实两者看似相同，实则各有侧重。对于组织的运行而言，这两种能力都是不可或缺的。

24 团队建设　过度的管理只会打击团队成员的干劲，破坏团队关系。要想建立一个团结一致、共同前进的组织，就必须要掌握团队建设的相关技能。

26 人才开发　人是管理中的最大资源。如何长期培养和激励员工是管理的紧迫课题。

22 领导能力

带领团队走向未来

如果我们时常感觉到无法在组织中做自己真正想做的事情，那么极有可能是因为领导能力不足。发挥真正的领导能力既不需要过度的权威，也不需要所谓的领袖魅力，只需让对方愿意追随自己就足够了。这需要我们掌握适合自己的风格和技巧。

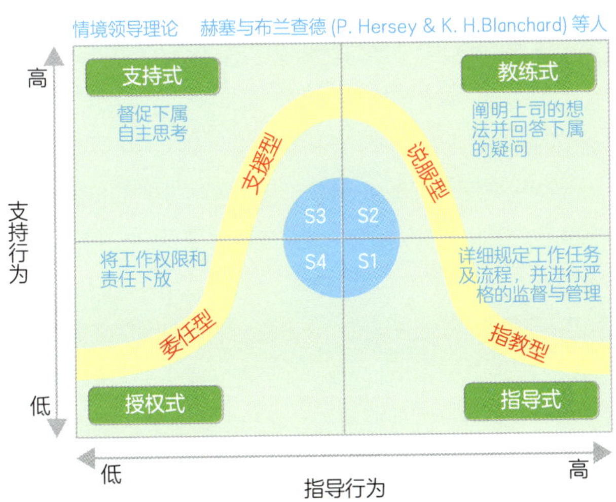

基本思路　引导成员向着目标前进

所谓**领导能力**是指能够引导团队成员或组织朝着目标前进的能力。这既是人际影响力的一种，也是**领导者**与**追随者**之间的关系基础。并非只有组织中的上层管理人士才能够行使领导能力，理想状态是组织中的每位成员都能够各自发挥自身的领导能力。

领导能力的风格是各种各样的，我们要根据具体情况来选择最适合的领导方式。接下来，我将为大家介绍一些适用于各种风格的必备领导技能。

技能组合　躬行实践，掌舵前行

构想力① 如果你所瞄准的前进方向不具备足够的吸引力，就没有人愿意追随你。因为领导力的根本在于：规划的远景蓝图、举起的前进旗帜、设定课题的质量。

当我们开创新事业的时候，需要给成员带来些许意外和惊喜。此外，还需要让成员认可信服这一创业想法。好的远景蓝图能够让人同时产生期待与信赖之感。

为此，你必须具备一定的预见性，即能够对未来做出预判的能力。即便我们不能对未来做出合理的解释，但只要我们能够根据预判合理地做出调整就足够了。

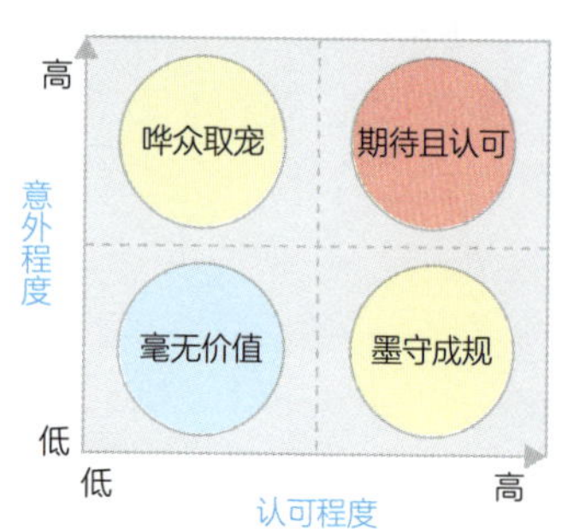

此外，我们必须坚信大家能够众志成城、齐心协力地走向胜利的终点，否则整个团队便会逡巡不前。综上，一个优秀的领导者必须具备高超的构想力和描绘恢宏蓝图的魄力。

表达力 无论描绘的远景蓝图多么恢宏，如果你不能把它传达展示给团队成员，就没有人会为之奋斗。因此，为了让每个成员都能够感受到未来前景的魅力，我们必须掌握切实的表达力。

向大家阐明自己开创新事业的契机和未来的光明前途固然重要，但如果你未能让成员产生情感共鸣，那也无济于事。因此，我们在向成员传达决心和意志的同时，还要学会用讲故事的方式来描述实现愿景的过程和未来前景。与成员共享由你创造的故事非常重要，这样做的目的并非说服他人，而是要让领导者的梦想成为每个人的梦想。

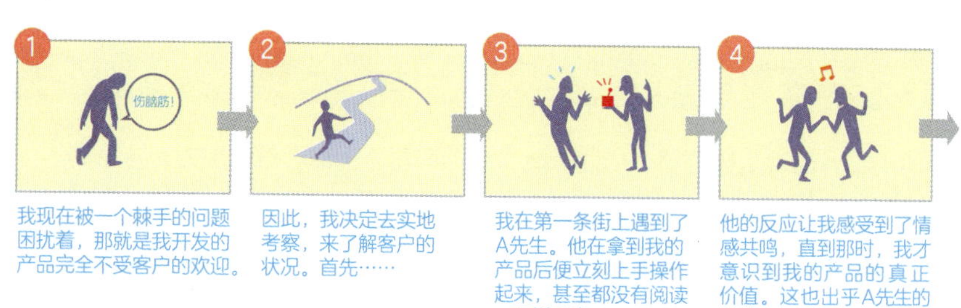

1 我现在被一个棘手的问题困扰着，那就是我开发的产品完全不受客户的欢迎。

2 因此，我决定去实地考察，来了解客户的状况。首先……

3 我在第一条街上遇到了A先生。他在拿到我的产品后便立刻上手操作起来，甚至都没有阅读一下说明书。

4 他的反应让我感受到了情感共鸣，直到那时，我才意识到我的产品的真正价值。这也出乎A先生的预料。

① 结构化思维能力的综合体现。——译者注

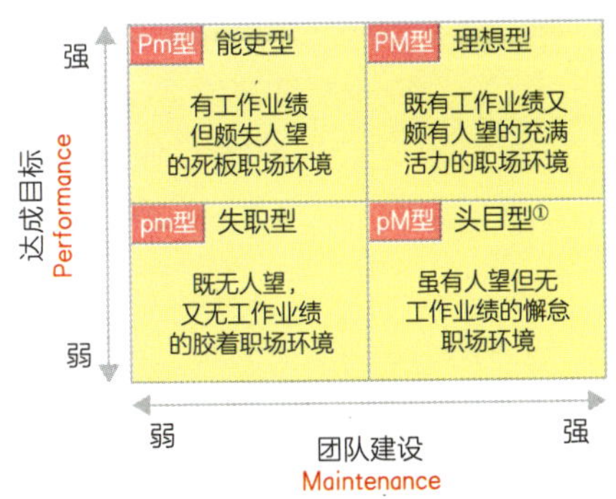

执行力 为了实现所描绘的远景蓝图而打造一支强有力的工作团队也是领导者的重要责任。与通过计划和职责分配管理团队相比，能够提高成员干劲儿和团队凝聚力才算得上是真正的领导力。

不同的领导者会有不同的管理风格。比如，有些领导者把重点放在达成目标上，而有些领导者则把重点放在团队建设上，这就是由日本心理学者三隅二不二教授提出的PM理论。无论是上述哪种情况，我们都可以通过授权的方式来激发团队成员的领导潜力，并引导他们依靠自己的力量克服种种障碍。

与单纯追求效率和稳定性的管理方式不同，领导者的职责是要建立一个能够实现自我变革和持续发展的组织。为此，培养下一代领导者就成了现任领导者最重要的任务。

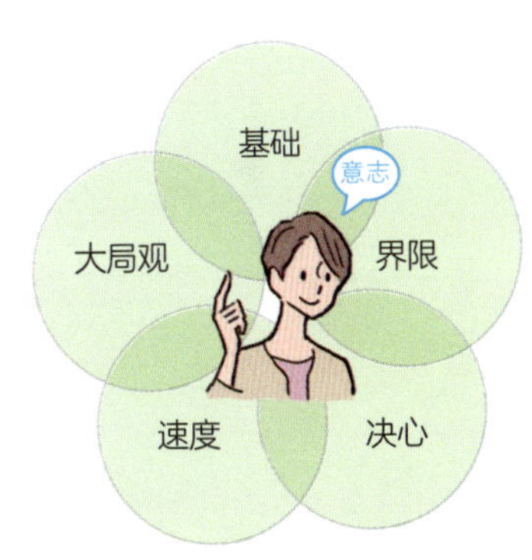

意志力 敢于挑战未知世界的领导者必定会遇到诸多困难。如果此时领导者退缩或动摇了，那么团队也会踌躇不前。咬紧牙关、坚持到底的意志力才是支撑整个团队走到胜利彼岸的关键要素。

作为一名领导者，经常需要做出决断。如果你一直秉承独断专行的决策风格，你的团队便会舍你而去。但如果你

① 原文中作者使用了“亲分型”的说法，其中“亲分”是针对“子分”而言的，“亲分—子分”原意是“父辈—子嗣”的意思，是建立日本特有的“家”制度的基础。在日本的“家”制度中，纵式的上下级关系在现实中体现为“亲分—子分”的关系。在这种关系中，前者相当于“父辈”，包括领主、父母、上司等；后者相当于“子嗣”，包括子女、家臣、下属等。“亲分”领导并照顾“子分”，“子分”则服从并效忠“亲分”。在本文中，作者所提到的“亲分型”是指只会照顾下属而无心关注于工作本身的领导者类型，因此将此处的“亲分型”译为略带贬义色彩的“头目型”。——译者注

过分听从成员的意见，就会模糊领导者与被领导者之间的界限，最终也无法获得成功。因此，我们需要明白自己真正想要做什么，并以此为基础从大局观的角度出发迅速做出决断。之后，我们要以非同寻常的决心和意志向大家传达这一决断。

有时候，我们必须干净利落地转变旧方针并贯彻新政策。此时，只要做出决断的标准没有发生改变，就不会招致成员的过度反对，而我们也就可以再次发挥领导力。这一切都来源于意志的力量。

第一步骤　做到真正的以身作则

在领导能力中，热情占据着同技能相当的重要地位。所谓热情就是指自身满怀干劲儿和意志去拼去闯。因为如果领导者没有带头拼搏，下属就会因为害怕吃亏上当而不愿意追随。

为此，最好的方法就是自己要以身作则。例如，如果你想保持办公场所整洁，首先就要自己第一个拿起扫把开始打扫。即使没有人会对此表示感谢，即使在收拾干净之后又被弄脏了，我们也不要有任何抱怨。

只要我们不考虑得失坚持做下去，总有一天会有人愿意加入进来。此时，我们便可以邀请志同道合的人加入自己的团队并用热情感染他人，一直到所有人都参与进来为止。对此，我建议大家从发挥自我领导能力着手。

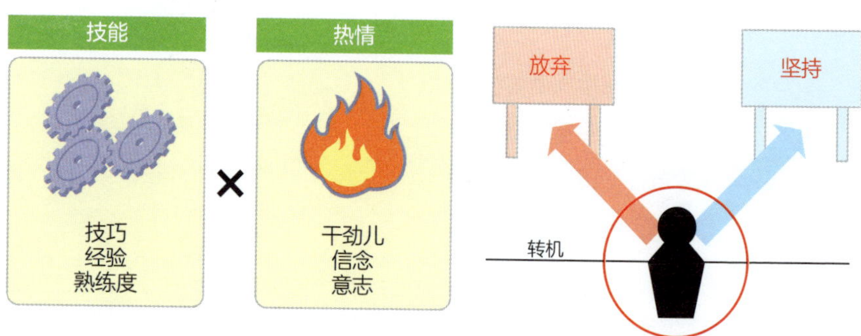

相关技能　踏实工作

21 组织管理　领导者点燃了团队的热情之后，管理层就必须创造出一条实现目标的途径，否则一切美好的愿景都将成为空想。

23 追随能力　领导能力的实现必须建立在拥有一定追随者的基础之上。掌握了追随能力能够加深对领导能力的理解。

25 动员激励　领导能力的本质就是能够让其他人愿意跟随你。因此，如何勉励团队成员等一系列与动员激励相关的技能成为有效发挥领导能力的关键。

23 追随能力
支持领导者

很多人在遇到瓶颈时，会把工作不顺利的原因归咎于领导。但是，我建议大家在放弃之前要先评估一下自己的追随能力。常言说，团队的力量取决于追随者而非领导者。如果我们能够掌握追随能力，或许就可以构建更加融洽的关系。

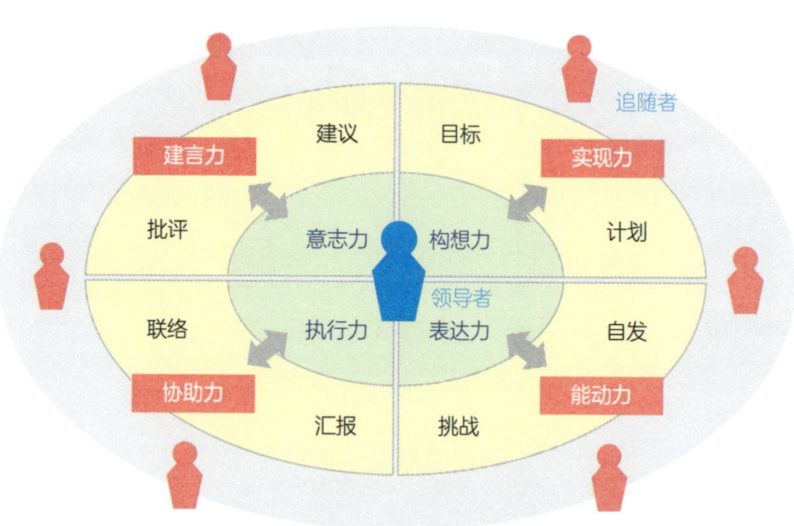

基本思路　自发性地支持领导者

所谓追随能力是指为了实现组织目标而支持领导者的能力。没有追随者的协助和奉献，那么领导者所提出的愿景便无法实现。两者的相互作用是组织力的决定性因素。

因此，跟随者必须自发地协助领导者，并主动地为团队做出贡献。换言之，组织运营的关键就在于追随者的领导能力以及领导者的追随能力。

技能组合　能够支持领导者的四种能力

实现力 领导者提出的愿景就如同一面旗帜。我们需要按照管理层级来对其进行分解，从而制订出具体可行的计划。换言之，就是要准确地理解领导者的意图并落实到每个人的具体行动之上。这也是跟随者的重要职责之一。

领导者提出的愿景越具有创新性，其具体实践方案就越能够锐意出新。因此，我们切不可被以往的经验和想法所束缚，而应该制订雄心勃勃的计划。另外，追随者还必须能够灵活地应对领导者不时提出的种种难题或朝令夕改等状况。

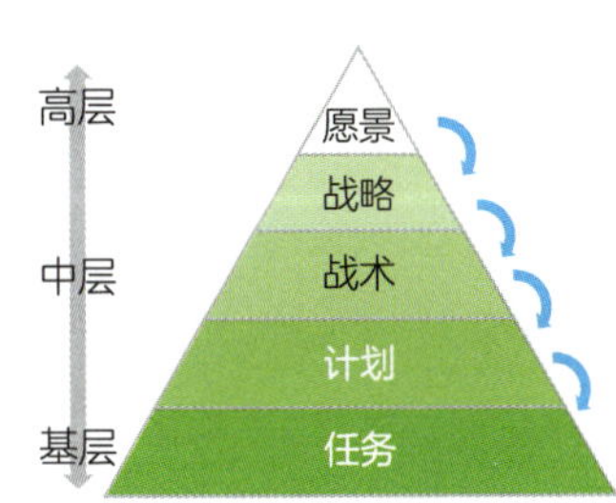

有时我们会因为意料之外的事态或跟随者之间的冲突而必须做出现场判断。此时，就需要我们回归到愿景意义，得出整体最优解。因此，追随者的管理能力成为实现愿景的关键。

能动力 如果下属只知一味等待领导者发号施令，领导能力便无法渗透到基层，愿景的实现更无从谈起。只有每个追随者都自发制定目标并积极挑战，才能将难以实现的愿景转变为现实。此时，SMART目标管理原则能够助我们一臂之力。该词汇是由“Specific”（具体的）“Measurable”（可衡量的）“Actionable”（可达成的）“Relevant”（相关的）“Timely”（及时的）等词汇的英文首字母组合而成。

在挑战长期性目标的过程中，追随者必须要同领导者提出的愿景产生共鸣。这样一来，他们就会产生想要同领导者同甘共苦或舍我其谁的想法，并把领导者的梦想当作自身任务来努力完成。

S	Stretch	具体可行的长期性目标
M	Measurable	可衡量
A	Achievable	可达成
R	Realistic	现实相关的
T	Time-related	有时限的

如果说鼓舞激励跟随者是领导者的责任，那么将其转化为干劲儿就是跟随者的任务。当两种力量相结合并产生协同效果时，团队才能够发挥出最大潜力。

协助力　所谓“追随者”即为**协助**领导者的人，能够认真圆满完成自身负责的工作便是极好的协助行为。正因为追随者能够对自己的工作负责，领导者才敢于放心地把工作委托于他们。因此，即使是领导者看不到的琐碎杂务，追随者也要积极地去完成。

另外，与领导者保持密切的沟通也是非常重要的。具体来说，就是必须要积极进行**报联商**。不一味奉承，敢于提出切实有效的建议才算得上是真正的协助。

批评力（独立性）
孤立型
异端型追随者
高
模范型
榜样型追随者
贡献力（积极性）
实务型
实用型追随者
低
高
被动型追随者
顺服型追随者
消极型
低
顺应型
R．罗伯特E．凯利（Robert E. Kelly）

此外，如果追随者能若无其事地弥补领导的不足之处并代替领导完成一部分工作，那就再好不过了。当然，这就需要追随者获得领导者的**信任**。只有以成为领导者的好伙伴为目标并不断贡献自身力量，才会赢得领导者的信赖。

建言力　无论如何优秀的领导者也不可能做到面面俱到，也会有出错的时候。因此，追随者不能只知道服从，还要通过**建设性的批评**和**建议**来协助支领导者做出正确的决策。

比较简单的做法是提供信息来作为领导者的判断**论据**，特别是来自现场的声音对领导者而言非常宝贵。另外，我们还需要对该判断所导致的结果进行**归纳总结**并详细地汇报给领导者。除此之外，提出**备选方案**方便与其他方案比较也不失为一个好方法。无论采用上述哪种方式，只有从领导者和追随者双方的角度出发来进行思考，才能够引起对方的共鸣。

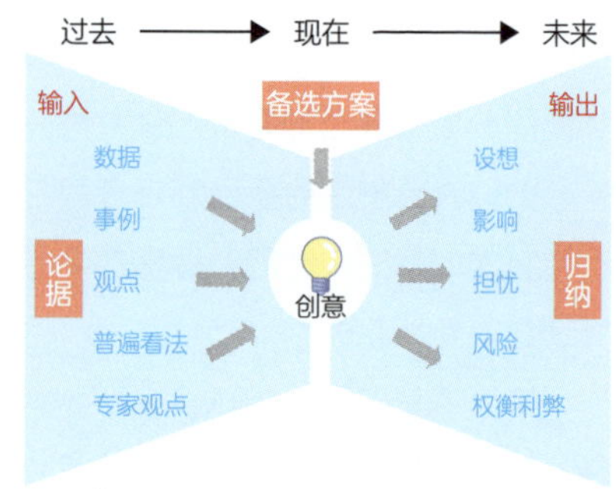

当然，有时候追随者提出的意见未必会被采纳。但如果领导者已然做出决定，即使追随者心怀不满也要绝对服从。在得出结论之前，能够为了组织发展而不遗余力地建言献策的人才算得上是优秀的追随者。

第一步骤　共同构建信赖关系

想要发挥追随能力，首先要做的并非协助领导者或者提出意见，而是要获得领导者的信赖。对此，我们应该如何做呢？

日本社会心理学家山岸俊男认为“信赖”可以分为两种。一种是**对能力的信赖**，这主要取决于追随者是否踏实地完成了被委派的工作以及在多大程度上达到了领导者的预期。简而言之，就是不要抱怨，用工作能力说话。

另一种是**对意图（目的）的信赖**。如果追随者眼里只有升迁和金钱，是无法获得领导者信赖的。是否对领导者指定的前进方向和组织的愿景产生了深刻的共鸣，是否为伙伴、客户和社会而不懈努力成为获得领导者信赖的关键性要素。

如果追随者能够在上述两方面获得领导者信赖，那么必然会成为领导者的心腹。那么，就让我们从全力完成被交办的任务开始努力吧！

相关技能　促进组织高效率运转

21 组织管理　跟随者的工作同组织管理之间有着千丝万缕的联系。在大型组织中，如果追随者中有人能够妥善合理地管理组织，那么领导者就可以专心完成领导职责。这对于个人和组织而言都是颇有益处的。

22 领导能力　如果你了解了领导者的思维和感受，就能够明白自身需要发展和完善怎样的追随者技能。

32 报联商　实践追随技能的最简单方法之一就是报联商。汇报、联络、商谈等都是看似简单实则深奥的技能。

24 团队建设

打造一支团结奋进的队伍

每个人都神采奕奕、喜笑颜开，并沉浸在团结共进的氛围之中——这是最理想的团队工作状态。然而，这种工作氛围不是自然形成的，而是需要大家共同努力创造。接下来，就让我们共同学习团队建设的相关技巧来思考自己能够为团队做些什么吧。

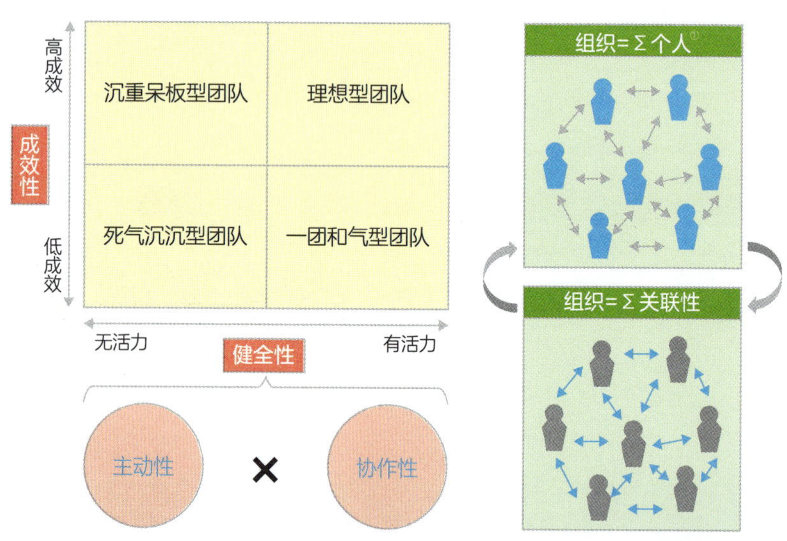

基本思路　将集体发展成为组织

并非人聚在一起便能够自然而然地组成一个团队。所谓**团队建设**是指有意识地推动各成员共同参与以期建立集体意识。换言之，就是让集体（小组）发展成为组织（团队）。

① “Σ”为数学中的求和符号。——编者注

团队需要**成效性**和**健全性**。只有让每位成员真正将工作当作自己的事情来看待，才能够打造出一支团结奋进的工作团队。因此，我们需要在改变他人和改变彼此关系之间建立良性循环。

技能组合　促进团队各组成要素充分发展

整合划一　集体要经过一定的过程才能够成为团队（**塔克曼模型**；Tuckman Model）。如果尽早将分散的个体调整至同一方向，就能够加速团队化进程。在这一环节中，最重要因素便是**目标**。我们必须要为行动和成果设定目标，并让各成员就该目标达成共识。这同样也适用于第二重要的因素——**职责**。

同时，你还必须制定规则和行动指南等一系列**规范**，并创造成员共处的**场合**。此外，一些**文化**类的团队建设手段也颇有成效，比如确定一些只在团队内部通用的语言等。无论采用上述何种方式，只要不是单方面地强迫执行，而是让团队成员全体参与的话，就能够让他们产生认同感。

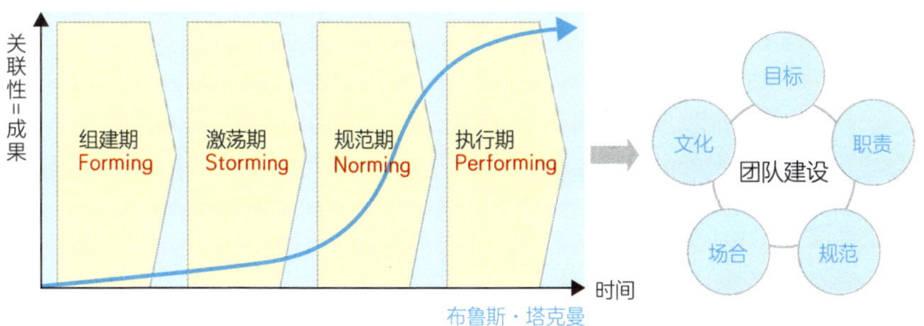

参与配合　为了培养成员对团队的热爱并提高团队共同体意识，以下三大要素缺一不可。

一是将团队提出的**愿景**当作每个人的分内之事。单纯依靠头脑理解是远远不够的，还必须要发自内心地认同这一愿景。

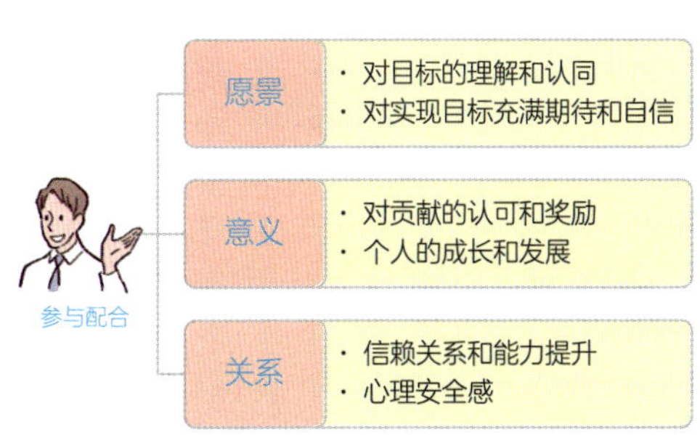

二是个人为团队做出的贡献得到了周围人的认可，并能够从中体会到个人的成长与发展。如果成员们感受不到工作的意义和干劲儿，就不可能主动为团队贡献自身力量。

三是要构建相互信赖、令人舒适的关系。其基础是心理安全感。为了构建这三种要素，采用团建活动等措施固然有效，但更关键的在于要每天坚持不懈地努力。

交流沟通 交流沟通是团队建设中必不可少的组成部分。我们可以通过以下三大阶段来逐步推进团队沟通。首先是为了分享经验感情及更好地了解彼此而展开的谈话。这是一种旨在相互了解和共享信息的交流方式。

在通过谈话建立起各方的关系基础之后，你就可以通过对话来探究彼此重视的价值和工作意义了。特别是在成员高度多样化的团队之中，了解每个人的行动原则是非常重要的。

讨论
Discussion
共识・结论
意见・判断・要求
对话
Dialogue
探究・发现
价值・信念・意义
谈话
Conversation
交流・共享
信息・经验・情感

在此基础上，如果我们能够以讨论的方式来磨合彼此的意见和要求，就可以取得建设性成果且不会出现严重的对立和矛盾。

上述三个阶段要求掌握的技能也略有不同。因此，我们必须适当地区别使用。

决策部署 怎样制定决策来解决团队中存在的问题也是团队建设的必要因素。此时，我们必须要努力维持决策的质量、对结论的满意度以及所投入资源三者之间的平衡。

例如，某个优秀的领导习惯于独断独行，那么即使他所做出的决策质量很高，团队的满意度也会下降。相反，如果是通过团队合议的方式作出某项决定，那么尽管满意度较高，却可能耗费大量的资源。因此，我们必须根据具体情况来区

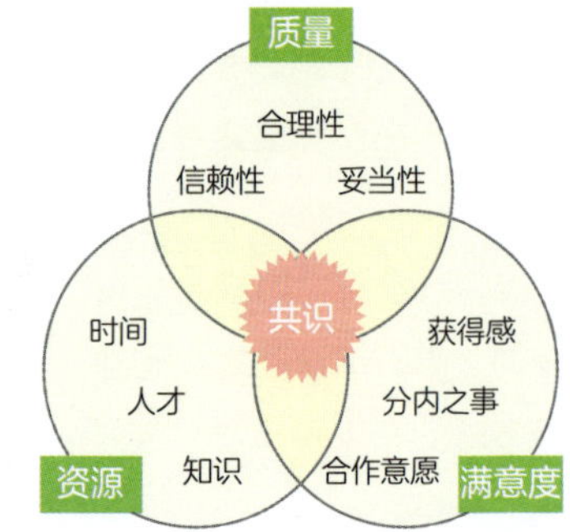

别运用这两种模式，并让所有成员都了解制定决策的方式和规则。

在上述第一种情况下，领导者必须承担结果责任和说明责任。在第二种情况下，建导技巧则成为决定性因素。但无论如何，一旦做出了决策，团队上下必须团结一致共进退。如果没有形成这样的规范，那么整体的步调就会混乱不堪。

第一步骤　打造一支无所畏惧的团队

团队建设过程中不存在一蹴而就的魔法，它要在每日踏实活动的基础上才能够开花结果。谷歌公司曾经将心理安全感定位为“影响团队效率的最重要因素”，那么我们就可以尝试从提高这一要素着手。

所谓心理安全感是指所有成员都相信在这里对任何人说的任何话都能够获得对方的理解和接受。一旦团队成员建立起这种安全感，便可以安心地投入工作，并能够充分发挥自身的能力和个性以创造出喜人的成果。另外，这种心理安全感还能够让成员充分地感受到工作的意义以及与伙伴们“同呼吸、共命运”的一体感，并提升人才的留任率。

为了增加心理安全感，我们就不能让成员产生自己无知、无能、碍事、消极等不安心理。因此，在日常交流中积极倾听、平等发言、真切关心十分关键。另外，领导者和老员工以身作则也是非常重要的。

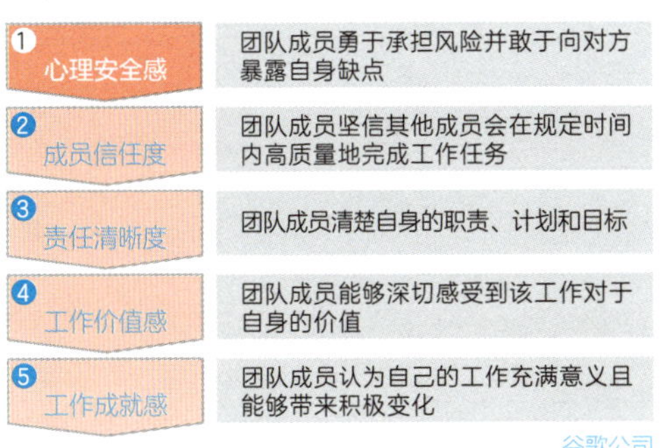

谷歌公司

艾米 · C. 埃德蒙森

相关技能　最大限度地提高团队力量

19 建导技能　会议是组织的缩影，它揭示了团队的问题所在。因此，改变会议就意味着改变团队。

25 动员激励　激发每个人的意愿并提升团队的战斗力也是团队建设不可缺少的组成部分。

50 学习提升　团队的建立并不意味着团队建设的结束。无论是人还是团队，如果缺少了日常的新陈代谢，那么总有一天会因循守旧无法发挥出真正潜力。为了防止这种情况的发生，我们必须掌握学习新知识的技能。

25

动员激励

最大限度地提高士气

没有任何一位领导者不希望自己的下属能够以更饱满的热情开展工作。然而，干劲儿是个人的思想问题，因此很多时候领导者实际上对于如何提高士气是束手无策的。接下来，就让我们共同学习提高士气的技能并营造一个充满活力的职场环境吧！

委派任务时

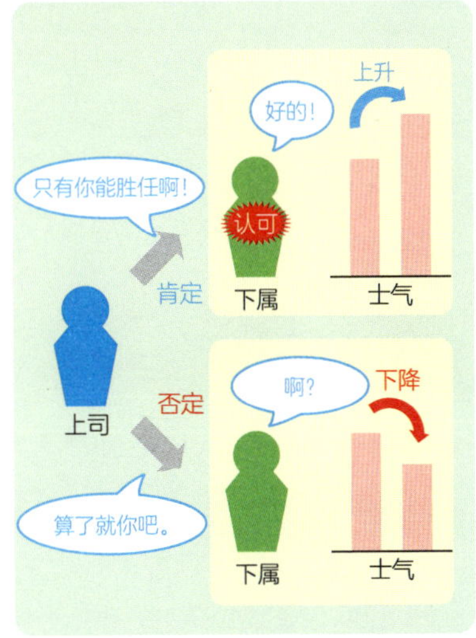

干劲十足

草草了事

提交成果时

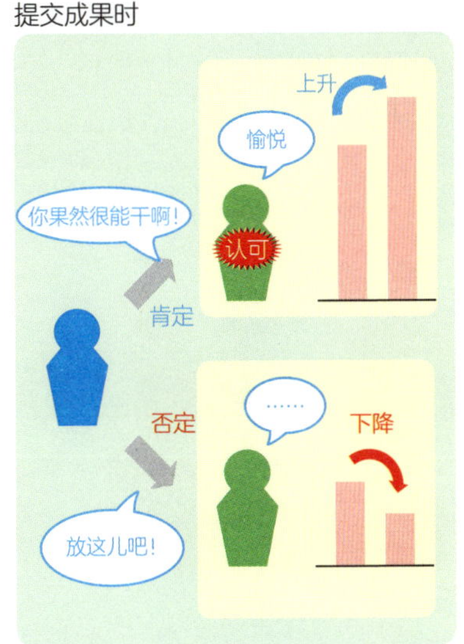

基本思路　鼓舞士气，激发干劲

所谓**动员激励**是指激发人们的**欲望**（原因、理由等）和**干劲儿**。为了最大限度地发挥个人的力量，我们必须要根据每个人的个性和状况给予鼓舞，以此来最大限度地提高其干劲儿。

因此，我们需要学习掌握许多与动员激励相关的理论，并将其充分具体地应用于委派任务或日常交流之中。接下来，我将为大家介绍在人际关系中提高对方士气的相关技巧。

技能组合　有针对性地鼓舞士气

激发欲望　每个人的动机是不尽相同的。因此，我们需要通过观察、调查、对话来进行把握。如果我们能够根据对象和状况的不同来建立相应的机制用以提高士气，那么必然能够提升成员的积极性。

此时，以美国著名社会心理学家亚伯拉罕·马斯洛（Abraham H. Maslow）的需求层次理论为首的动机理论学说便有了用武之地。其中，作为五大需求之一的“尊重需求”亦被称为“认可需求”，是近年来饱受关注的一个关键因素。

另外，即使是同一个人，其需求也会根据情况的变化而发生改变。如果我们误解原因并胡乱采取对策的话，反而会降低对方的干劲（破坏效应；undermining effect）。因此，我们必须具备准确识别对方干劲儿“开关”的能力。

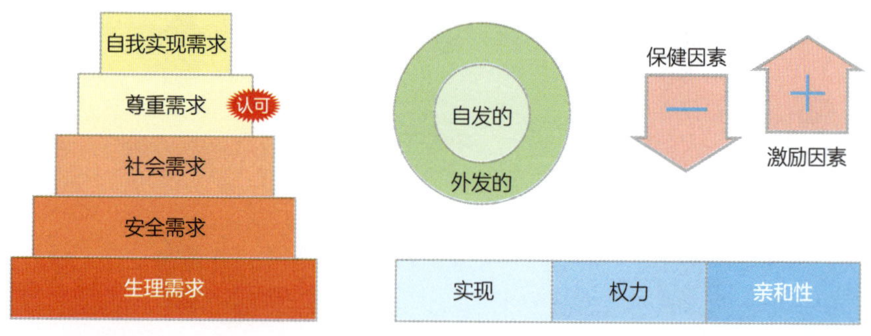

提高利益　由著名心理学家和行为科学家维克托·弗鲁姆（Victor H. Vroom）等人创建的“期待理论”认为，士气是效价（目标的魅力）、工具性（行动与成就之间的联系）、期望值（实现的可能性）这三大要素之积。因此，我们通过提高目标的价值、找到有效的方法或者提高成功概率等方法就能够提高成员的干劲儿。问题的关键在于我们必须要让成员懂得每一次的挑战都有价值和胜算。

然而，如果你不能保证每一份努力都会得到相应回报的话，成员的士气就不会高涨。此时，一个重要判断依据便是同他人的对比。我们要公平地评价工作成果并准备

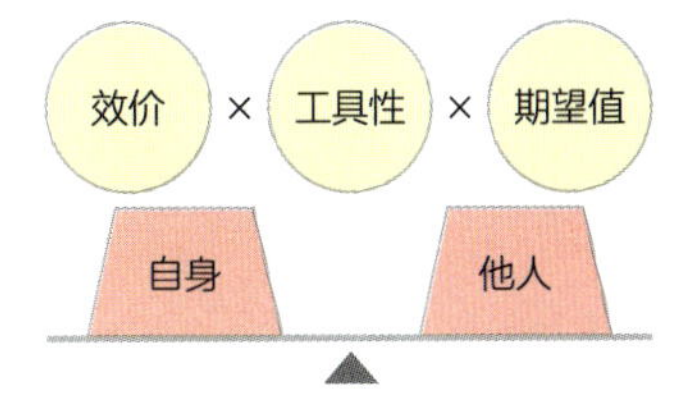

适当的报酬，这将有助于提高成员的干劲儿（公平理论）。然而，我们必须牢记所谓“公平”只是一种主观情愫。

提升自信　单纯完成被交代的任务并不能提高个人的积极性。只有通过设定自身目标、主动请缨并积累独立思考和行动的经验才能够提升干劲儿和自信。

关键在于每个人要能够提高“自我效能感”，即相信自己有能力顺利地完成某项工作。最好的方法是通过一次小的成功体验或模拟体验来提高其自我认可度。如果我们毫不吝啬对成员的赞赏并夸张地给予认可，那么成员的干劲儿一定会大大提升。

与此相对，认为自己无法控制这种状况而放弃的行为则被称为“习得性无助”。我们不能让成员产生此类的想法，而应该努力让他们相信自己的人生是由自己开拓的。如果你能让他们产生这样的感觉，就能够极大地提高其士气了。

督促行动　动员激励的一个主要目的就是促进对方的行动发生变化。为此，行为分析学采用了强化这一方法。例如，假设对方偶然以我们所期待的方式行事，那么我们就要立刻做出表扬等一系列积极反应。如此一来，对方重复同样行为的可能性就会大大提高。这是一种即使在找不到对方士气“开关”的情况下也能够使用的简单方法。

除此之外，我们还可以通过向成员展示他人的优秀成果或者介绍一位竞争对手的方法来督促他们付出更多的努力。这就是所谓的“社会促进”。

另外一种方法是自己先为对方做一些事情，让其产生必须回报的心情（互惠原则）。此外，当我们心怀期待去同对方接触，也会产生相应的效果。这就是所谓的“皮格马利翁效应”[①]。换言之，我们的行为能够影响对方的士气。只要我们树立了这种理念，就一定会有所作为。

---

① 也称“罗森塔尔效应”，指教师对学生的殷切希望会在学生的成绩等方面产生正向影响。——编者注

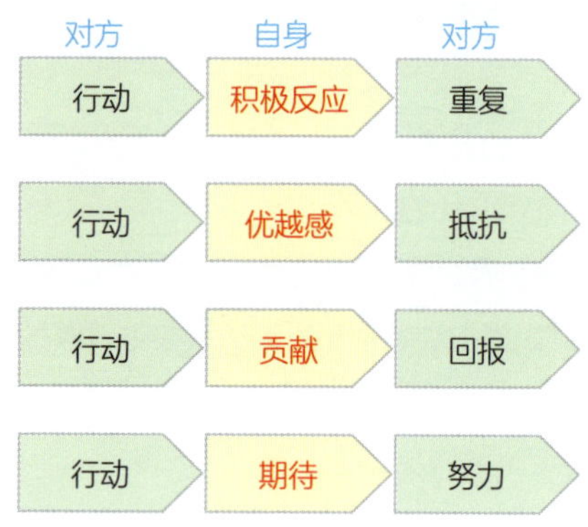

第一步骤 表达感激之情

提高士气的必要方法是“表扬”。然而，表扬是一项看似简单实则困难的技能。如果我们没有经过相应的训练，便无法根据个体和状况的差异来采取不同的表扬方式。在此，我推荐大家使用“谢谢”一词，因为它包含了感谢、称赞、认可等多重语义。

然而，如果我们不清楚自己所感激的事项或原因，就会给人一种敷衍了事的印象。避免这种情况发生的诀窍是明确指出感谢的事项并具体地阐述理由和感情，之后发自内心地表达感激之情。

“感谢卡”和**“感恩印章”**是表达感激之情的重要方式。另外，在开早会时互道“谢谢”也不失为一个好方法。上述方法均被多家企业所采用，并在提高员工积极性和敬业度方面取得了实际成果。同时，这也成为把握每个成员的干劲儿“开关”的重要途径。

写给穗里玲小姐的感谢信

首先，我要对您在周三给予我的帮助表示深深的感谢！当天，我突然被委派一项紧急工作却不知该从何处着手，这令我一度想失声痛哭。然而就在我束手无策之际，您的安慰让我的心情平静了下来。当您提出要同我一起完成的时候，我满怀欢喜和感激之情。之后在您的帮助之下，我才得以顺利地完成工作。我为自己不是一个可靠的队友而深感愧疚和歉意，给您添麻烦了。今后也请多多关照。♪

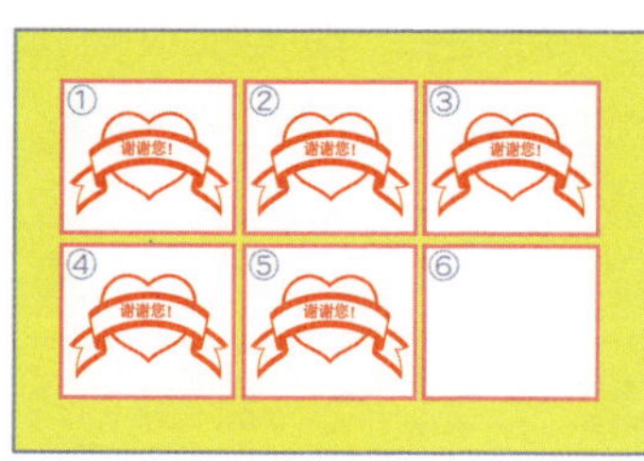

相关技能 不断激发对方士气

12 职业引导 如果对方能够看到自身梦想与目标以及通往梦想和目标的道路，那么其干劲儿自然就会高涨。职业引导是点燃干劲儿的有效方法。

24 团队建设 与种种激励个人士气的技能相对，团队建设是用来提高团队整体士气和凝聚力的重要技能。如果没有团队建设，那么好不容易才激发出的个人士气就会化为乌有。

26 人才开发 精进工作是一个漫长的过程，为了避免半途而废，我们必须不断保持并提高自我成长发展的动力。

26 人才开发

提高能力，培养人才

无论在任何时代，培养人才都是最重要的管理课题之一。然而，这项工作不仅需要花费大量的时间，成果也不能立刻显现出来，因此管理者不知不觉地便将其推迟缓办。如此一来，他们便失去了学习人才培养方法的机会，最终只能照葫芦画瓢了。因此，为了个人和组织的持续发展，我们必须掌握人才开发的相关技能。

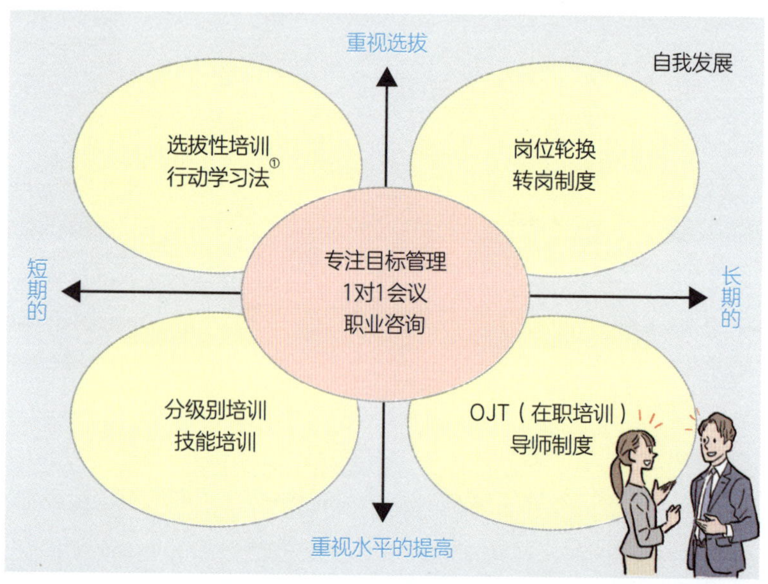

基本思路 **开发个人潜力**

所谓**人才开发**是指为了提高工作效率而不断促进个人扩充知识储备量及相关技能的活动。其目的不仅在于培养新一代的年轻人，同时也是为了让全体成员能够充分发

① 行动学习法就是通过行动来学习，通过让受训者参与一些实际项目，或解决一些实际问题，从而达到开发人力资源和发展组织能力的目的。——编者注

挥自己的潜力。

人才开发是一项主要由人事部门来策划和推进的工作，涉及一系列的相关专业技能。在此，我将为大家介绍一些主要用于职场人才开发的（主要是经理层所必需的）一般性商务技能。

技能组合　推进职场人才开发

职业发展　企业为了员工的成长发展制定了各种各样的制度，作为员工，我们要善于运用这些制度。其中，**岗位轮换**的对象和时机对于员工的成长和士气会产生很大的影响，一旦判断失误，甚至可能导致人才流失。在**导师制度**下，选择由谁来担任导师对于员工的未来职业生涯也会产生巨大影响，因此需要慎重地判断。

岗位轮换

益处
能够挑战新的工作
拥有更广阔的视野
拓展自身在公司内部的人际关系
打破因循守旧的制度
判断自己适合的职位

弊端
因不熟悉新岗位的工作流程而感到辛苦
很难掌握一项专业技术
必须从头开始建立人际关系网
在即将能够独当一面之际出现人事变动
眉毛胡子一把抓，无法确定自己的岗位适应性及才干

此外，**1对1会议**也是一项可用于人才开发的重要机遇。因此，如果我们掌握了职业引导和职业咨询的相关技能，那将无异于如虎添翼。可用于人才开发的机会数不胜数，但关键在于我们必须时刻关注每个人的思想与态度。

在职培训　在职培训（OJT：On-the-Job Training）是人才开发的重要活动。然而，所谓在职培训并非通过观察来自学或偷学，而是有计划地主动进行。因

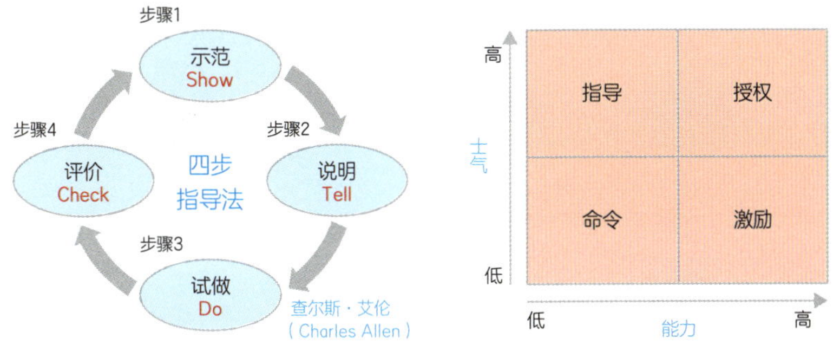

此，我们必须首先要掌握以“工作指导四步法”为代表的教学方法。同时，尤其重要的是，我们要能够在体谅对方心情的同时提出有效的反馈意见。

除此之外，你还需要根据指导对象的差异来区分使用授权、激励、指导、命令这四种不同的培训方式。通过上述过程来达到教学相长的目的——这就是OJT。

集体培训 集体培训是脱产培训（Off-JT：Off-the-Job Training）的典型方式。策划和运营员工培训是人事部门的工作，我们需要掌握的是教学设计能力和建导技能。

在工作一线，最重要的是要让员工们带着强烈的动机去参加培训。因此，我们必须让他们对培训主题产生兴趣并理解其与工作业务之间的关联性。

更为重要的是培训之后的跟进。我们不仅需要员工们对培训学习的内容进行回顾和反思，还要创造机会让他们将培训学到的知识应用于现场实践之中。员工们如果能够顺利地完成任务，就可以获得巨大的自信和满足，且对新培训的热情也会不断高涨。

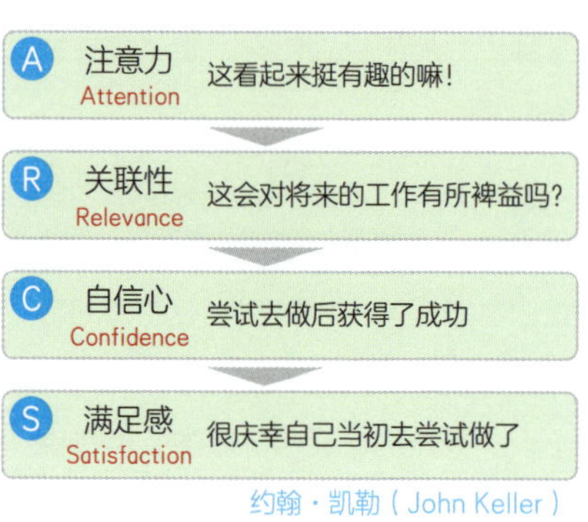

约翰·凯勒（John Keller）

换言之，只有将集体培训和在职培训结合起来加以运用才能够使两者充分发挥作用。为了不让培训变成一种单纯的放松活动，主办方就必须采取相应的措施。

自我发展 以自发学习为主要特征的自我发展也是培养人才的重要方法之一。最近，利用互联网来收集信息、开展研讨会及进行网络交流等活动越来越盛行，每个人都能够通过这些方式来推进自我发展。我们在第5章中即将学习的智力生产类技能便是自我发展技能的典型代表，对于个人的成长而言大有裨益。

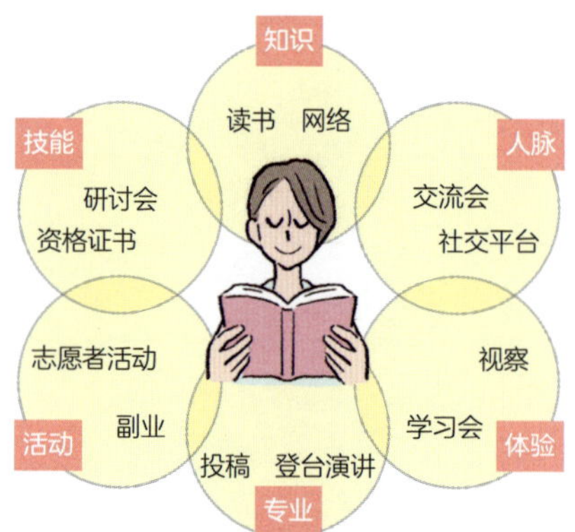

企业则需要打造经费补贴等一系列用于支持自我发展的机制和氛围。然

而，此项活动毕竟是员工在私人时间内主动进行的，因此企业不得对此作出强制性要求，但是却可以通过提供信息、创造机会、以身作则、激励鼓舞等间接手段来促进员工主动推进自我发展。

更重要的是，企业要在对当事人的自我发展活动表示关心的同时，创造机会保证其能够将学到的知识和技能灵活地运用到工作业务之中。如此一来，企业通过这些方式既可以对员工的自我发展行为表示认可，也可以保证他们以更加努力的姿态去促进自我成长进步。

第一步骤　发展优势

日常工作中，有许多领导者会抱怨自己的下属没有丝毫的成长进步，且无论怎么教导都没有改进。然而，抱有此类烦恼的领导者大多会直接指出下属的缺点和短板并要求其做出改正和补足。

当看到下面两个甜甜圈的图片时，大多数的人都会注意缺失的那一部分。的确，我们人类都具有一种把注意力集中于不足或缺陷之上的特质，并不断致力于使其变得完美。然而，只是甜甜圈的话还好，如果只看到他人的缺点并督促对方改进，无论说多少次都难以改变现状，甚至还会让当事人陷入深深的自我厌恶之中。

因此，我们可以尝试转换思维，从发展对方长处和优势着手。因为这种人才培养的方式更能够提高当事人的干劲儿和自信心。例如，在在职培训的过程中提出反馈意见时，切忌一开始就直接指出对方的缺点，而是要从积极的话题入手，比如“你在○○方面做得非常好，如果能进一步做到△△程度就更好了”等。只要我们稍微改变一下自己的表达方式，就有可能给对方留下完全不同的印象，从而生发出更强烈的干劲儿。

意见反馈的要点

①为对方着想
②从积极的话题开始展开论述
- 优势→弱势
- 成功→失败
- 长处→短处

③具体描述所见所感
④委以对方某项工作并激励鼓舞

相关技能　终身学习，不断进步

27 职业规划　即使领导者想让下属掌握某种能力，只要该能力与当事人的职业目标毫无关系，对方也不会对其产生丝毫兴趣。缺少职业规划做基础的人才开发无异于纸上谈兵。

42 阅读书籍　第5章中所介绍的智力生产类技能对于个人的自我发展而言都是必不可少的。其中，阅读书籍是实现这一目标的最具成本效益的方法之一。

50 学习提升　人才开发的基础在于各种与学习提升相关的理论。掌握学习方法不仅对工作颇有益处，而且对于充实人生而言也是不可或缺的。

27 职业规划

规划职场生活

你从事的工作是什么？你真正想做的工作是什么？你为了从事真正向往的工作每天都做着怎样的努力？如果你无法对上述问题中的任何一个进行解答的话，那就意味着你可能还没有找到值得自己付出毕生心血的事业。对于此类人群，我强烈推荐学习关于职业规划的技能。

职业锚

技术职能型	在自己擅长的特定领域内发挥专业能力
全面管理型	妥善管理组织以回报组织的信任
自主独立型	脱离组织的束缚，按照自己的节奏和判断来推进工作
安全稳定型	厌恶多变的环境及局势，渴望在一个安全稳定的组织中工作
创新创业型	不畏惧风险，渴望像企业家那般开创新的领域
服务奉献型	希望通过自身工作能够为社会建设和救济他人做出一定的贡献
应对挑战型	渴望应对挑战，期待解决各种难题或打败竞争对手
生活方式型	希望在工作、家庭、自我价值实现等方面保持平衡

埃德加 · 沙因（Edgar H. Schein）

基本思路　寻找适合自己的职业

所谓职业是指自己的工作经历和经验，而职业规划是由自己来设计完成的，而并非一股脑地全然交给公司。其实，职业规划就是职业方面的人生规划，即扪心自问自己真正要做的工作是什么。

随着“人生百年时代”的到来，就业的流动性和工作方式的多样化不断加剧，因此无论男女老少都需要对自己的职业进行规划。这对于提高工作效率和工作积极性而言也会产生巨大影响。

技能组合　积极主动地进行个人职业规划

了解自身　了解自身是进行职业规划的基础。我们要通过探究自己的喜好与厌恶、优势与劣势、兴趣爱好、思维模式及行动特征等方式来了解自己。为此，各种各样辅助工具应运而生，如检查表、问题集、卡片和小游戏等。我们在熟练运用这些工具的同时，还需要具备深度**内省**的能力。

同时，你还必须学会对迄今为止的工作及人生经历进行回顾反思。在这方面也有很多可用的方法。例如，通过**工作坊**的形式展开对话就会有意想不到的发现。因此，职业规划的出发点便是通过上述活动来探究自我并找出自己在选择职业时最为重视的价值点（**职业锚**）。

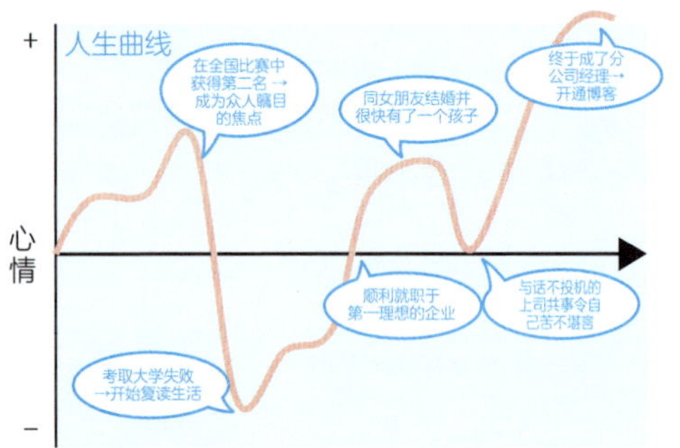

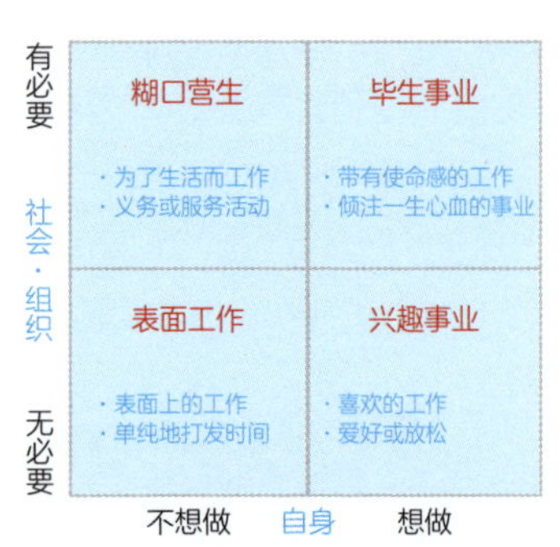

职业愿景　我们在认真了解自身之后，下一步便是以此为基础来确定职业目标。对此，我们可以依据以下三大关键线索来确定目标：一是**意愿**（愿望：想做的事）；二是**能力**（适应性：能做的事）；三是**义务**（周围人的期待：该做的事）。如果某项工作能够同时满足这三项要求的话，那么它就极有可能成为值得你付出一切心血的**毕生事业**。

一旦我们顺利地确定了目标职业，那么便可以设定一个在一定时间期限内要达到的**职业愿景**（终点）。即使最终做不到，只要能够明确使命（想要从事○○工作）和价值（想要重视○○工作）也是可以的。这些都能够成为你进行职业选择的依据。

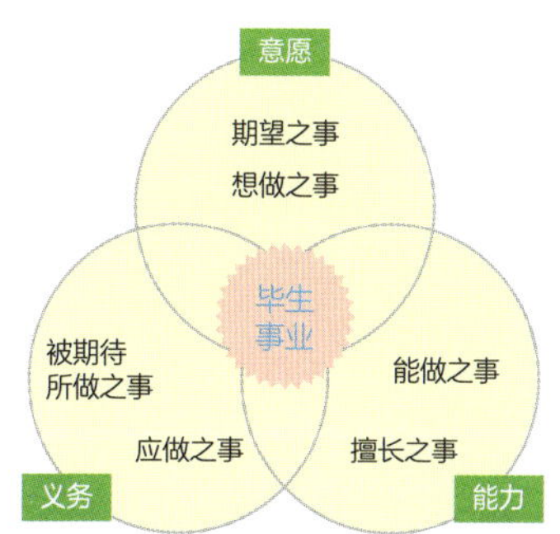

职业计划　在确定了职业目标之后，接下来就要将其发展成为一个具体的执行计划（**职业计划**）。对此，我们必须认真调查研究如何才能够获得这份职业以及为此需要掌握怎样的资源。

在这些资源中最重要的便是知识与技能。如果你没有同时掌握商务所需基础能力和岗位所需的专业能力，那么依然无法实现最终目标。因此，制订一系列**提高技能**的计划就显得尤为重要。

另外，大家还需要认真考虑**人际关系网**的建立。无论是内部调动还是跳槽到其他企业，想要获得理想的工作，就需要人脉的力量。其中，被称为“弱联系”的小型人际交往纽带对职业转变很有帮助。

然而，如果从现状出发正向建立这些计划是没有意义的，我们必须用从目标出发以**倒推**的方式来制订职业计划。**时光机法**就是制订职业计划的最佳工具。

时光机法

3 年后 ←	5 年后 ←	10 年后
协助公司内部咨询师	以公司内部咨询师的身份开展工作	以咨询师身份独立创业
以成员身份参与本公司的业务改革活动	担任本公司业务改革活动的领导者	在业务改革方面拥有独到经验
学习经营类业务所必备的基础知识	掌握经营类业务所必备的技能	具备经营公司所必需的实践技能
能够筹集到 100 万日元的创业资金	能够筹集到 500 万日元的创业资金	能够筹集到 1000 万日元的创业资金
在企业外部能够积累 100 人左右的人脉关系	在企业外部能够积累 500 人左右的人脉关系	在企业外部能够积累 1000 人左右的人脉关系
定期在社交平台上发表自己的看法	在社交平台上拥有一定数量的追随者及知名度	出版第一本专著，成为万众瞩目的重要人物

生活方式　职业发展是贯穿我们一生的活动。规划不合理的话，它就会和各种琐碎杂事混在一起从而导致计划破产。为了防止这种情况的发生，我们必须事先对

自己的人生（**终生事业**）进行规划，而唐纳德 · 舒伯（Donald E. Super）的**“生涯彩虹图理论”**就是实现这一目标的绝佳方法。这一方法主要用来帮助我们确定在不同人生阶段应该投入的时间，因此对于思考个人的生活方式而言颇有用处。

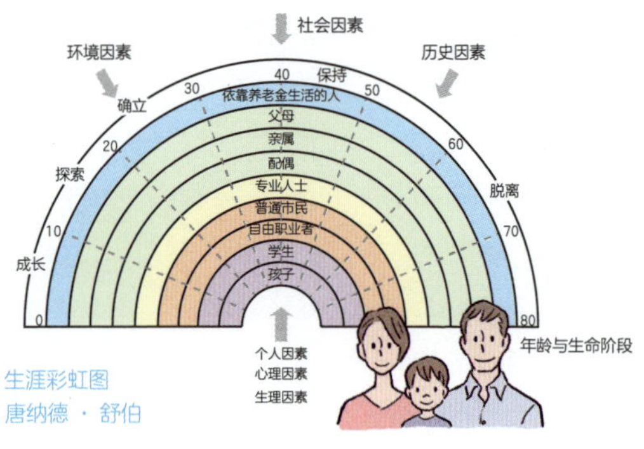

生涯彩虹图
唐纳德 · 舒伯

另外，你还可以以周或天为单位来对时间进行分配。这样一来，既能确保职业发展所需的时间，也有助于维持**工作与生活的平衡**。

只制订计划而不运用是毫无用处的。因此，我们必须根据环境的变化来维护和修正职业计划。

第一步骤　灵活运用偶然之力

如果有人对上面所介绍的方法犹豫不决，那么不妨尝试去了解一下约翰 · 克虏伯（John D.Krumboltz）教授所提出的**“有计划的偶然”**这一理论。当突然发生工作调动或公司倒闭等意外之事时，我们便可以利用偶然的力量来重新规划自己的职业生涯。这种行为也被叫作**职业漂移**。为了应对这种偶然状况，我们要提前做好准备。

正所谓“机会往往眷顾那些做好准备的人（路易斯 · 巴斯德；Louis Pasteur）”，如果你对新事物充满好奇心，同时还具有不断进取的毅力、积极思考的乐观性、不拘一格的灵活性和勇于承担风险的冒险心，那么这些带来转机的偶然因素便会更容易降临到你的头上。

然而，这并不意味着我们无须制订任何目标和计划，只是不要被其束缚而已。如果你没有树立明确的判断基准，那么遇到突发事件只会随波逐流。只有把职业规划和职业漂移灵活地结合起来才算得上是明智之举。

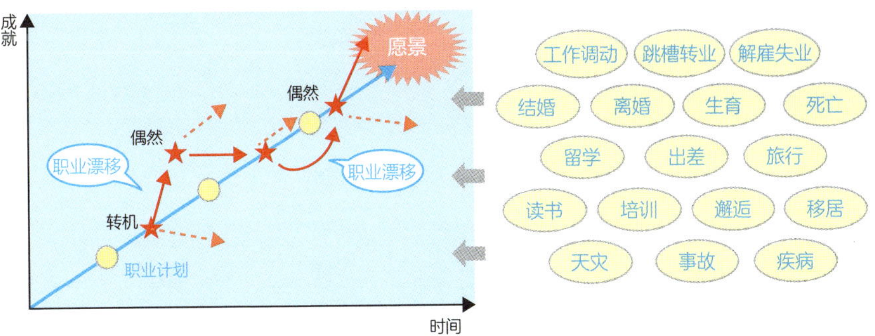

相关技能　充实自己的人生

26 人才开发　从组织的角度来看，职业规划是人才开发的一部分。从个人的角度来看，灵活运用人才开发制度对于职业发展而言是不可或缺的。

36 时间管理　推进职业发展十分重要，因此，我们需要进行时间管理以确保其不被紧急工作所耽搁。

47 建立人脉　除了提前为偶然要素做准备之外，人与人的邂逅在职业生涯之中也起到非常重要的作用。建立和培养良好的人脉关系不仅在工作和职业方面有所助益，而且也能够丰富我们的人生。

28 国际化人才

玩转多元文化职场

当提到国际化人才需要掌握的技能时，想必很多人会联想到英语。的确，语言能力是不可或缺的要素之一，但只要掌握英语就能在国际上大显身手吗？除了熟练应用外语之外，我们还需要掌握怎样的技能才可以应对全球化时代呢？

企业应对多样化的举措

抵抗	同化	尊重多样性	分离	融合
抵抗	就业机会均等化	尊重	赋予差异以价值	多元化管理
拒绝差异	同化差异	尊重差异	在短期、小范围内将差异转换为商业成果	长期在全公司范围内灵活运用差异
	无视差异	以在组织中建立差异化状态为目标		将差异转换为竞争优势
	防御型	就业维持型	市场适应型	战略型

谷口真美

基本思路 灵活应对多样化

一般来说，所谓**国际化人才**是指那些活跃在海外商务界的人才。随着就业全球化趋势日趋加剧，企业内部也越来越需要能够对外国人进行适当管理的人才。

为了能够在高度多样化的环境中顺利开展业务，国际化人才需要具备相应的专业技能。掌握这些技能之后，也可将其应用于促进其他**多样性**发展的活动之中。

技能组合 与跨文化伙伴共同推进业务发展

跨文化理解 在海外开展工作之时，首先要从**本国文化中心主义**中摆脱出来并

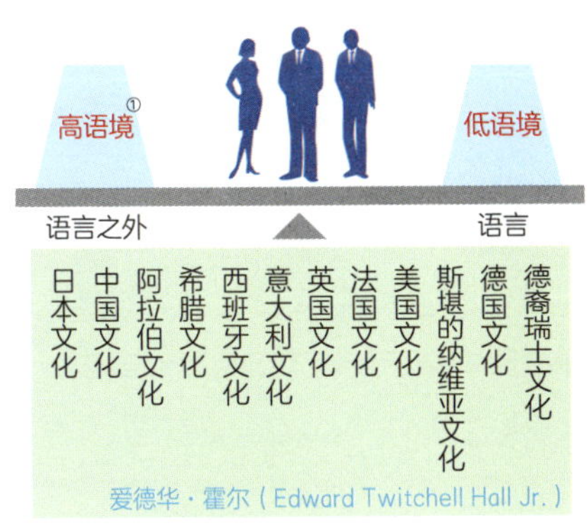

理解对方的思维方式。例如，语言在交流中的重要性会因国家和人种的不同而产生巨大差异。这是最需要我们加以注意的地方。

另外，不同国别的人们在责任感、时间观念、角色意识和感情表达等**工作态度**和**习惯**上也存在着较大差异。因此，我们必须要牢记这些差异并入乡随俗。除此之外，手势和身体接触等**非语言信息**亦是如此。要想了解对方，就必须首先了解对方国家的文化。

重要的是我们要排除先入为主的观念及种种偏见，并接受差异的存在。即使某些现象有违自身常识，你也必须具备足够的**灵活性**去接受并应对此类状况，否则便无法很好地应对文化差异。

跨文化交流　低语境交流中最重要的是要具备**说明能力**。无论我们的语言技巧如何高超，如果不能有逻辑地、**坚定断言**自身想法，最终也不能为对方所理解。

另外，我们还必须做到真挚地倾听对方讲话，暂时性保留是非判断，并努力认同尊重对方的想法。当双方意见出现分歧之时，就需要就前提和意义进行细致沟通。

当然，我们偶尔也会遇到怎么都不被对方理解甚至准备放弃交流的状况。在这种情况下，为了能够达到相互理解的目的，我们需要坚持不懈地进行对话。这种**能力**和**胆识**对于沟通而言是必不可少的要素。归根结底，交流的成功与否取决于你对语言力量的把控程度。

跨文化冲突管理　在国际谈判等跨文化交流过程中，彼此的框架碰撞会引

---

① 高低语境文化最早由美国人类学家爱德华·霍尔提出，在这两类文化中，语境和语言在交际中的地位不同，作用也不同。高语境文化中，人们不把交流信息完全用言语表达出来，可以通过表情、动作等非言语行为获得信息。低语境文化则推崇语言本身的力量，需要较强的语言表达能力。——编者注

发各种各样的冲突（对立、矛盾）。此时，我们要不慌不忙地努力分析和理解彼此的差异之处。

肯尼斯·W. 托马斯（Kenneth W. Thomas）&
拉尔夫·H. 基尔曼（Ralph H. Kilmann）

把己方的前提和常识强加于对方的做法是无助于推进交流讨论的。在相互尊重的前提下讨论各自的主张才是明智的做法。双方需要共同发挥聪明才智并讨论制定出新的前提和目标，以达到双方均满意的结果（双赢）。这是合作式谈判的基本思路。

但是，如果双方没有建立信赖关系的话，这一招便行不通了。虽然过分诚实并非好事，但此时我们仍需满怀真诚与敬意，与对方面对面地公平交流。这种方式最终会产生一定的积极效果。

多文化共生管理 如果我们想更进一步成为全球化领导者，那么就必须学会管理多元文化组织。此时，领导者对多样性的态度就显得尤为重要。

这种态度会反映在制度建设、规则制定、业务流程和工作方式之中。然而，真正能够发挥作用的方法是将其应用于工作一线，且要把握好人才培养和动员激励这两个关键点。我们要通过提供信息或对话契机等方式来持续谋求知识、技能和意识的改革。

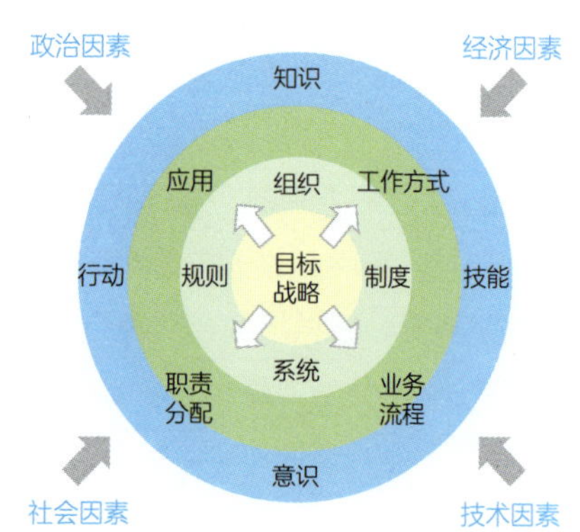

在这一过程中会发生各种各样的问题，而我们则必须学会敏捷地应对种种社会状况。如何解决问题既是领导者的本领，也传达了领导者的态度。多样性永无止境，而最终能否成功应对则取决于领导者的重视程度。

第一步骤　意识到自身的有色眼镜

跨文化理解的最大敌人之一便是**贴标签**。例如，当听说来了一位印度经理时，有人就会立刻觉得他对数字很敏感等。我们的大脑总是倾向于根据以往的信息和经验来瞬间做出判断。在**无意识偏见**的作用下，我们会对事物产生陈旧刻板的印象。

如果我们想养成摒弃成见的开放心态，首要步骤就是要意识到自身的有色眼镜。例如，你可以尝试罗列形成偏见的各种因素，并写出你对它们的想法。如果你站在客观的角度来看，那么便能够切实地感受到偏见在发挥作用。当然，我们没有必要做到完全消除偏见，只要注意不要妄下定论或将自身想法强加于人就足够了。做到了这一点，我们就能够更加轻松地理解多元文化了。

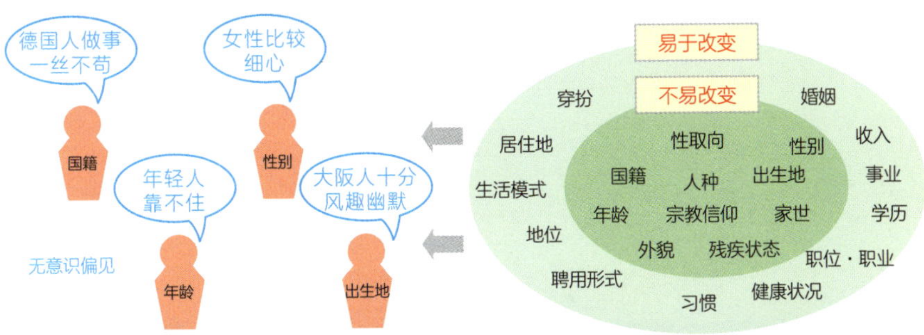

相关技能　整合组建多元化团队

24 团队建设　如果我们想把具有不同成长背景和文化底色的成员团结在一起，就必须掌握团队建设相关的技能。

30 反职场骚扰　即使双方来自同一个国家，如果想把自己的价值观强加于人，或者疏于说明，期待对方能够意会，那么必然产生纠纷。这既是职场骚扰，也是跨文化冲突的一种表现。

33 商务英语　对于国际化人才而言，语言技能是必不可少的能力之一。但关键并不是口语的流利性，而是能否利用英语开展工作。

29 心理健康

努力保持健康的心理状态

如今，每个企业中可能有一两个心理状态不佳的员工。其实，我们每个人都面临这样的风险，心理健康已经成为生活在高压力社会环境之中的现代人无法回避的课题。因此，我们不仅要保持自身心理健康，还应努力构建更加友好的职场。

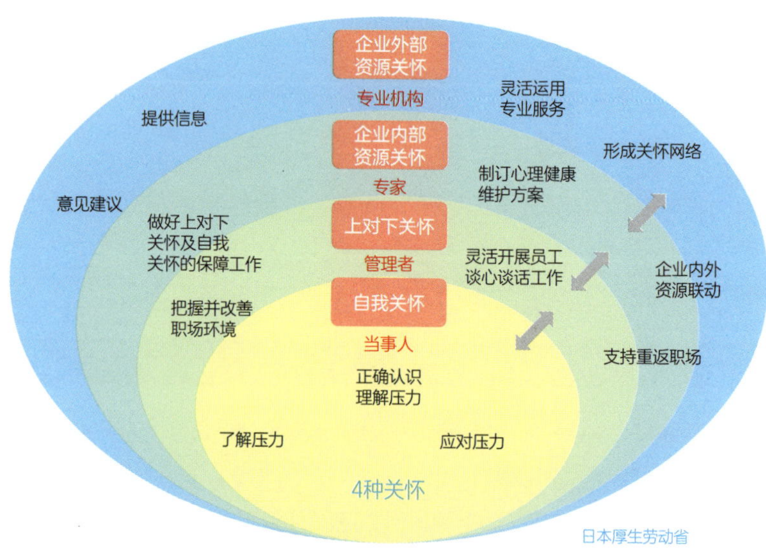

基本思路　以健康的心理状态积极开展工作

所谓**心理健康**是指保持和改善工作人员的心理状态。如果我们能够准确理解心理健康机制并采取适当的措施，那么必然能够使职场变得活跃起来，进而不断提高工作效率及员工们的工作获得感。

为了保持员工的心理健康状态，图中所示的4种关怀是必不可少的。在这里，我将重点围绕所有人均需掌握的自我关怀（依靠自身关怀自己）和管理者必须掌握的上对下关怀（关心下属）这两方面展开讨论。

技能组合　灵活把控职场压力

应对职场压力　引起压力的原因是多种多样，各不相同的。既可能是工作因素，如业绩压力和人际关系等，也有可能是工作外因素，如家庭关系、生活环境等，另外还有可能是个人因素，如性格和年龄等。当然，现实生活中也存在许多可用来缓解压力的缓冲因素，如同伴之间的交谈或个人的兴趣爱好等。我们要学会对自己的压力状态及受到的影响进行检验，并对自己进行压力管理。这就是所谓的自我关怀。

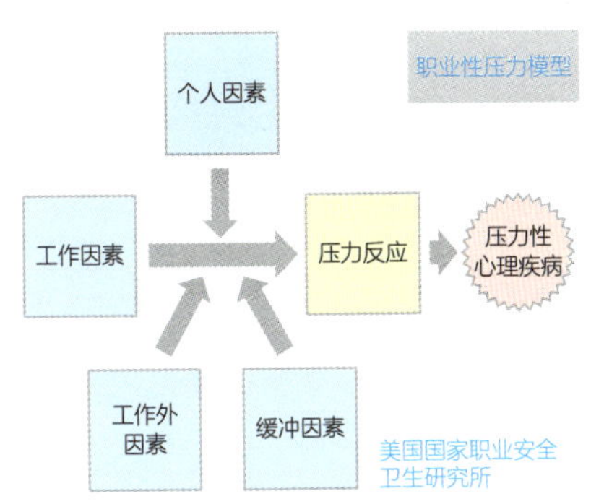

缓解压力的方式多种多样，主要包括睡眠、饮食、运动、放松等。究竟哪种方式能够发挥作用是因人而异的。我们要找到最适合自己的方法来巧妙地应对压力，即所谓的压力缓解。另外，如果我们能够了解同伴们的压力状态及应对方法的话，那么必定对构建健全职场有所助益。

改善职场环境　任何人都希望在一个令人舒适、人际关系和谐的职场中工作。与此同时，我们也应该对工作压力的状态进行认真考虑。一般而言，工作压力的大小是由工作的要求度、工作的权限及领导的支持度来决定的。其中，压力最大的状态当属工作要求度高，但员工自身的权限很小且上司的支持力度也很低的状况。

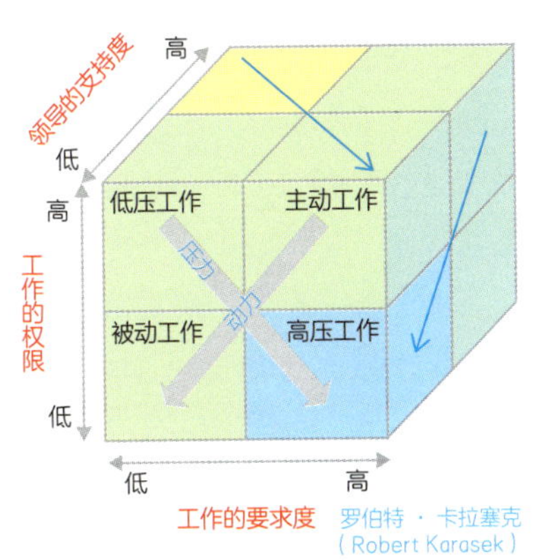

换言之，平衡这三大要素，最大限度地提高员工们的工作价值，就是所谓的上对下关怀。具体说来，其主要包括参与工作规划、共享信息及促进职场内部相互帮助等措施。这些关怀措施不能依靠上司来单方面地推进，而是需要全体成员都参与其中并提出自己的想法。另外，领导者也必须要认真考虑自身是否成了员工压力的主要来源。

灵活开展员工谈心谈话 与前来诉说烦恼或有烦恼倾向的人谈心谈话是管理者的重要职责之一。首先，你要确保能够平静交流的时间和场所，坐在对方斜45度的位置，并和对方能够视线交流。之后，我们要向对方表明谈心谈话的宗旨和约定事项并征求他们的同意。

谈话一旦开始，领导者不要试图引出话题或者直接解决问题，而是要用心去**聆听**。在这一过程中，要认真感受对方此刻内心深处真实的想法。这样做的目的不单单是为了确认事实，更重要的是要向对方表明感同身受的态度。此时，我们也必须要特别留意对方所传达出的**非语言信息**。

此外，你还要真诚地面对自己的内心。如果在倾听过程中产生万分抱歉或者担心不已的心情，就要直接表达出来（**自我一致**）。最后，我们要向对方询问今后自己可以在哪些方面提供帮助并告诉他们愿意为其随时效劳，面谈便可以宣告结束了。

支持重返职场 在日常工作中，偶尔会有一些员工因为精神状态不佳而需要休假。如何应对休假者的请求并支持其重返职场是两项非常微妙的工作。需要根据对象和状况不同，采取相应的做法。此时，一切业余的判断都是大忌。我们必须听取专业人士和专业机构的建议，并同他们**密切合作**，共同推进。

其中一个关键点是如何在员工休假期间、决定返岗时以及返岗之后与其进行**沟通**。在沟通时，既要保持态度积极向上，又要保持适当的距离，还要避免给对方造成心理负担，因此这项工作并非易事。

1 开始休假及休假期间的关怀
2 由主治医生判断是否能够返岗
3 判断员工是否返岗并制定好相应的保障措施
4 最终判定员工能够返岗
返岗
5 员工返岗后的跟进随访

日本厚生劳动省

另外一个关键点是在员工返岗后为其安排怎样的工作岗位和业务内容。此时，就需要在认真考虑员工本人的意愿和适应性的同时，循序渐进地督促他们从简单的工作逐步过渡到正常工作状态。当然，这需要企业提前做好准备工作。只要双方能够互相理解、稳扎稳打且不急于求成，反而能够更快地让员工的工作状态恢复至正常水平。

第一步骤　早发现、早处理

心理健康护理的第一步是识别自己或他人的心理健康问题。同其他所有的疾病一样，早发现、早处理是基本思路。

为此，我们必须要有敏锐的观察力。当一个人在承受过大压力之时，会出现种种**身体反应**、**心理反应**和**行为反应**。与此同时，他们还会出现频频迟到或缺勤以及屡犯低级错误等征兆。这些都是员工发出的“求救”信号，因此我们断不可忽视它们。

然而，跑去直接询问对方“最近怎么了”并非明智之举。我们要在仔细观察到底发生了什么事情并收集到一定程度的信息之后，再向对方表明自己愿意倾听他们的烦恼之事。当然，能否顺利地引导对方表明心迹取决于彼此关系的亲密程度。即便最终无法让对方吐露心声，只要我们能够把关心之情传达给他们，那么其内心压力就会相应地减少。

身体反应	心理反应	行为反应
头痛	烦躁不安	失眠 / 嗜睡
腹泻	无精打采	暴饮暴食
发烧	易怒	多语多动
心悸	心浮气躁	过度酗酒
呼吸困难	抑郁	沉迷赌博
头晕目眩	注意力下降	生活紊乱

有没有以下迹象?

- 迟到、早退或缺勤的情况愈演愈烈
- 屡犯低级错误，工作效率持续下降
- 工作过程中打哈欠和打瞌睡的次数增多
- 偶尔眼神呆滞或浑身乏力
- 笑容逐渐减少，回应他人的欲望降低
- 做出许多过去从未出现过的奇怪言行
- 变得衣冠不整，且人际关系出现裂痕
- 因为细微之事便暴跳如雷

相关技能　打造充满活力的职场环境

12 职业引导　当领导者与前来谈话的员工展开对话时，需要掌握各种各样的沟通技巧。其中最重要的便是职业引导技能。

14 愤怒管理 愤怒情绪管理对于减少压力而言是颇有效果的。我们可以灵活地运用愤怒发泄法和信念放松法。

30 反职场骚扰 职场骚扰是造成心理健康问题的一个常见原因。另外，也有许多人会因为承受过大压力而无意识地实行职场骚扰。由此可见，这两者间存在着密不可分的联系。

30

反职场骚扰

预防职场骚扰的发生

这是一个让职场骚扰无所遁形的时代。即便当事人慌忙地解释自己并没有那样的打算，也只是于事无补的“马后炮”而已。无论最终处理结果如何，这种行为必定会给双方造成巨大的伤害。应对职场骚扰需要防患于未然，因此我们必须掌握一些相关技能。

类别	定义及实例
职权骚扰	借助职务地位优势来向对方施加肉体或精神上的痛苦。 (例)在众人面前肆意谩骂、提出过分要求或故意不指派任何工作任务。
道德骚扰	基于道德伦理的精神暴力或骚扰，是一种接近霸凌的行为。 (例)无视或排挤对方、背地里说对方坏话或让其蒙羞。
性骚扰	通过违背对方意愿的性言行来给对方带来不愉快感受或就业上的不利影响。 (例)触碰对方身体、询问对方婚姻状况或恋爱关系，或利用优势迫使对方与己发生关系。
孕妇骚扰	迫使怀孕或已分娩的女性处于不利地位或遭受痛苦。 (例)以怀孕为由逼迫其辞职或阻碍其取得相关休假权利。
性别骚扰	基于性别固有观念的骚扰或歧视，以及包括针对性少数群体的歧视。 (例)只命令女性员工端茶递水或者嘲笑对方“明明是个男人(或女人)，却……”。
酒精骚扰	因摄取酒精饮料而引起的骚扰或霸凌行为。 (例)强迫对方饮酒、故意醉酒或醉酒后说下流猥亵之语。
二次伤害	被骚扰的受害者受到了来自周围人(主要是谈话对象)的二次伤害。 (例)鼓起勇气去找上司谈心，结果被办公室全体成员指责。

基本思路　消除职场中的骚扰行为

所谓**职场骚扰**是指给对方带来不利影响或不快之感的一切行为。职场中存在许多不同类型的骚扰行为。要解决这一问题不能够单纯依靠某个人的力量，而是要领导层带领企业上下来共同努力预防和应对。

接下来，我将为大家介绍几个可以帮助避免发生职场骚扰的技能。如果能够结合反骚扰知识培训、提高道德标准及建立制度规则等措施来灵活运用这些技能的话，那么必定会取得更大成效。

技能组合 变革工作方式

改善管理 职场骚扰往往是由不恰当的管理所造成的。例如，给员工设定过高目标并只是一味鼓励其拼命加油，或者基于个人偏见而任意地分配任务，抑或只会大声斥责却不进行公平公正的评价……这种因循守旧的官僚作风是产生职权骚扰和性别骚扰的土壤。因此，我们需要再次检讨自身的行为以判断是否进行了**合理化管理**。

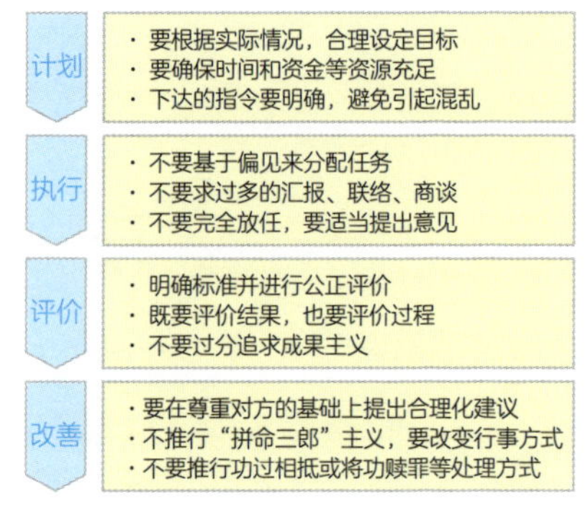

每个人对压力的容忍度和对公平的理解体会各不相同。员工对上司的**信赖程度**不同会导致对上司指令的理解有所差异。因此，领导者们需要在熟悉成员个性的基础上再进行细致的交流。虽然我能够理解各位急于求成的心情，但在骚扰横行的职场中是无法得到理想结果的。这一点需要我们铭记在心。

问题解决措施 我们往往会把对方的失败归咎于他们的能力或性格（**归因偏差**）。过分关注员工们的技能低下或努力不足是出现职权骚扰和道德骚扰的根源所在。一个人的能力和性格是无法轻易改变的，因此，归因偏差的最终结果是问题永远无法得到解决且双方的压力越积越大。

在这种情况下，我们可以积极利用**方案导向法**（实证法）等处理手段。具体说来，领导者不可追问员工为什么做不到，而是要同他们一起思考如何才能够顺利进行。只要改变了解决问题的方式方法，便能够大大提升对方的热情以及彼此

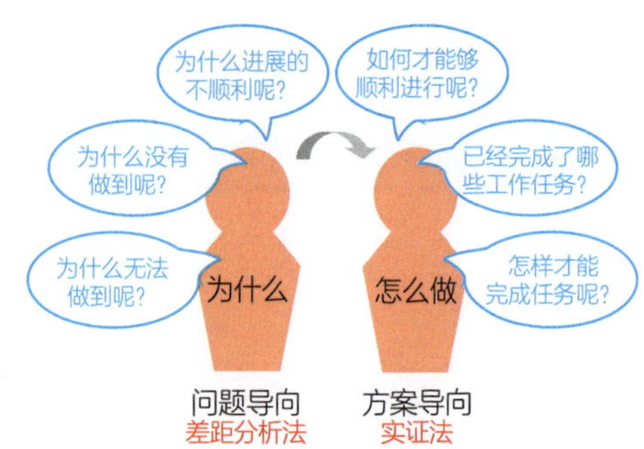

的亲密度。我们面对的真正敌人是问题而非对方，因此对事不对人才有助于预防职场骚扰。

改善沟通方式 在职场骚扰中，最常见的原因是因词不达意或说明不充分而导致误解的出现。为了防止这种情况发生，我们必须深刻认识到自己同对方所具备的常识不尽相同这一前提，并学习掌握跨文化交流的方法。这就需要我们排除自身的无意识偏见并认可对方的常识。此时，对方在不经意间做出的种种细微表情动作都值得特别留意。

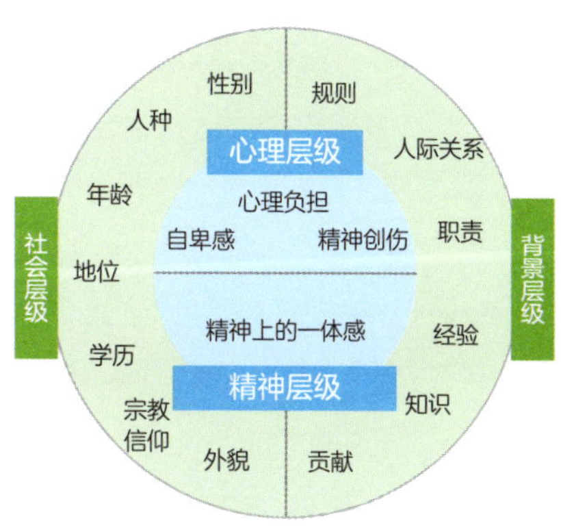

所有的职场骚扰行为都具有一个共同点，那就是层级分化导致了彼此力量差异的出现。切记不要单方面认为彼此关系很好，也不能忘记双方的层级差距时刻存在。另外，我们在通过电子邮件等文本方式沟通时也要特别注意措辞。请记住，职场骚扰也体现在情感上。

压力管理 当一个人承受的压力持续增加，那么他就会倾向于打击欺负比自己弱小的人。因此，减轻工作压力能够有效预防职场骚扰的发生。

例如，我们可以通过重新审视工作量和分配方式来减轻压力。对于人际关系带来的压力，可以通过情绪ABC理论来促使自我认知发生转变。此外，还可以通过正念减压法和睡眠等方式来改善身心健康状态，提高抗压能力。当然，找到适合自己的解压方式也非常重要，比如做一些轻松的运动或者找人倾诉自己的烦恼等等。除此之外，学习愤怒管理也不失为一种有效方式。

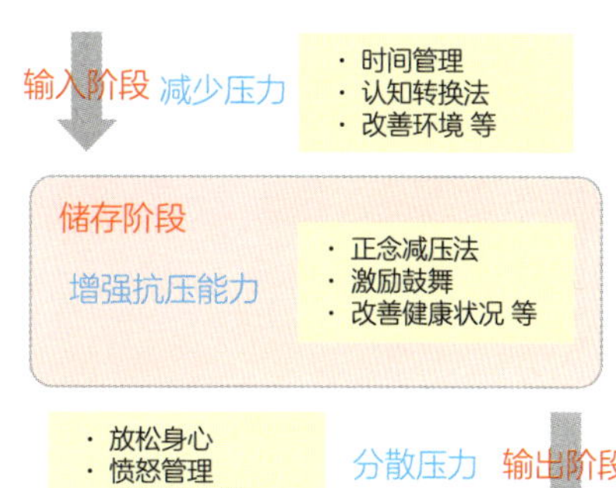

如果我们把想说的话一直憋在心里，那么总有一天会爆发出来。如此一来，这种语言攻击就有可能升级为令人讨厌的职场骚扰行为。因此，我们要及时和对方沟通，不要积攒负面情绪。

第一步骤　增加接触频率

如果我们为了增加同对方的亲密度而强行展开深入交流，就有可能被认为是职权骚扰或性骚扰。但如果放弃沟通，就又有可能被说成是道德骚扰。有许多人会因为不知该如何去做而烦恼不已。对此，我建议大家尝试逐渐增加打招呼的频率，比如在碰面时以轻松的口吻询问对方最近状态如何等。

人们在反复接触的过程中会放松警戒心理，彼此间的好感度也会增加。这就是由罗伯特·扎伊翁茨（Robert Zajonc）提出的“**曝光效应**”（mere exposure effect）。他指出，人们对某件事物的好感程度并非取决于与其接触时间的长短，而是与接触的次数有关。因此，如果我们想要获得对方的好感，无须每次都长篇大论，只需多次进行简短的沟通。另外，这种示好必定会带来相应的回报（**互惠原则**），对方也会慢慢主动接近我们。

然而，如果我们没有仔细观察对方的情况并把握好交流时机的话，结果只能适得其反。另外，上述方法并不能让已经亲密的关系变得更加亲密，若想如此则需另觅他法。

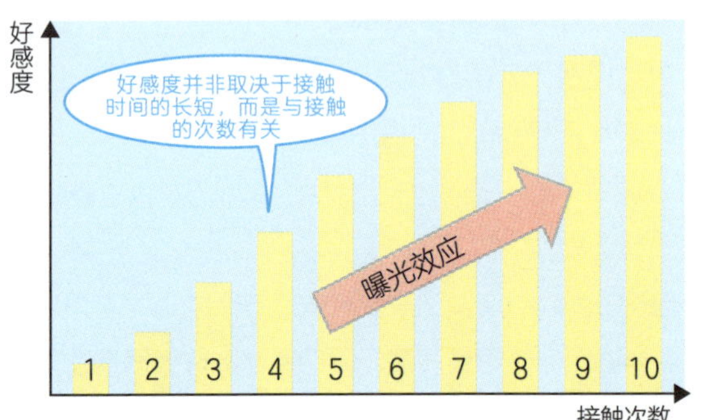

互惠原则

善意

善意

对方流露出善意的话，我们也要报之以善意。

相关技能　控制自身情绪

14 愤怒管理　当我们无法控制内心积聚的消极情绪时，可能会做出职场骚扰行为。具有此类倾向的人需要从管理愤怒情绪开始着手进行自我调整。

28 国际化人才　本国文化中心主义是导致职场骚扰现象出现的原因之一。对此，我们必须掌握跨文化交流和跨文化冲突管理的相关技能。

29 心理健康　健康良好的身心状态有助于预防职场骚扰。压力管理是构建健康职场环境的重要环节。

其他技能　提高组织革新能力

多元化

所谓**多元化**是指超越性别、国籍、年龄等差异要素来积极灵活运用各类人才的行为，而保障这种多元化的体制则被称为**多元化管理**。目前，多元化管理作为企业的经营战略之一而饱受关注。

跨文化交流和多文化共生管理对于推进多元化而言必不可少。我们在**国际化人才**部分所介绍的普遍性技能基本可以用于推进多元化的所有环节之中。

另外比较重要一点的是思想改革。我们每个人都需要改变自身的想法和工作方式，并掌握在全公司范围内开展活动的管理能力。

组织开发

所谓组织开发是指提高组织效率和健全性的行为，它包含了团队建设、职业引导、领导能力、建导技巧和动员激励等一切与组织建设相关的活动。

与着眼于个人发展的**人才开发**不同，组织开发的主要侧重点在于处理人与人之间的关系。它以人际关系质量为起点，进而促使思维质量、行动质量和成果质量发生变化［**成功循环模型**：丹尼尔·金（Daniel H.Kim）］。

为了推进组织不断发展，我们还必须掌握团体动力学（Group Dynamics）等相关技能。因此，我们需要不断地训练。

推进变革

要达到企业整体变革的目的，依靠普通方法是行不通的。想要克服组织中的惰性和阻力，就需要掌握一些要点。

例如，如果高层管理人员不参与其中，那么经营活动势必会受挫。另外，不让成员独立思考，直接命令成员们去完成某项任务也是断不可行的。除此之外，如果管理者忽视了对工作成果和进度的审核及确认，那么结果只能“雷声大，雨点小”……针对这些问题，约翰·P.科特（John P.Kotter）教授提出的领导变革八步法——指出了解决途径。

推进变革和组织开发一样，都需要我们掌握广泛的技能。如果领导者们以半吊子的态度去推进改革，那么没有一个人会愿意为之做出改变。只有真正具备了彻底变革的觉悟，才能够让组织由内到外焕发生机。

第4章

推动工作效率提升的
业务类技能

要点提示　提高工作的效率

顺应时代变革，采取适当做法

商业环境伴随着时代更迭而变化万千。如果我们不能随之调整自身的工作方式和方法，那么势必会为时代所淘汰。

例如，在日本的昭和时代（1926—1989年）既没有智能手机也没有发达的网络，人们只能通过固定电话和传真来开展工作。直到进入平成时代（1989—2019年）之后，全球化的趋势才越来越明显。从最近的情况来看，远程工作已经极大地改变了以往的工作模式。

面对这样的时代浪潮，也有一些人依然采取我行我素的姿态来负隅顽抗。例如，有些顽固的“老古董”们会让秘书把收到的所有电子邮件全部打印出来。然而，这种无谓的抵抗不可能无限期地持续下去。最终的结果要么是在幡然醒悟后抓紧时间追赶时代浪潮，要么便是被迫灰溜溜地退出历史舞台。

生活在当下时代的商务人士必须掌握一系列商务技能。面对这样的形势，我们与其浪费时间踌躇不前，不如抢先一步去学习掌握这些技能知识。

其中，具有代表性价值的便是我接下来要为大家介绍的10种业务类技能。这些技能都有助于我们提高商务工作的效率。

眼下亟须掌握的业务类技能

所谓业务类技能并不都是新鲜事物，也包含了经过历史大浪淘沙之后所保留下来的宝贵知识。其中，最具有代表性的便是**商务礼仪**。毫不夸张地说，这一技能几乎涵盖了日常工作的所有领域。

报联商技能亦是如此。随着远程办公时代的到来，这一技能的重要性被重新评估。

此外，有人曾把英语、互联网技术和会计并称为商务领域的“三大神器”。在这里，我为大家列举了在全球化时代必须掌握的**商务英语**技能及作为商务工作主力的**电脑操作**技能。这两大技能都是人们眼下必须掌握的基础能力。同时，利用电脑**活用数据**也是所有职业都必须掌握的技能。

另外，人们的工作压力始终有增无减。如果不认真进行**时间管理**的话，那么最终只能陷入“越忙越穷，越穷越忙”的怪圈之中。另外，如果你不能持续地**改进业务**并提高生产效率，也就无法跟上时代的步伐。

近期，短期集中类项目也变得越来越多。你永远不知道自己会在什么时候被领导委任去管理某个项目，因此只有提前掌握了**项目管理**技能才能够做到不慌不乱、得心应手。

另外，在这个强调遵纪守法的年代，每个人都应该在**风险管理**和**错误防范**方面具备一定的知识和素养。

或许有些人已经对上述技能有了一定的了解，但若细究他们是否真的掌握了，答案可能会不尽如人意。这可能就是造成工作效率低下的原因之一。因此，我们不妨借此机会来彻底检验一下自身的技能。

31 商务礼仪

在实际工作中践行常识

提起商务礼仪，想必大部分人都会认为这是为新员工们准备的培训内容。虽然事实的确如此，但是商务礼仪凝聚了所有工作的精华。那些能够在工作中独当一面的人，都十分重视自己的商务礼仪。

基本思路　遵守商务礼仪规范

为了保证工作的顺利进行，我们必须遵守各种各样的礼仪和习惯。这些礼仪和习惯统称为**商务礼仪**。接待只是其中的一小部分，除此之外还涵盖了沟通礼仪和文书制作规则等多个方面。

如果你没有遵守商务礼仪，不但会让对方感到不愉快，更无法获得对方的协助。

为了避免不必要的麻烦、建立良好的人际关系，保证工作顺利进行，我们必须要掌握商务礼仪的相关技能。

技能组合　实事求是地践行基础理论

基本行为规范　首先，**仪容仪表**决定了别人对你的第一印象。因此，我们必须选择与工作相匹配的服装、干净的发型和妆容以及挎包和记事本等小物件。此外，站立、就座和行走等日常**动作**和**姿势**也非常重要。如果你的举止随性散漫，那么作为商务人士就是不合格的。特别是关于**寒暄**和**鞠躬**的礼仪，我们需要反复练习才能完全掌握。

其次是**措辞**。在商务交往中我们需要掌握的语言表达类礼节数不胜数，如**敬语**的用法（尊敬语、谦让语、郑重语）、**待人接物**的惯用表述（例：敝公司）、对对方的称呼（例：某某先生）和**铺垫语**（例：若有失礼之处还请您多包涵）等。此外，在上下班、迟到、缺勤、早退、休假、复命及汇报工作时，你也要根据场景的不同来选择合适的措辞。我们要同时牢记这些日常礼节及商务礼仪。

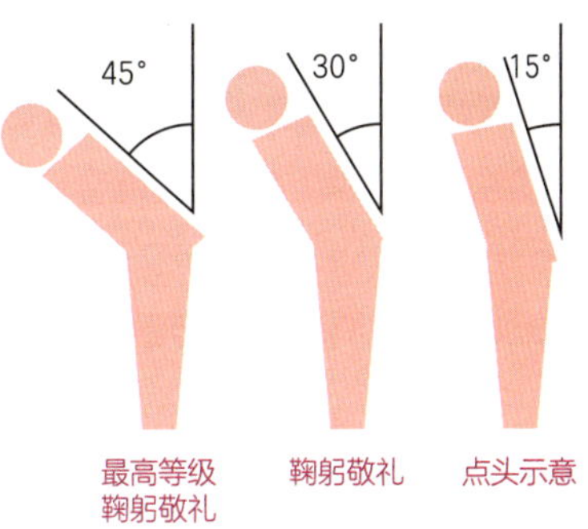

沟通交流　工作的完成是建立在众人沟通的基础之上的。我们除了要掌握说、听、问等基本技能之外，还需要掌握一项重要技能——报联商。

此外，我们不但需要学习如何在**会议**、商谈及**报告会**中选择合适的说话方式来表明自身观点，而且还要掌握从酒桌谈话到**婚丧嫁娶**等正式场合的沟通技能。

同时，我们也不能忽视日常**电话应答**，如接听方式、说话方式、转接方式、所找之人不在的应对方式、致电方式和挂断方式等。这些都要遵循详细的规则。我们只能一边积极地积累经验，一边将其逐步转化为自身技能。此外，我们还需注意在接听工作电

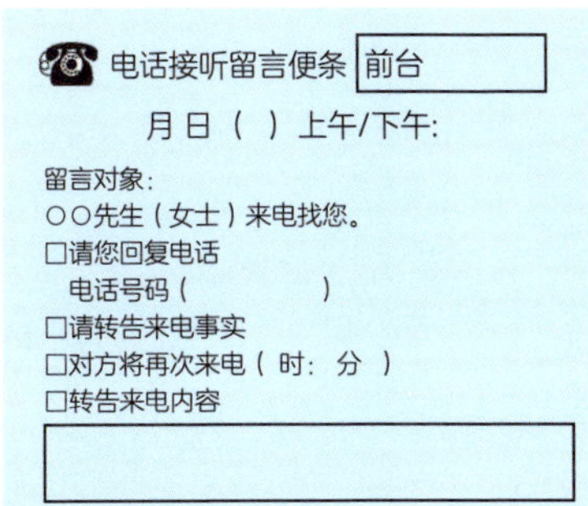
电话接听留言便条　前台

月 日（ ）上午/下午:

留言对象：

○○先生（女士）来电找您。

☐请您回复电话

电话号码（　　　　）

☐请转告来电事实

☐对方将再次来电（ 时： 分 ）

☐转告来电内容

话时，切不可像接打私人电话那样随意，以防带来麻烦。

接待·访问 接待和拜访客人是商务**接待**的重要组成部分。其中，客人接待方面的程序繁多，如带路方式、座位排序、端茶顺序、名片交换及相互介绍等。

相反，当我们去拜访其他客户时也需要牢记许多详细的商务礼仪，包括如何进行提前预约、是否携带礼品、从抵达现场到展开面谈之间的流程、如何提出己方条件以及如何结束面谈等。另外，根据会面目的（商谈、谈判、会议、委托、交接、道歉等）的不同，需要把握的礼仪要点也就不同。

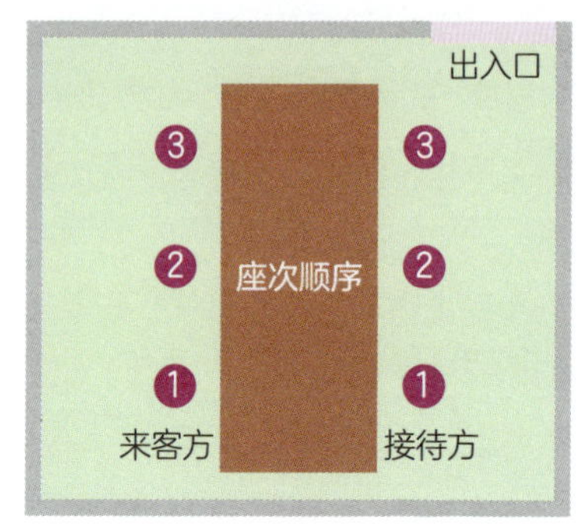

除此之外，你还必须学习掌握接待方面的礼仪及宴席上的待客规则，如敬酒的顺序和方式等。毕竟，待客宴会绝不同于平时的聚会。同时，我们还需要掌握一定的**谈话技能**来让对方毫无顾虑地享受交流氛围。

商务文件 我们在工作之中，无论是面向公司内部还是公司外部，都会处理大量的文件。其中，大多数文件**格式**都是有明确规定的，因此你只需适当地填写必要事项便可完成。之后，要按照审批（盖章）、发送、传阅、附加文件和保存等相关程序规则来进行处理。

但如果你不能够迅速地写出简洁易懂的文件，那么工作便无法顺利推进。因此，我们在磨炼**写作技巧**的同时，还必须掌握适合商务文书的表述方式和礼仪。其中，最重要的是要做到设身处地地为收件人着想，比如在写文件时将重点放在前面。

企业内部文件	企业外部文件
需要进行审批的文件 策划书 草案 建议书 报告 计划书 申请书 会签件 呈报书	与交易相关的文件 策划书 报价单 建议书 订单 委托书 交货单 说明书 请款单
信息共享类文件 通讯录 会议记录 通知书 规章制度 批示件 账单票据 通报通告 每日报告	礼节性文件 问候信 祝贺信 感谢信 通知书 邀请函 新年贺卡 慰问卡 吊唁函

最近，通过**电子邮件**开展工作的机会越来越多。电子邮件沟通也有相应的礼仪规则，如邮件主题、收件人姓名、寒暄语、正文、结尾等都有对应的格式。此

外，冗长的表述、缓慢的回复和超大附件等只会妨碍工作的开展。

第一步骤　把简单的事情做到极致

一日的工作始于寒暄又终于寒暄。愉悦开朗的寒暄问候是建立良好关系的基础，同时也会给职场带来充足的活力。只要我们能够开朗活泼地打招呼，就可以赢得对方更多的好感，进而促使周围人改变对自己的印象和评价。

寒暄问候需要掌握以下四大要点：一、笑容灿烂，精神饱满；二、无论对谁都一视同仁；三、积极主动；四、持之以恒。我们要时刻检查自己平时是否做到如此。

时间一长，便很容易对寒暄问候敷衍了事。但是，无论是多么习以为常的事情，我们都要能够以持久的信念和新鲜感将其做到极致，这才算得上是真正的专业人士。让我们共同努力来达到那种境界吧！“早上好，山田。今天天气真不错啊！其实昨天……”——如此，我们便能够自然而然地展开对话了。

情景	寒暄语
早晨见面时	▶ 早上好。
白天碰面时	▶ 你好。
偶遇时	▶ 辛苦啦！
离开岗位时	▶ 我离开一下。
回到岗位时	▶ 我回来了。
送别时	▶ 您走好。
迎接时	▶ 您回来啦！
提前离开时	▶ 我先行一步。
对提前离开的人	▶ 今天您辛苦啦！

情景	寒暄语
搭话时	▶ 不好意思，打扰您了。
交谈时	▶ 不好意思，能耽误您一点儿时间吗？
接受工作任务时	▶ 好的，我明白了！
表示感谢时	▶ 谢谢您！
有客人来访时	▶ 衷心地欢迎您！
初次见面时①	▶ 初次见面，请多关照。
初次见面时②	▶ 一直以来深受您的关照。
接受他人委托时	▶ 好的，我明白啦！
道歉时	▶ 万分抱歉！

相关技能　提高工作质量

20 写作技能　我们要处理的文本数量在逐渐增多。如果我们写不出有理有据、通俗易懂的文章，就无法顺利地展开交流。

32 报联商　汇报、联络、商谈是职场沟通的重要环节。如果我们提高了自身报联商的水平，就能够大大提升沟通效率，进而创造出交流顺畅的工作环境。

36 时间管理　时间管理是商务礼仪的重要组成部分。如果开会迟到或者交货期延迟的话，就会对其他人的工作造成阻碍。

32 报联商

积极建立联络机制

日常工作中，我们经常会遇到报喜不报忧、沟通不及时或者工作都集中在某一个人身上却无人从旁协助等状况。在这样的职场中工作，想要取得喜人的工作成果是不太容易的。而打破这一局面的法宝就是报联商。接下来，就让我们共同学习报联商的相关技巧，让职场沟通变得更加灵活方便吧！

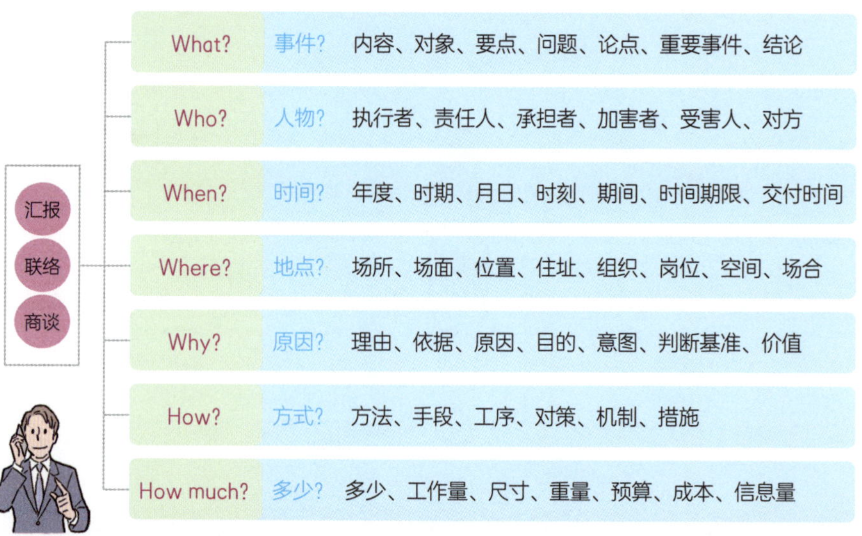

基本思路 构建良好的职场沟通机制

汇报、联络、商谈是职场沟通的重要组成部分，这三种行为合称**报联商**。报联商对于工作的顺利推进和团队良好合作关系的建立而言是不可或缺的。

但是，报联商并不是一种上司强迫下属的行为，而是职场中每个人都应该主动做的事情。它为我们创造了一个沟通顺畅的职场环境，每位成员都可以毫无顾忌地商讨一切话题。

技能组合　把握时机，扎实推进

汇报　所谓**汇报**是指针对接收到的指示和委托来汇报事情进展和结果的行为。在汇报时，我们要务必做到**准确**、**诚实**且具体地（利用**5W2H分析法**等）传达事实。如果汇报过程中掺杂了部分个人意见，就要注意将其与事实分开表述。

我们在做汇报时要力求重点突出、**简洁**易懂、细致入微，这样才能够让听众感到舒心畅快。因此，你不能随心所欲、毫无章法地乱说一气，而应该提前**整理**好谈话内容后再汇报。同时从结论出发，然后再展开陈述。

汇报**时机**也是非常重要的。一般情况下，汇报的时间节点有4个（如右图）。越是不好的事态越需要尽早汇报。在汇报问题时，我们首先要表示歉意，之后再陈述事实、原因和对策，而不能一味地寻找借口。除此之外，你还要尽量避免使用模棱两可的措辞（例如：大概、好像、可能），这也是报联商的基本要求之一。

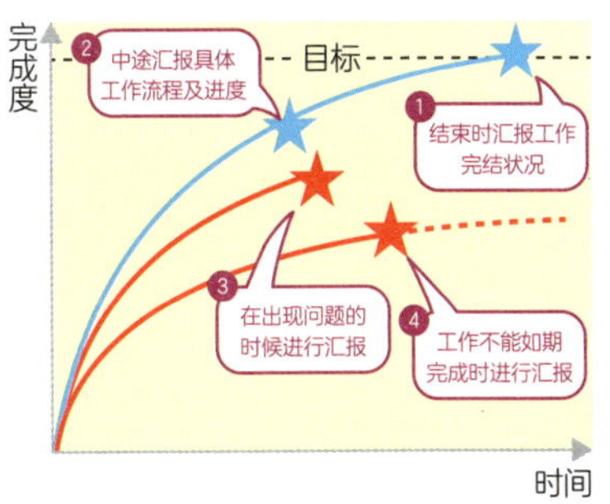

联络　所谓**联络**就是将必要信息告知必要人物的行为。汇报是要对过去的信息进行处理，而联络则着眼于传达那些对未来有用的信息。

首先，我们必须要认真思考并确定传达对象和传达内容。没有明确传达对象就胡乱发送信息，只会给对方造成困扰。无论是汇报还是联络，我们都必须站在接受方的立场上考虑问题。

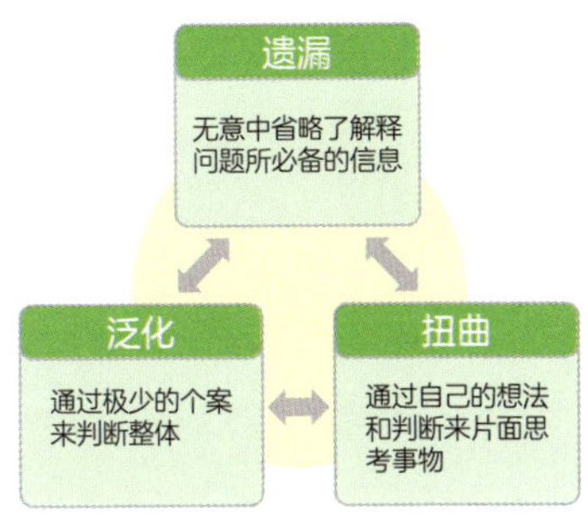

另外，在联络时要特别注意信息的**准确**

性。同时，还要努力做到表述简洁，尽量避免抽象的说法或含糊的说明。此外，你还应该注意避免**遗漏**、**扭曲**或**泛化**，否则就会误导联络对象。

另外，为了避免双方以后就是否事先充分沟通产生纠纷，我们要在联络之后再次确认信息是否准确传达给了对方。当然，更好的方法是保留下联络的记录。

商谈 所谓**商谈**是指针对依靠个人力量无法解决的问题去寻求他人意见或共同讨论解决方案的行为。职场中的商谈一般发生在下属与上司之间。当然，只要能够获得有用的信息，即便同上司之外的人商谈也没有关系。但如果你不知道该同谁进行商谈，那么不妨先以商谈对象为话题展开商谈。

一个人独自承担问题并非好事。在遇到无法判断或处理的问题时，趁其还未发展到一发不可收拾的程度时便同他人商谈才是明智之举。如果放任问题发展，到了截止日期才想起要商谈的话，只会让对方倍感为难。

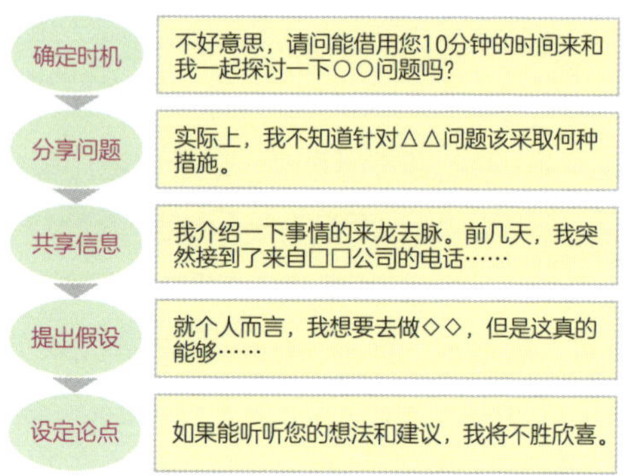

商谈时，你必须要事先梳理好事实内容和自身想法，并准备好个人意见和解决方案。在相互确认讨论结果的基础上，你要遵循最终商议的结果来开展工作。如果我们不慎忘记将工作结果汇报给对方的话，便会失去与他们再次商谈的机会。

确认 如果一遇到事情便不加思考地去同他人商谈，那么即使能够迅速地解决问题，也无法得到的锻炼和成长。对人才培养而言，确认是比商谈更为有效的方法。下属应该勇敢地提出自己的假设和选择，并请求上司帮忙做出判断，这样才能培养下属的自主性。此处的“商谈”行为被替换为“确认”，因

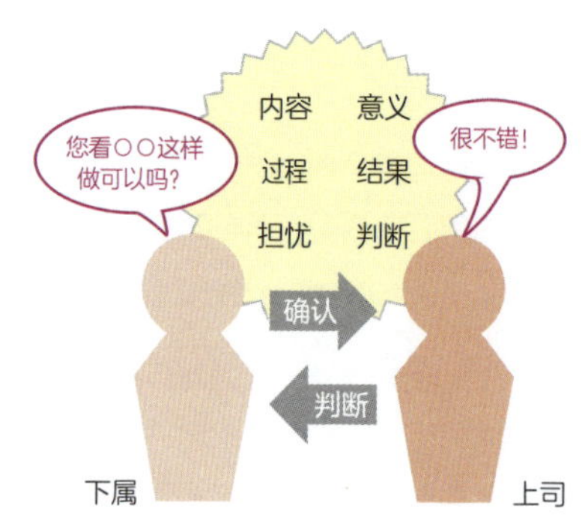

此我们将其与联络、汇报共同称为**确联报**。

确认原本就是可用于各种场合的重要技能，例如确认接收到的指示内容和上司指令、确认自己想法的恰当性或者要求对方确认工作结果是否符合预期等。

在开始接手某项工作的时候，我们也要提前确认自己应当做的准备工作，这样便可以减少不必要的误会。因此，养成短而勤的确认习惯将在很多领域发挥积极作用。

第一步骤　重新审视工具的使用方法

如果想要让报联商技能充分地发挥作用，我们必须做到以下三点：一、提高**心理安全感**；二、宣传其重要性；三、确定好辅助工具和规则。其中，电子邮件和聊天软件等工具可以降低人们对报联商的心理负担，进而大大减少所需时间和成本。

电子邮件是进行报联商的重要工具，但是它同时也具有时间滞后、无法确认对方是否收到以及不能真切传达感情等缺点。如果我们深知这一点，却仍然我行我素地通过电子邮件来沟通，反而会导致报联商活动停滞不前。这无异于本末倒置。

首先，我们要学会区别使用电子邮件、聊天软件和电话等工具。在此基础上，还要制定出关于主题、格式、抄送等方面的规则，并努力精简文章的内容。接下来，就让我们重新审视通过电子邮件进行报联商的行为吧！

	优势	使用场合
Email 电子邮件 · 聊天工具	· 在双方时间宽裕的时候进行报联商 · 可以以文字形式将报联商的过程记录下来 · 可以使用群发功能和附件添加功能 · 节省人工成本和沟通时间	· 讨论紧急性较低的话题时 · 只需要共享事实和信息而无须表达感情时 · 把复杂的事情整理并告知对方时 · 需要同时告知多人时
电话沟通 · 面对面交流	· 可以确保同对方交流的实时性 · 能够传达自身感情和微妙气氛 · 能够感受到彼此的理解程度和事情的迫切程度 · 可以进行双向交流	· 当发生故障等紧急情况时 · 道歉、反省或恳求对方时 · 想要确认对方的接受程度时 · 有必要进行对话沟通时

相关技能 | 触动对方的心灵

16 演讲技能 报联商是向上司和同事展示自我能力的绝佳机会。因此，如果我们想要在有限的时间内准确地传达信息，就必须需要掌握演讲技巧。

20 写作技能 不得要领的文件和不明所以的电子邮件只会妨碍报联商的正常进行。只有掌握写作技能，才不会拖整个团队的后腿。

31 商务礼仪 仅仅传达信息并不意味着工作的结束。报联商的意义在于触动对方的心灵。如果我们没有遵守商务礼仪，便有可能会得罪对方，甚至适得其反。

3

商务英语
使用英语开展工作

大多数的日本人并不擅长英语。然而，却仍然有人能够使用初中水平的英语来同外国人侃侃而谈。相反，有些人的托业考试成绩高达900分却几乎不敢张口说英语。学习商务英语的目的并非要说一口像当地人那般流利的语言，而是要通过英语来开展工作。

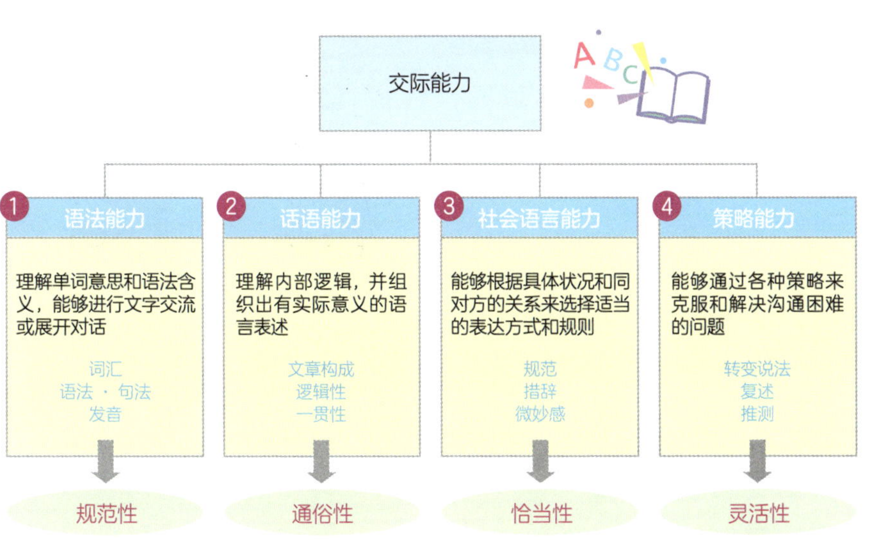

卡纳尔（Canale）与斯温（Swain）

基本思路 **提高自身交际能力**

我们在海外出差、海外工作、与外国人开会或谈判等工作过程中使用的英语都可被称为**商务英语**。眼下，英语是全球化时代的通用语言，也是所有商务人士都必须掌握的语言。

然而，在商务活动中，英语只不过是一种工具。我们并非要像母语者那样说一口地道流畅的英语，而是要具备用英语来交流的能力。那么，怎样才称得上是“会说英语”呢？接下来，让我们共同分析以下几个具体的活用场景。

技能组合　使用英语开展商务活动

建立联系　**寒暄问候**和**自我介绍**决定了别人对我们的第一印象。在初次见面时，我们不但要严格遵守商务礼仪，还要努力给他人以平易近人的印象。同时，还必须掌握眼神交流和握手等非语言信息交流方式。

大多数人并不擅长在进入正题之前进行**闲聊漫谈**（small talk）。因此，你需要提前准备一些适合闲谈的话题和措辞，以此来拉近同对方的距离并缓和气氛。更困难的便是接待或聚餐时的**交谈**。对此，我们必须掌握抛出话题、回应对方提问以及活跃谈话氛围的相关技能。

此外，在**电话应答**和**来客接待**等方面，我们必须要对对方做出礼貌且亲切的回应。如果你没有好好地理解把握海外的商务礼仪，那么费尽辛苦才掌握的英语也就失去了用武之地。

沟通交流　无论在哪个国家，商业活动的根本都在于准确地向他人传达自身想法并正确理解把握对方的想法。日本社会所默认的“心领神会”“察言观色”和“心有灵犀”等沟通准则并非放之四海而皆准的。如果不能充分利用现有的语言储备来谋求顺畅的沟通，便无法开展工作。作为团队的一员，我们必须根据具体情况从汇报、联络、商谈、指示、提案等沟通方式中选择适当的交流途径。当沟通不顺利的时候，我们要运用足够的力量和韧性来突破种种障碍。

另外，如果你的**演讲**和**展示**有足够的冲击力，就能在全球化时代大展

身手。因此，我们要学会如何运用语言和身体来表达自身想法，主要包括演讲的结构、有逻辑的说明方法、有说服力的说话方式和充满自信的态度等。在面对听众的提问时，如果能够毫不动摇、准确回答，便能够提高对方的信任感。

展开讨论　如果我们在会议中沉默不言，就会被默认为持认可意见，甚至一不小心就会被打上“无能”的标签。为了避免这种情况发生，我们要堂堂正正地提出自己的意见。即使语言能力稍显薄弱，也不要怯场。遇到与自身想法相左的意见之时，也要毫不畏惧地予以反驳。同时，你还要努力把握对方的真实意图，为最终达成共识而不遗余力。当然，如果能够用英语来进行会议讨论，那就无异于锦上添花了。

和文化背景不同的外国人用英语进行商谈、谈判或投诉处理等是最困难的情景之一。为了不被对方的气势所压倒，我们必须要坚持不懈地进行说服，即便自身的英语并不流畅也没有关系。如果对方采用了一些不公平的手段，你也要敢于用坚决的态度来应对。

同时，我们要相信并依靠语言的力量来促使双方做出让步，并不断寻找妥协点。各种各样的谈话场合不仅能够考察语言能力，更能够考验我们的人际交往能力。

处理文件　相当一部分的商务交流是通过书面语言来完成的。因此，我们必须具备正确解读及迅速制作英文报告、合同、信件等各类商务文书的能力。

另外，我们尤其不能忽视现如今已经成为世界标准交流工具的电子邮件。小到信息传达，大到重要项目的讨论，都是通过电子邮件来完成的。因此，能够使用英文来书写精准且易懂的电子邮件成为商务人士必须具备的能力。

此外，如果想要在商务活动中及时掌握必要信息，也必须具备一定的英语能力。因此，你除了要经常利用网络来查阅相关英文资料以外，平时还必须阅读各类英文报纸、杂志或书籍等。

第一步骤 提高持续学习的原动力

学习英语的方法数不胜数。最近，越来越多的人开始使用推特（Twitter）和油管（YouTube）等网站来学习英语。虽然无论从说、听、读、写哪个方面着手都没有问题，但在开始学习之前，我希望大家能认清以下事实。

据说，即便是学生时代的尖子生要想熟练掌握英语，至少也需要1000小时。即使我们365天不间断地去学习那些号称“每天30分钟就能掌握英语”的教材，也需要5年以上的时间。无论采取哪种方式，能否保持**动力**成为关键因素。

如果想要保持充足的干劲儿，就必须设定一个明确的学习目的（为什么要学英语）。无论你是想去国外工作，还是想结交外国朋友，抑或是想要进一步了解美国等，如果没有明确的动机，那么便无法持之以恒地学习下去。此外，我们在设定一些力所能及的**目标**（在多长时间内达到怎样的水平）之后再行学习才算得上明智之举。

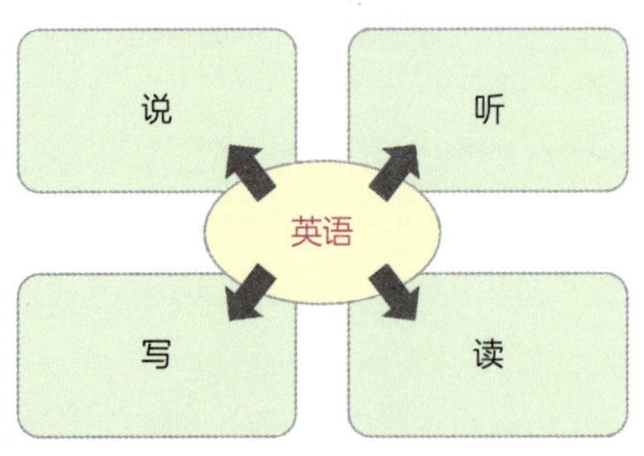

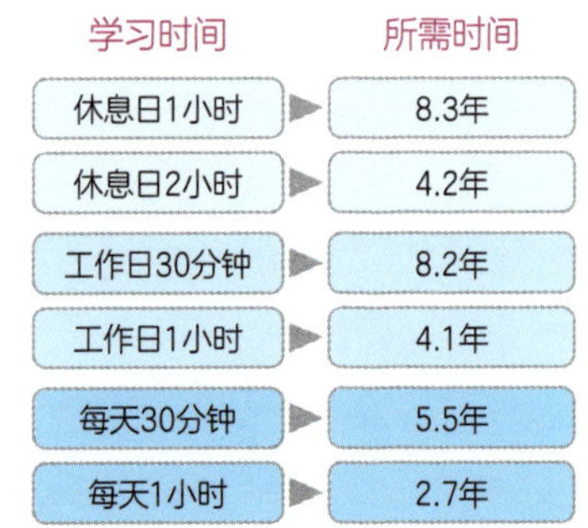

学习时间	所需时间
休息日1小时	8.3年
休息日2小时	4.2年
工作日30分钟	8.2年
工作日1小时	4.1年
每天30分钟	5.5年
每天1小时	2.7年

相关技能　**提高基本能力**

16 演讲技能　如果我们不会自我表达和自我主张，那么即便熟知英语单词和语法，也仍然在商务场合之中没有用武之地。因此，我们要学会大胆地发表自身看法，哪怕在最开始的时候使用母语也没有关系。这种做法将有助于英语的进步。

20 写作技能　如果用母语都写不出逻辑通畅的文章，又怎么可能用英语写出来呢？不擅长写英文文稿的人，可以先尝试从母语开始。

28 国际化人才　要想掌握英语，就必须熟悉英美文化，改变沟通方式尤为重要。

34 电脑操作
在工作中熟练地使用电脑

有许多人会觉得只要坐在座位上操作电脑就是在认真工作。但是，这样真的能够提高工作效率吗？我对此持怀疑态度。随着数字化转型（Digital Transformation）时代的到来和远程工作的普及，我们需要进一步提高自身的电脑操作技能。

	硬件设施	操作系统	应用程序	网络应用
初级	组装后的操作 · 鼠标、键盘 · 打印机连接 · USB 存储	基本的系统操作 · 系统的启动与关闭 · 文件操作 · 系统设置	基本的程序应用 · 文本编辑 · 图片 / 视频播放 · 娱乐程序	基本的网络操作 · 电子邮件的发送与接收 · 浏览器的使用 · 使用社交网络
中级	硬件设施的维护 · 电脑设置 · 存储器的替换 / 增加 · 硬盘的替换 / 增加 外围设备的管理 · 增设外围设备 · 排除故障 · 优化系统	熟练使用操作系统 · 设置驱动程序 · 应用程序管理 · 功能优化 故障排除 · 安装操作系统 · 备份 · 文件整理	商务软件 · 文档制作（Word） · 电子表格（Excel） · 演示文稿（PPT） 实用软件 · 文件压缩 / 解压 · 文件管理 · 安全防护	网络沟通 · 电子邮件 / 网络聊天 · 云空间 / 群共享 · 在线会议 网络活用 · 互联网检索 · 使用网络服务 · 网络安全防护
高级	硬件维护 · 硬件维修 · 零件更换 · 组装电脑	操作系统的维护 · 系统维护 · 加速优化 · 排除高难度故障	编程 · 批量处理 · 网页编程 · 业务系统	服务开发 · 开设网站 · 开发网络服务 · 研发网络应用程序

基本思路　通过电脑提高工作效率

白领的大部分工作都是通过**电脑**来完成的，比如发送电子邮件、制作资料、上网搜索等。如今，使用电脑开展工作已经是稀松平常的事情，人们也在思考用电脑办公能够带来怎样的工作成果以及提高多少工作效率。

业务内容不同，人们要具备的电脑操作水平也就不同。接下来，我将为大家列举各行业通用的现代普通商务人士必须具备的电脑操作技能。另外，主要使用智能手机或平板电脑办公的读者们请灵活把握本节知识点。

技能组合　最大限度地灵活使用电脑

程序应用　一般来说，电脑操作技能是指能够熟练使用**文档制作**（Word）、**电子表格**（Excel）、**演示文稿**（PowerPoint）这三种商务软件的能力。我们不仅要掌握这些软件的基本操作方法，而且还要能够熟练地使用其各自的特色功能，这样才可以在工作中独当一面。同时，你还必须掌握**盲打技能**和**快捷键**的使用，以此来达到快速操作的效果。这三大基础软件各有千秋，因此必须全部熟练掌握并根据具体情况区别使用。如果你只擅长其中一种操作软件，是不能胜任日常工作的。

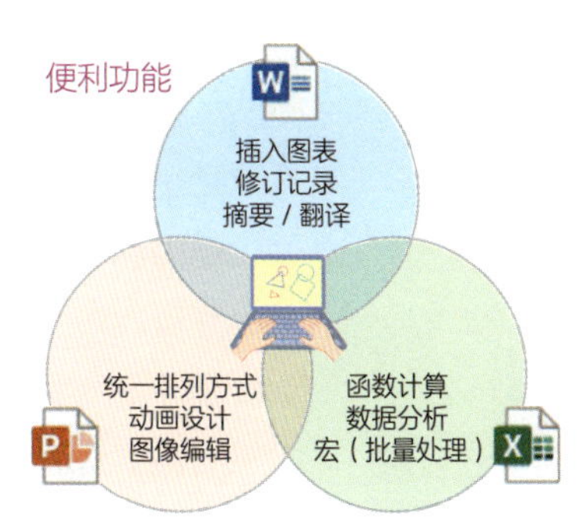

这三个软件可以帮助我们处理大部分的工作。此外，如果我们能够熟练使用**数据库**（如Access）和**图像处理**（如Photoshop）等应用程序，也可以大大提高工作质量。此外，文件管理、图像管理、文件压缩/解压等实用类软件也是需要加以掌握的重要技能。

沟通交流　**电子邮件**在工作中的角色至关重要。所有的商务人士都必须具备准确处理（接收、发送、管理）大量电子邮件的能力。最近，许多新型**在线聊天**和**网络社交**等工具也开始逐渐被应用于商务活动之中。另外，如果我们还要熟练地使用**群共享**和**云空间**等功能，不然就会拖慢整个团队的工作进度。

此外，**在线会议**的重要性也不容忽视。我们要熟练网络会议系统（如Zoom等）的基本操作，更理想的状态是要能够使用其丰富的辅助功能和相关应用程序来推进会议进程。此外，根据具体情况来区别使用包括电话等传统工具在内的沟通手段也是非常重要的。如果忽略了这一点，就会导致团队整体的沟通不畅。

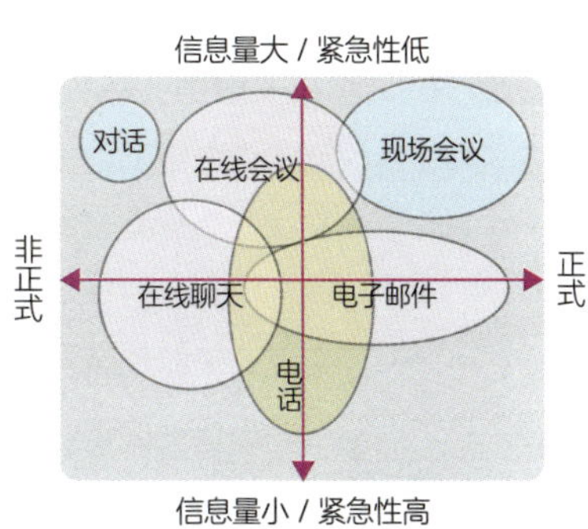

网络应用 如果我们学会了利用网络来迅速查找必要信息，就能够大幅提高工作效率。因此，我们不但要能够熟练使用各类**浏览器**（Chrome等）和**搜索引擎**（Google等），还必须学会如何选定最佳搜索关键词。如果我们能在此基础上掌握更多的**检索方法**，就能显著提高信息检索的能力。

谷歌检索技术	内容
AND 检索	可同时检索多个关键词
OR 检索	任意其中一个关键词
完全匹配检索	包括语序在内的完全一致检索
特定网站检索	在指定网站中进行检索
NOT 检索	排除指定关键词
通配符	包含意义不明的表述在内的检索
图片检索	检索相似图片
条件性检索	添加时间等限制条件后进行搜索
书籍检索	检索包含特定关键词的书籍信息
使用频率检索	调查某词汇的使用频率

在使用网络的过程中，我们还必须具备辨别信息真伪与价值并果断取舍的能力。如果我们轻易地相信那些在搜索结果中排名靠前的信息，只能算是初级水平了。另外，互联网还具有被外界入侵的危险性。如果我们没有掌握一定的**安全防护**知识和技能，有可能会造成巨大损失，甚至也会给伙伴们带来麻烦。

故障排除 在过去，如果我们使用的电脑发生了故障，那么只需向熟悉电脑的伙伴求助便可以了。当代的工作节奏日益加快，我们必须要自己想办法来排除故障。

对此，我们必须要对**电脑构造**和**操作系统**有基本的了解，同时还要在一定程度上对电脑的设定和状态进行监测。互联网上积累了许多故障排除技巧。如果你能够从中找到合适的解决方案，那么便能够靠自己的力量来排除故障了。另外，版本升级和软件更新等维护工作也要自己完成，而不可过度依赖他人。

第一步骤 掌握缩短工作时间的技巧

我们在使用电脑工作的时候，首先要学习的技能之一就是**盲打**。一边看着键盘一边打字是无法提高工作效率的，这也是导致许多人讨厌使用电脑的根本原因。

在最开始练习盲打的时候，即便速度稍微慢一些也没有关系，但一定要确保复原位置和指法的准确性。在此基础上来逐渐提高打字速度。当然，使用专门的打字软件和网站来练习也是一个不错的方法。只要花费一个星期的时间，人人都能够掌握盲打技能。仅仅如此，我们便能够提高电脑操作的水平。

另一个能够缩短工作时间的技巧是使用快捷键。能不能熟练地使用快捷键将对工作速度产生巨大的影响。大家在掌握了这些应用程序的使用方法之后，请立刻尝试一下吧！记住的操作技能越多，工作的速度就越快，就越能体会到电脑达人的工作乐趣。

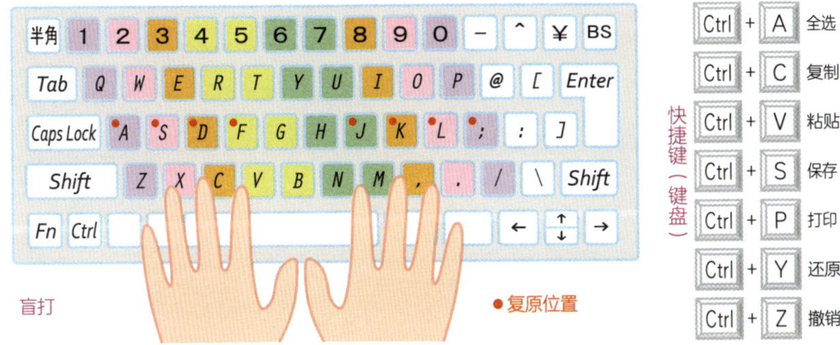

相关技能　努力提高工作效率

37 业务改进　使用电脑等互联网技术工具的目的之一就是提高工作效率。因此，我们必须通过业务改进技能来提高互联网技术业务本身的工作效率。

41 信息收集　为了不沉溺于互联网的信息海洋之中，我们必须好好磨炼自身收集信息的技能。

46 文书设计　即使是内容相同的商务文书，也会因为设计不同而展现出不同的理解难度并且给对方留下不同的印象。因此，电脑作为设计工具的重要性在与日俱增。

35 数据活用

从数字中获得意义

明明我们已经掌握了大量的信息，为什么还会判断失误呢？为什么那些捕风捉影的可疑言论会大行其道呢？这些都是因为我们没有养成以事实为基础来进行思考的习惯。数据的灵活运用是合理开展工作的基础。

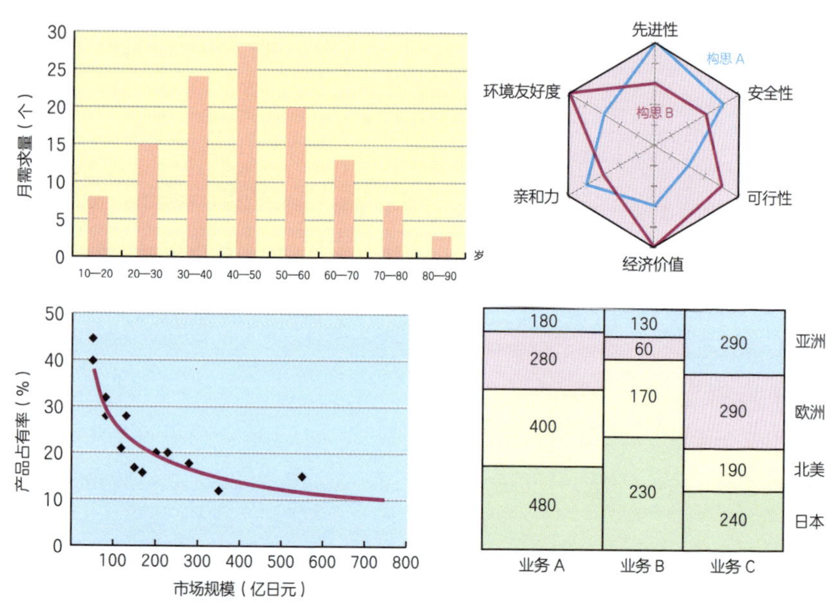

基本思路

使用数据进行思考

所谓**数据**是指数值等用于思考判断的事实资料。如果我们不能积极充分地加以利用，那么即便再庞大的数据库，也仍然无法为商务运行提供任何帮助。通过调查分析相关数据并从中获取有价值的信息，这就是**数据活用**。

此时，你必须明确自己想要了解什么、怎样利用这些信息以及利用这些信息的目的。因为这是我们解读数据和分析结果的出发点。如果你事先确定好某个想要验证的假设，便能够更加充分地利用数据了。

技能组合　多角度出发分析数据

观察大小　数据活用的出发点是掌握数量，即数字的大小。例如，一个月的投诉量可能为10件、100件、1000件。根据数量的不同，问题的严重性也就完全不同。当遇到很难用数字和表格来描述的状况时，我们可以利用**柱形图**和**气泡图**来表示数量的多少。

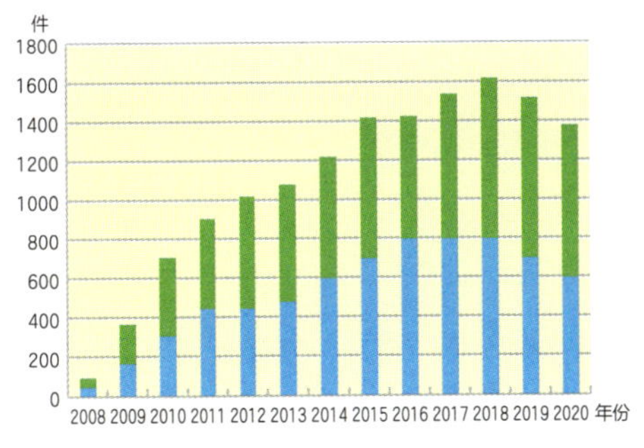

此时，计量单位就变得非常重要了。分类方法不同，所反映出的信息也会有所不同。事先明确要验证的假设是找到清晰分类方法的诀窍所在。

同时，我们还必须要决定是直接评估大小（**绝对评价**）还是同其他事物进行计较（**相对评价**）。就后者而言，选择比较对象是关键。一般来说，最常用的比较对象包括历史数值、目标值、他人数据、平均数四种。另外，**拆分**和**比较**在其他分析中也是非常重要的技能。

了解变化　如果按时间顺序来观察数据的话，就能够把握变化的程度和趋势。为此，大家可以采用**折线图**的方式来直观地把握增减倾向。这样一来，我们就能够立刻明白变动的**周期性**或显著的**变化趋势**。另外，由于季节变化等原因导致难以判断倾向时，我们可以使用**移动平均线**来加以分析把握。

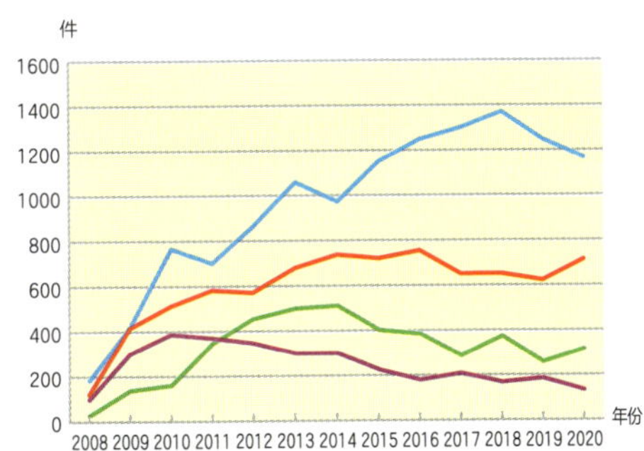

此外，我们还可以通过延长现有趋势来预测未来，甚至还可以利用**回归分析法**来定量预测。如果出现了显著的**拐点**，你就可以通过查找原因来找到解决问题的线索。如果有呈现出类似趋势的数据，那么可以通过调查两者的**关联性**来探寻其中的因果联系。

但是，比较标准不同，所得出的结论也会有所不同。另外，纳入观察范围的时间长度（时间跨度）不同，也会导致观察结果出现差异。

分析比例 如果想要了解某个事物的结构、成分、地位，可以借助比例分析法。例如，通过调查市场占有率就能够了解行业结构和本公司所处的市场地位。此时多使用**柱状图**、**饼状图**和**面积图**。

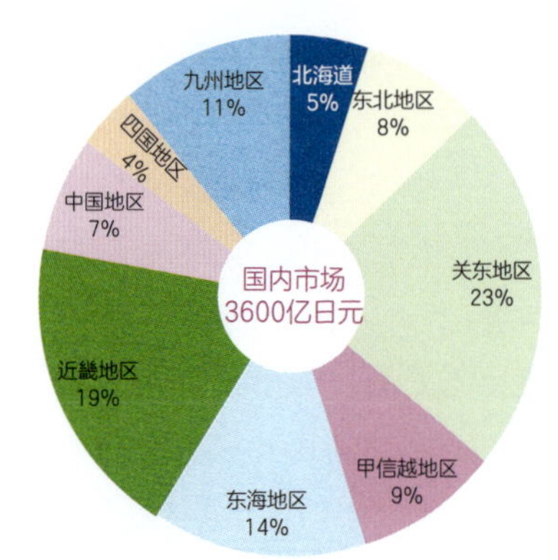

分析预算与实际业绩之间差异的**差异分析**和销售机会**遗漏分析**中所使用的**堆积图**也经常用于调查比例。在调查产品分销渠道规模时所使用的**流量分析法**中，比例（流通份额）是重要的判断依据之一。除此之外，在成本结构、价值结构等多个领域，比例都成为关键因素。**定量分析**中也存在诸如所有者权益比率和销售费用率等多项关注比例的指标，我们要灵活地运用它们。

无论是哪一种分析，其重点都在于要认真地把握比例的前项、后项及比值。除了使用固定公式之外，我们还可以尝试创造出一些新的组合方式。

掌握分布 我们在对每位销售员的销售额进行分析时，虽然首先要把握销售量这个关键要素，但是也决不能忽视波动趋势。此时，我们就可以利用**直方图**来掌握分布情况。根据分布方式的不同，平均值有时会失去原有的意义，而**标准差**则有助于把握波动。

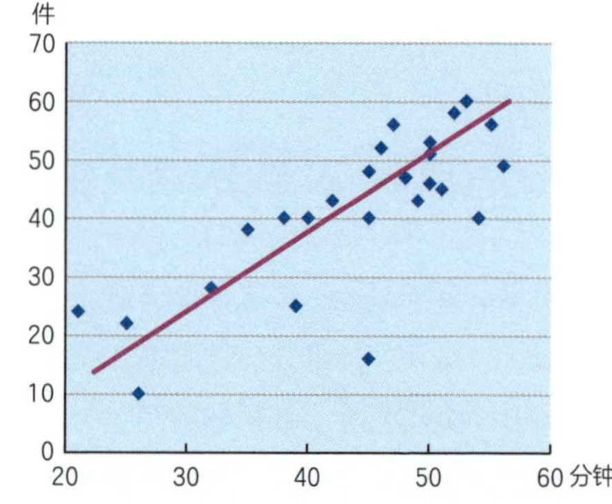

有些数据猛然一看会显得过于分散，但若从分布状态出发进行细致观察，就能够从中发现一些显著特征。例如，用点图（散布图）来分析分布情况的话，我们就能够一目了然地把握各数据间的**关联性**。**回归分析法**不但可以揭示规律，而且也有助于发现异常点（群）。此外，用于观察指标平衡的雷达图也是检验分布情况的重要工具之一。

在观察分布情况之时，重点在于如何选择变量以确定它们之间的关系。如果我们想要进一步深入分析，则需要掌握多变量分析技能。

第一步骤　熟练使用表格计算软件

接下来我要讲述的技能都是无须掌握任何特殊统计知识的基本技能。数据活用的第一步就是掌握这些技能，并灵活地应用于工作之中。对此，我们可以借助表格计算软件（Excel）这一强大武器。

使用Excel软件可以非常轻松地完成上文中提到的所有数据分析。另外，“品质管理七大手法”（特性要因图、帕累托图、直方图、管制图、散布图、数据分层法、检查表）也可以通过Excel来轻松实现，甚至还可以获取相关模板。另外，你还可以使用丰富的可视化功能来让自己的解释说明变得更加通俗易懂。

此外，Excel还有各种各样的辅助分析功能，例如，函数、回归分析、相关性分析、数据透视表、宏功能和假设分析等，真可谓是面面俱到。因此，我们首先要学会熟练地使用这些功能，然后再去挑战高难度的检验测试和多变量分析等专业软件。

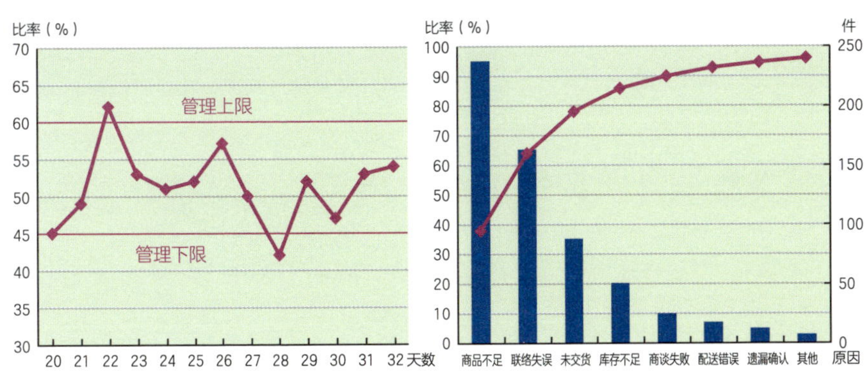

相关技能　以确凿的根据为基础进行思考

01　逻辑性思维　无论我们分析得多么头头是道，如果不能以此为基础进行来进行正确推理，那么最终只能推导出错误结论。

02 批判性思维 只收集对自身有利的信息或是自以为是地胡乱分析是毫无意义的。因此，我们在分析过程中要保持批判性思维。

37 业务改进 为了把握工作的实际状况，我们必须通过某种指标对各项任务进行量化处理，之后再进行定量分析。

36

时间管理

高效且灵活地运用时间

工作量不断增加，似乎每个人都在祈祷能够获得更多的时间。但如果我们没有充分利用时间，这一期待便无法得到满足，甚至带来沉重的心理负担。因此，所有人都需要灵活运用时间管理技能来变革工作方式。

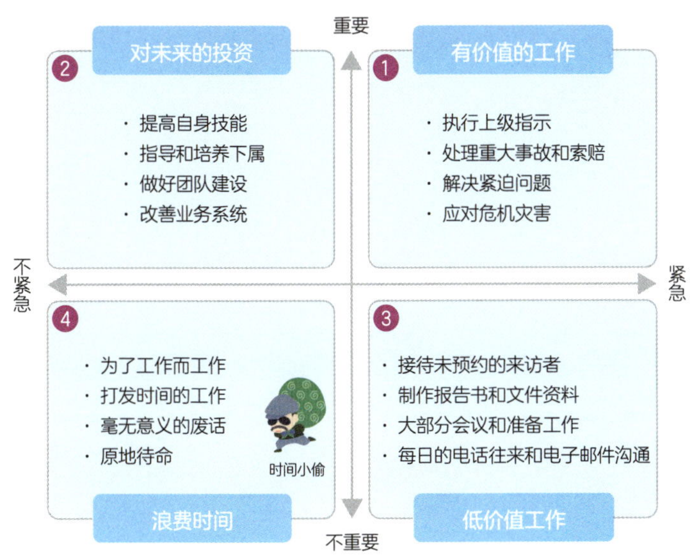

基本思路　巧妙利用时间

一寸光阴一寸金，寸金难买寸光阴。所谓**时间管理**并不仅仅是管理日程，而是一种高效率利用有限时间的技能。这对于每天像挤海绵里的水那般拼命争取时间的我们而言，是一种不可或缺的能力。

如果你能够合理地安排时间，便能提高业务的生产效率，进而就可以将更多的精力投入本职工作。另外，当时间紧张感得以缓和之后，整个团队的效率也会得到提高。同时，这也有助于调节工作和生活之间的平衡，从而让自己的人生变得更加充实。

技能组合　依靠自身创造时间

任务管理　包括时间在内的一切管理的基础都是“戴明循环”（PDCA）。其中，最重要的是计划（P）。如果我们没有筛选出必要任务并**量化**每个阶段目标（完成期限），便会丧失前进的动力。其中的诀窍就在于要将目标设定得比预估略高一些。另外，还需要将过大的任务**细分**为多个小任务，通过制定小目标（**小步骤**），来保持持久的干劲儿。

在执行阶段（D），我们要认真把握**进度**并适时调整工作节奏。同时，我们还可以通过**待办事项清单（To Do list）**、笔记本或记事本等适合自身的方式来对日程安排进行一元化管理。在此基础上，我们需要进行事后回顾评价（C）并制定改善对策（A）——这才是任务管理的基础。

待办事项清单

事项内容	时间
□ 为经理准备演讲材料	2月15日
□ 总结整理昨天的讨论内容	尽快
□ 调查用户的实际使用情况	2月24日
□ 处理上周的投诉问题	星期四
□ 讨论B方案的可行性及前景	3月初
□ 准备下次会议的议程	星期五

确定优先顺序　**时间管理矩阵**背后的理念是将重要任务置于紧急任务之上。特别是那些重要且不紧急的工作值得我们花费更多的时间来处理，因为它们具有减少其他任务量的效果。为此，你必须决定舍弃哪些工作任务。最典型的就是那些没有明显目的的常规工作。

顾客应对业务

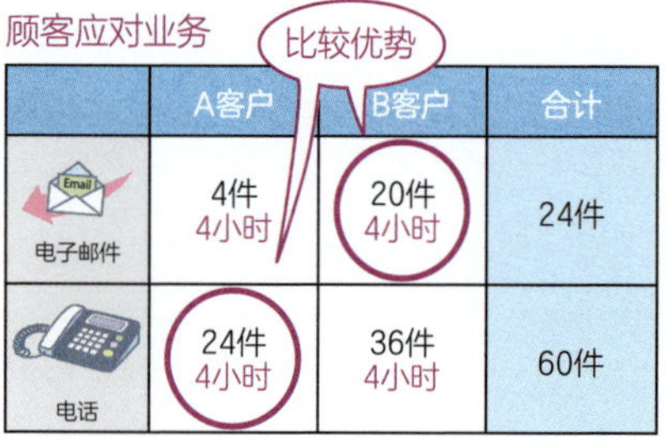

	A客户	B客户	合计
电子邮件	4件 4小时	20件 4小时	24件
电话	24件 4小时	36件 4小时	60件

根据比较优势进行再分配

	A客户	B客户	合计
电子邮件	0件 0小时	30件 6小时	30件
电话	48件 8小时	18件 2小时	66件

大幅增加

但如果我们真的无法彻底放开这些工作，就用机器代替人工或者委托于他人。换言之，你要专注于那些只有自己才能够完成的任务。如果其他人也能完成，即使效率偏低，也可以大胆地交给他们去做。如此，当每个人都能够充分活跃在自己的专业领域之时，组织整体的工作效率就会提高。这就是所谓的**比较优势**。

提高速度　提高工作速度的最简单方法就是停止拖延并立刻着手去做。在我们决心去做某件事情之后，只要尝试坚持5分钟便能够出人意料地持续做下去。如果一直拖延下去，那么最终就只能依靠突击来完成，而工作质量也会因此大幅下降。

同时，提高思考速度和读、写、说等交流速度以及电脑操作速度等也至关重要。我们一旦开始做某项工作，最好的方法就是要不间断地集中精力去完成。如果设定了具体目标，再选择自己最能集中精力的时间和地点开始工作，一定会取得惊人的进展。

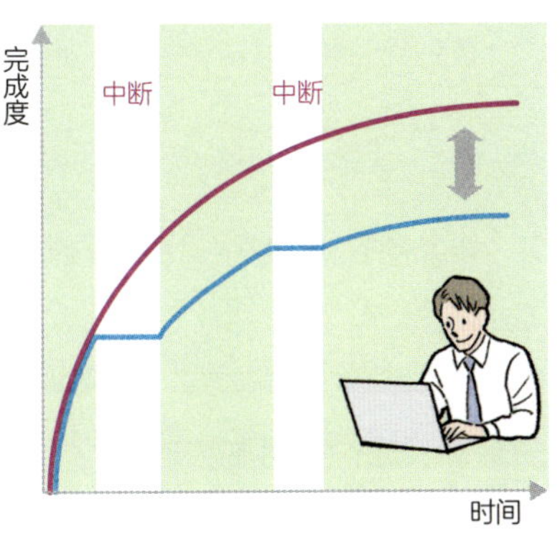

除此之外，确定好何时停止也非常重要，因为要完成最后的部分需要花费很长的时间。我们要根据工作的具体内容来具体分析，避免落入**完美主义**的陷阱。部分任务在完成80%的时候就可以停下来并开始下一项工作。这样才可以大幅提高工作速度。

提升效率　集中精力处理大的工作，利用**空闲时间**处理琐碎的工作是明智之举。比如，我们可以利用路上的时间或等待分配新任务的空闲时间来发送电子邮件或者学习知识。提升工作效率的关键就是如何对大小不同的工作任务进行优化组合。

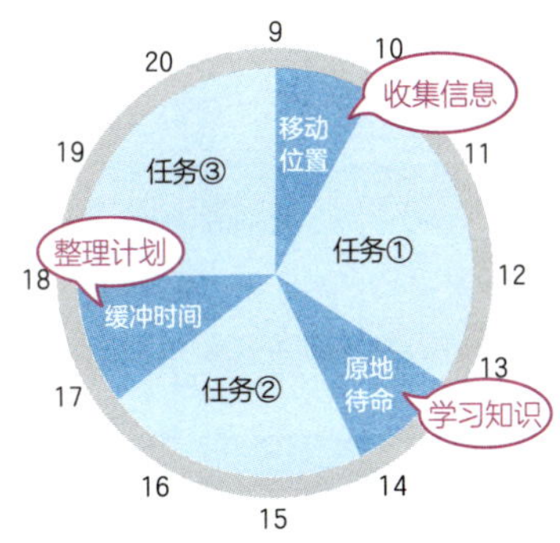

低效率的工作方式需要加以**改进**。例如，如果你一天要找好几次东西，那么不是因为东西太多就是因为没有整理好；打

一个电话就能解决的问题偏偏选择写一篇冗长的电子邮件；明明询问一下他人便能了解的事情却偏要亲自调查等。尤其是占据工作时间约20%的会议活动，才是提升效率的首要对象。

此外，“返工”“脑门一热做决策”以及“先做后想”等行为都是效率低下的表现。因此，我们在开始工作之前要仔细调查并提出假设，然后再着手去做，这样才能有条不紊地进行下去。正所谓“时间就是金钱”，我们必须要提高**成本绩效**（性价比）意识，才能够彻底避免时间的浪费。

第一步骤　做好详细记录

看不见的东西是无法控制的。因此，对自己所花费的时间进行可视化处理是时间管理的出发点。

首先我们要做好记录工作。具体来说，就是要尽可能准确地将所做工作及所用时间**记录**下来并至少坚持1周，有可能的话最好坚持1个月。如此一来，你就能够大体上把握自身的行动模式。

如果你将这些数据输入电子表格计算软件（Excel）或时间追踪专用程序之中的话，就能够轻松地对时间使用情况进行分析。但重点是在记录过程中要做到事无巨细，并至少以分钟为单位。如若不然，我们就不会在意那些诸如“找东西”“原地待命”“机器故障”等无形间浪费大量时间的工作。正所谓“积土成山，积水成渊”，无数件小事浪费的时间加在一起也十分可观。

通过时间记录，我们便能够以事实为依据来准确找出那些浪费时间或效率低下的工作，还可以监测改善进度，进而培养出更为严格的时间意识。

开始时间	消耗时长	任务内容
14：20	00：16	准备运营会议所需的材料
14：36	00：02	接听销售部铃木的电话
14：38	00：17	继续准备运营会议所需的材料
14：55	00：21	检查电子邮箱，回复 3 封电子邮件
15：16	00：11	同佐藤谈话
15：27	00：03	移动位置
15：30	00：31	同山下主任商谈

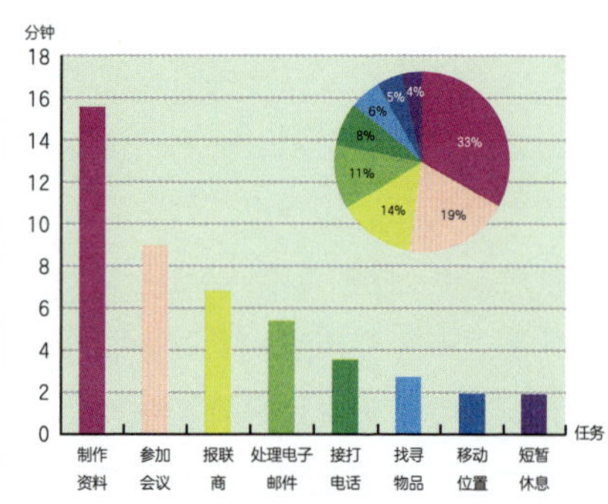

相关技能　**提高工作效率**

37 业务改进　如果提高了工作效率，就能够节省出更多的时间和精力来投入新的工作。效率化和标准化等一系列用于业务改进的思考方式和推进方式在时间管理方面也可以发挥巨大作用。

38 项目管理　项目管理集合了一切可用来推进工作高效率进展的技能和工具。是我们必须掌握的技能。

43 归纳整理　当信息和文件杂乱无章的时候，我们便无法马上找到想要的东西，从而会变得焦躁不安。认真地归纳整理将有助于工作效率的提高。

37 业务改进
谋求工作的高效化

很多时候上司会给员工提出一些看似矛盾的要求，如在更短的时间内拿出更多的工作成果等。或许有人会因为不知所措而心生不满。要想解决这一问题，方法只有一个。那就是变革工作方法，提高生产效率。业务改进技能才是实现工作方式改革的决定性因素。

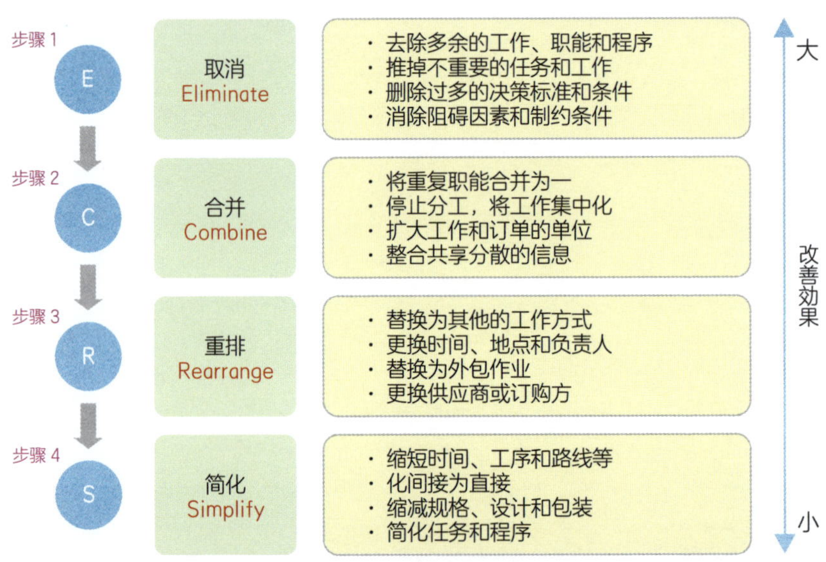

基本思路　努力提高工作质量

所谓**业务改进**是指通过改变工作方法来提高工作效率的一系列措施。具体来说，就是通过改变人员、流程、系统等要素来达到改善质量或节省工时、成本及时间的效果，进而提高业务成果。

然而，并非只有在公司遇到困难或者经营业绩不佳时才需要进行业务改进。我们必须不断以精益求精为目标，不断进行业务改进——这才是真正重要的工作。

技能组合 熟练使用业务改进的“四大法宝”

可视化 业务改进的第一步就是对日常工作进行**可视化**处理，明确业务结构，以此来真正了解日常是如何开展工作的。例如，我们可以利用项目管理中经常使用的**工作分解结构（WBS）**来对业务进行分层整理。此外，我们还可以利用**流程映射图**来明确各业务之间的关系。

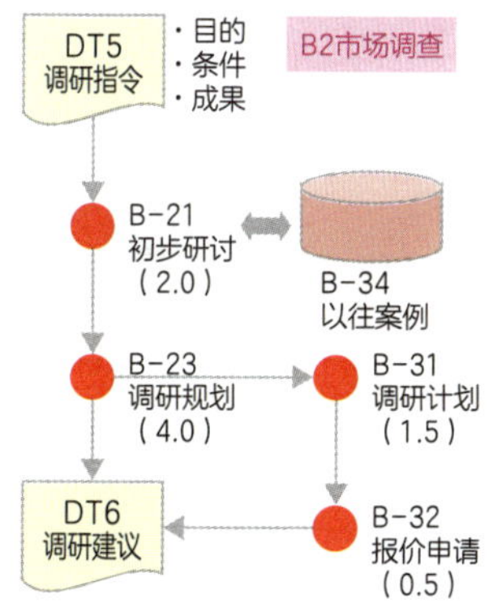

重要的是，在对日常工作进行可视化处理的过程中要做到事无巨细。不然，你便不能发现哪里出现了时间浪费和工作重复。此外，对于那些内容模糊的工作，我们还需要明确具体任务、操作流程及任务目标等。

在此基础上，还需要调查在每项工作中投入了多少资源（时间、工时、金钱等），这样便可以准确地把握自身的实际工作状态并考虑该如何进行业务改进了。

高效化 所谓的**“3M难题”**①包括“无用功”“不稳定”及“不合理”，如果再加上“遗漏”和“失误”这两大问题的话，则可将其称为“5M难题”。另外，我们还可以将“3M难题”称为**“达拉里法则”**。只要能够彻底解决上述问题，那么必定能够大幅提高工作效率。

所谓**“无用功”**是指供给（手段）超过所需（目的）而出现过剩的状况，这是最需要引起重视的问题。对此，我们可以根据程序分析的四大原则来解决。其具体流程如下：（1）取消（Eliminate）——消除额外的工作；（2）合并（Combine）——整合重复的工作；（3）重排（Rearrange）替换为其他工作方式；（4）简化（Simplify）——简化现行办法。我们将这4个流程的首字母合起来称为**“ECRS原则”**。

---

① 所谓“3M难题”是指“无用功”“不稳定”及“不合理”。这三个词在日语中分别写作“ムダ（MUDA）”“ムラ（MURA）”和“ムリ（MURI）”，所以日本商务界便取这三个词的首字母将其命名为“3M难题”。也有人分别选择这三个词的第二字进行组合命名，故为“DARARI”，此处采用音译法将其译作“达拉里法则”。另外，加上“遗漏（MORE）”和“失误（MISU）”，则可组成“5M难题”。——译者注

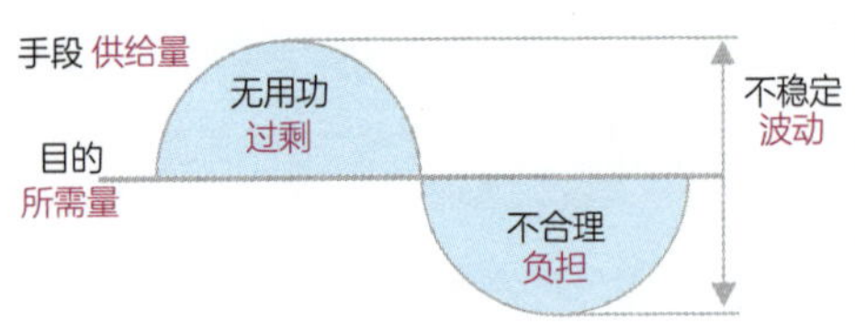

所谓**“不稳定”**是指交替出现“无用功”和“不合理”的状况进而导致工作成果忽上忽下。促使工作实现**均衡化**是消除不稳定状态的灵丹妙药。

所谓**“不合理”**，是指供给不足且负担过重的状况。这种状况所产生的消极影响不仅会波及其他领域，而且在超过一定界限之后有可能导致整个工作崩盘。当然，过度的“无用功”也会导致“不合理”状况的出现。此时，如果我们增加资源的投入量或者改变工作的质量和数量以适应现有资源量的话，就能减少“不合理”状况的发生。

最优化 一项大的工作是由许多小的任务组合而成的。如果某个环节成为**瓶颈**，即工作效率明显降低的话，就有可能导致工作进展停滞不前。这样一来，无论其他环节完成得如何出色，都无法取得预期的成果。可以说，瓶颈环节决定了整体的**产出量**。

既然如此，你就需要最大限度地发挥瓶颈环节的能力，并让其他环节的工作能力与之相匹配，避免出现“无用功”——这才是上上之策。把其他环节节约下来的资源集中投入瓶颈环节的能力提升上，就能提高整体的产出量。这就是所谓的**“约束理论（Theory of Constraints，TOC）”**。

很多时候，我们一旦开始了业务改进，就会只考虑自身和本部门的效率而把“账单”转嫁于他人。这样一来，业务改进就失去了原本的意义。因此，我们必须经常站在整体最优的角度进行思考。

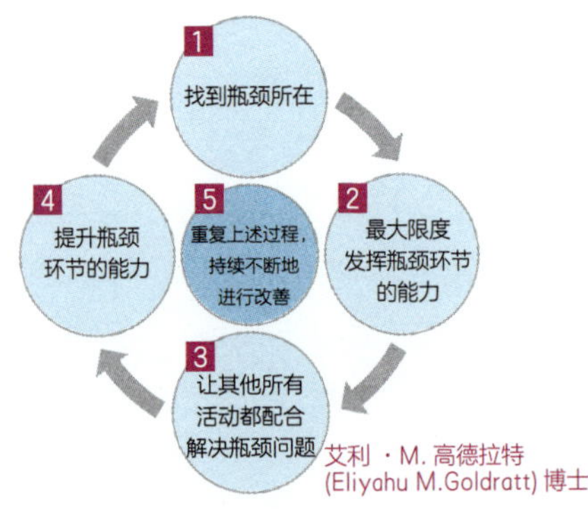

标准化 我们在对某项工作进行改进之后，一定要将该做法以**“标准”**的形式确定下来。不然，它就只能作为个人的独有经验而变成“黑匣子”，从而无法发挥其最大价值。具体来说，就是通过制定一系列的程序、规则、工具或准则等来对业务改进措施进行标准化处理。换言之，就是要将工作中培养的**隐性知识**转换为**显性知识**。

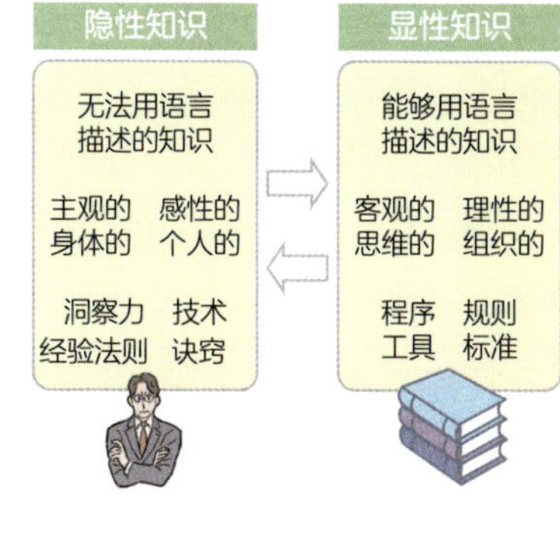

其中，比较常见的方法是将这些经验做法整理成**手册**或者**规定**。不过，如果过度依赖手册等条文规定的话就会导致同一化或僵化的出现，那就无异于本末倒置了。因此，我们不但要在业务改进的现场活动中积极地吸收经验知识（隐性知识），而且还要不断对其进行补充完善。

根据任务的不同，你还可以借助互联网及人工智能的力量来实现**自动化**，从而进一步提高工作效率。业务改进永无尽头。我们不能安于现状，而是要坚持不懈地朝着理想状态迈进。

第一步骤　改革习以为常的工作

阻碍业务改进的敌人就存在于我们内心之中。比如，要舍弃那些已经**习惯**了的做法时，心中便会产生抵触情绪；当提出改进办法的人不在场时，自己便无法做出准确判断或者在征求大家同意时遇到重重阻碍；还有人会因为自己过去的做法被改进而产生被否定的感觉。这些都是需要我们克服的心理障碍，不然便无法迈出业务改进的第一步。

首先，我们要重新审视日常工作**目的**和**意义**，并认真思考每日所做的工作是否真

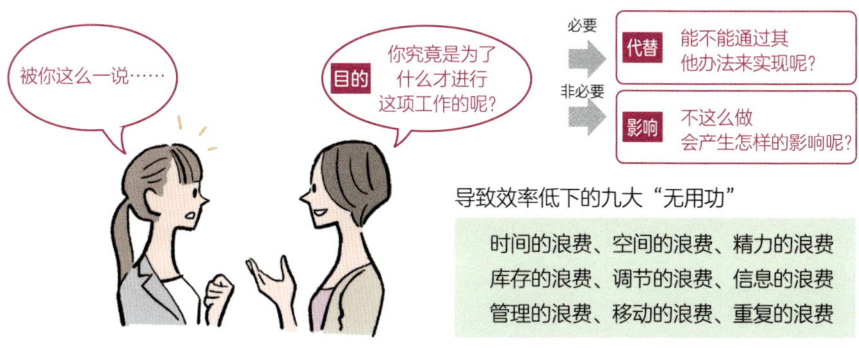

的有必要。即使是面对必要的工作，我们也要思考是否能够以更好的方式来完成。如果认为某项工作并无必要，就要考虑不这样做会产生怎样的**影响**以及如何才能减少这种影响。

事不宜迟，就让我们从回复电子邮件、保存文档、分发复印件等简单任务出发来重新审视那些习以为常的工作吧。

相关技能 合理地进行业务改进

05 问题解决 在业务改进过程中，最重要的就是正确把握品质差和效率低的原因。这就需要我们应用解决问题的技巧。

35 数据活用 为了把握工作的实际状况，我们必须使用某种指标来对数据进行定量分析。对工作的量化有助于我们把握对策的有效性，进而促进管理循环的良好运转。

36 时间管理 时间管理就是专门针对时间资源进行改善的行为。因此，与之相关的方法和技能将有助于促进业务改进。

38

项目管理

扎实推进工作进度

眼下除了完成常规业务之外，我们参与项目工作的机会也越来越多了。甚至有的人身兼数职，经常奔波于多个项目之间。然而，据说真正能够顺利推进的项目比例非常低，其原因就在于项目管理不善。

启动	规划	执行	监控	收尾
制定项目章程	制订项目管理计划	指导与管理项目工作	监控项目工作	项目结束
	创建工作分解结构		控制范围	
	制订进度计划		控制进度	
	制定预算		控制成本	
	规划质量管理	管理质量	控制质量	
	规划资源管理	管理团队	控制资源	
	规划沟通管理	管理沟通	监督沟通	
	规划风险管理	实施风险应对	监督风险	
	规划采购管理	实施采购	控制采购	
识别相关方	规划相关方参与	管理相关方参与	监督相关方参与	

美国项目管理知识体系

基本思路

引导项目走向成功

所谓**项目**是指为了达成特定目标而制定的带有一定时间期限的业务或组织。**项目管理**则是为了保证项目顺利进行而采取的综合性活动，主要是由**项目经理（PM）**负责。

美国项目管理知识体系（PMBOK，全称为Project Management the Body of Knowledge）系统地总结了项目管理类知识与技能，共包括五大过程组及十大知识领域。这些都是保证项目取得成功不可或缺的要素。

技能组合　循序渐进地推进项目管理

启动　启动项目的第一步就是要将项目的目的、目标、结构及最终期限等相关信息整理成**项目章程**提交给赞助商（业主）并获得其认可。其关键点在于我们能否明确地提出一个既同资源相匹配又具有挑战性的成果目标。如果不能做到这一点，就无法保证成员们的步调一致，甚至极有可能导致整个项目崩盘。

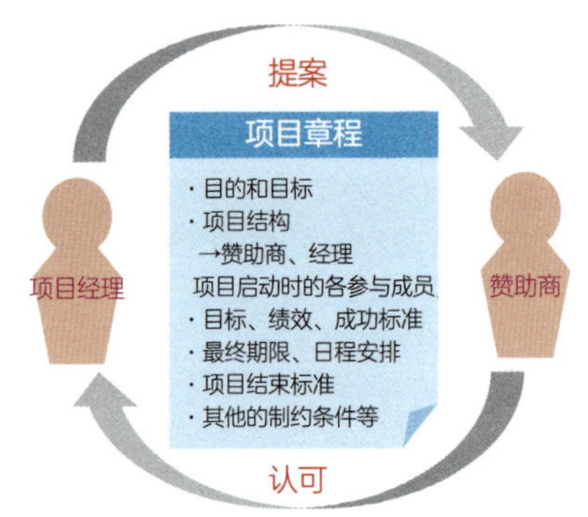

另外，一个能够将不同利益相关者聚集在一起的**赞助商**，一个真正致力于项目建设的**经理**以及一群具有最佳专业能力素养的**成员**也是保证项目取得成功的关键要素。如果缺少了多方的协助，那么项目就无法向前推进。因此，我们需要打造一个强有力的团队。

规划　项目管理的重点在于规划（安排）。首先，我们要通过工作分解结构（Work Breakdown Structure；**WBS**）来毫无遗漏地筛选出所有必须完成的工作，然后将每项任务填写入**工作记录簿**之中。

接下来，我们要估算所需时间并使用**甘特图**[①]或计划评审技术（Program Evaluation and Review Technique；**PERT**）来制作日程表。在此基础上，还需使用**工作责任分配矩阵**（RAM）来明确地进行工作分配。

另外，对预算、成本、质量、风险等进行规划也是必不可少的。同时，

阶段1		阶段2		阶段3		最终期限	负责人
200	概念规划	210	市场调查	211	目标市场分析	3/31	山田
				212	把握客户需求	3/31	内藤
				213	临时产品策划	4/10	山田
		220	技术调查	221	调查技术动向	3/25	森川
				222	调查要素技术	3/31	白井
				223	分析优势与劣势	4/5	森川
300	确定规格	310	构想设计	311	确定基本方针	4/15	北见

① 甘特图又称为横道图、条状图，通过条状图来显示项目、进度和其他时间相关的系统进展的内在关系随着时间进展的情况。——编者注

进度会议与报告会等活动的日程安排以及有关各方之间的沟通方式和规则也须事先确定。

上述工作不可一股脑儿地交付于经理一人，只有各成员分头推进，才能促进团队意识的萌发。当我们将这些工作整理成**项目计划书**并召开**启动会议**之后，整个项目就开始运作起来。

执行 所谓执行是指各参与成员按照计划书中规定的步骤自主地推进各自负责的工作。所有创造出来的成果和成就都要全部收集整理起来。一旦有新的问题出现，我们就要将其汇总至**问题日志**（一览表）中并讨论应对举措。有时我们还需要变更计划和工作流程，或者追加资源。而这一切都需要管理者们能够迅速且准确地作出判断。

发展个人技能和相互之间的关系对于提高团队绩效而言也是至关重要的。在妥善处理团队内部**冲突**的同时，也要不断增进团队内外的沟通。同时，我们还需要灵活应对各种风险以引导项目走向成功。

编号	问题	优先等级	报告		应对	负责人·完成期限		状况	备注
325	市场调查的延迟	中等	6/25	中野	从市场部抽调两名员工	白石	6/30	等待裁决	无
326	概念设计中存在的问题	高等	6/27	太田	发展2科正在查明原因，拟对合作方B公司的零件质量进行调查。	太田	7/5	推进中	有成本提高的风险

监控和收尾 为了实现既定目标，我们必须对计划与实际成果之间的差异进行定量评价，并不断地检查项目的运行状况。如果想要让**PDCA（戴明循环）**切实地运转下去，你就必须事先准备好一系列规则和形式来确定发出信息的主体、时间及内容。

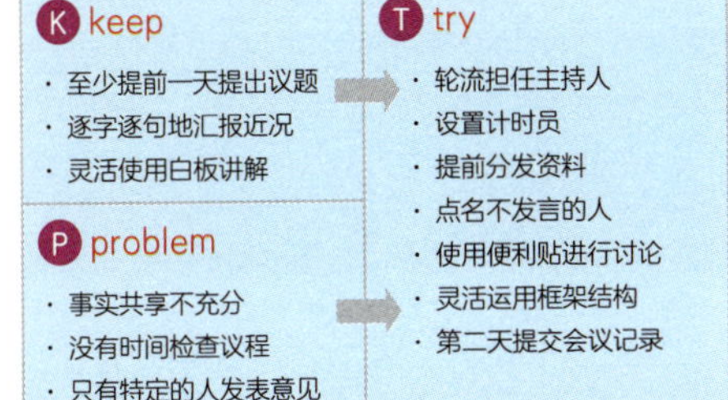

其中最重要的就是**会议**，因为我们在会议中能够共享课题、制定今后的展望并确定必要的解决对策。根据讨论的内容和重要程度，我们可以灵

活地采用面对面会议、在线会议或文字会议等方式。

在顺利地达成目标后，我们要确认工作成果。在获得赞助商的认可之后，便意味着项目顺利收官。之后，我们要对项目进行回顾反思，并将其同个人和团队的成长联系起来。此时，以KPT反思法为代表的回顾技巧便派上了大用场。当然，你也可以在项目推进过程中适当地反思改进，这将有助于整个团队在运作中得以成长。

第一步骤　摆脱个人本事的束缚

项目管理的技能和工具都是**标准化**的，因此任何人都可以轻松学习并掌握。不过，由于其程序比较繁杂，有些人会觉得没有必要，进而会疏忽大意或者掉以轻心。但是如果半途而废，不但会引发各种各样的问题，还会让我们在事后陷入悔不该当初的痛苦境地。

如果一时无法将所有技能全部掌握，就一件一件地来学习直至能够正确驾驭该技能。例如，确定学习WBS相关知识，那么就踏踏实实地认真学习WBS；确定学习RAM相关知识，那么就心无旁骛地学习RAM。既然决定好要习得某项能力，就力求完美地掌握它。

以往的人们总是将工作当作个人的事情，并过分地依靠个人本事和“拼命三郎”精神来开展工作，而项目管理则是要以科学化方式来改变这种局面。其目的不仅仅是要保证项目的顺利进行，同时也是为了变革工作方式。请大家务必牢记这一点。

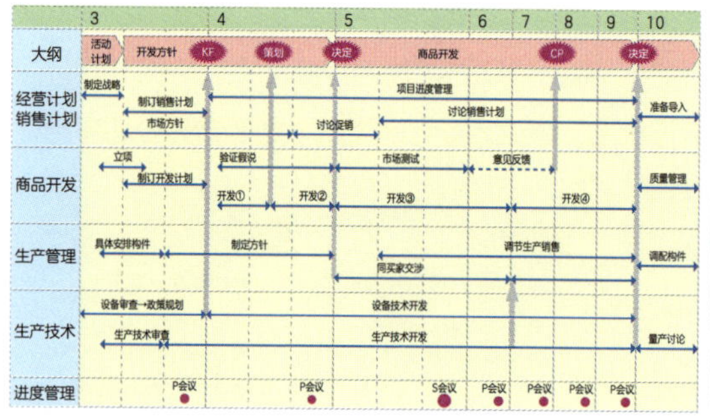

责任人 No.	佐藤	渡边	铃木	斋藤	加藤
101	R	C	A	C	I
102	C		C・I	R	I
103	I	R・A		C	
104	I	C	R	A	C・I
105	C		C・I	I	R・A

执行人 Responsible　负责人 Accountable　专家团 Consulting　对接人 Informed

相关技能　**将计划转变为现实**

05 问题解决　在推进项目的过程中，会接二连三地发生许多意想不到的事情。为了避免出现“打地鼠”的情况，我们必须提高解决问题的能力。

19 建导技能　会议是把控项目和解决问题的重要途径。要想在有限的时间内共享课题并达成共识，主持人的建导技巧成为决定性因素。

24 团队建设　无论我们制订的计划多么周密细致，如果团队不配合行动，那么一切只是空中楼阁。因此，团队建设是成功的关键。

39 风险管理
应对不确定性

或许会有人觉得考虑风险要素会给人一种消极之感，也有人觉得思考那些发生概率极低的事情似乎并没有什么必要。其实，这些都源于对风险的错误认识。如果我们没有正确地把握风险的定义以及风险管理方式的话，将会导致非常严重的结果。

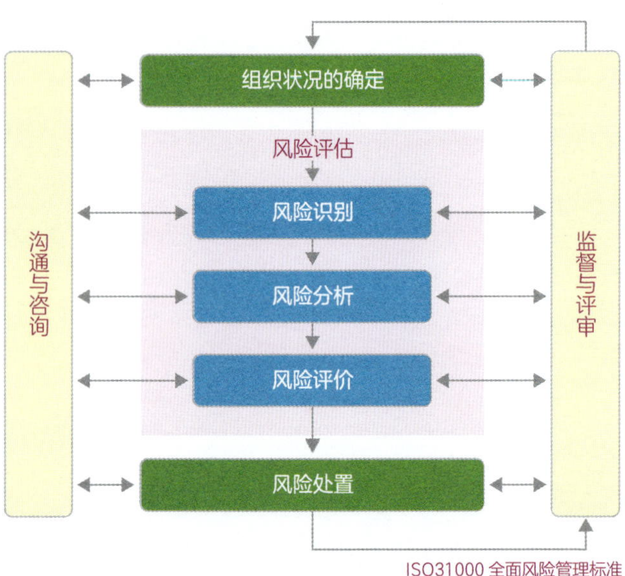

ISO31000 全面风险管理标准

基本思路　防备不确定所带来的影响

所谓**风险**是指对目标所产生的不确定性影响。无论结果是好是坏，只要有不确定性的影响，就有存在风险的可能性，而**风险管理**则是解决这一问题的最佳措施。风险管理的重点不是讨论危机是否会发生，而是预测和应对危机。

在此，我将以风险管理领域内的世界标准**ISO31000**为基础，对必要的技能和实际工作的推进方法进行解说。

技能组合　恰当地处理风险因素

风险识别 风险管理始于对相关要素进行**风险评估**。为此，我们必须明确企业的目的和利益相关者，并确定风险的范围和判断标准。

在此基础上，还要从以往的经验做法及其他企业的案例中找出那些有可能阻碍（或促进）和延迟（或加速）组织实现目标的各要素。这些要素可能是自然灾害等**外部因素**，也有可能是经营不善等**内在因素**。我们在认真分析之后要将这些因素汇总在一览表之中。

近些年来备受关注的**合法合规**、**CSR**（企业社会责任）及**BCP**（业务连续性计划）等有关方面的问题也被纳入风险的范畴之中。对于没有显现出来的风险，我们也要凭借自身感觉对其进行识别。为了顺利找出所有的风险要素，你需要从未来的角度出发时刻关注出现损失的可能性。

外部要素				
政治	经济	社会	技术	自然

内部要素				
经营	财务	法务	交易	产品
信息	设备	聘用	安全	环境

风险分析・评价 下一步是要分析和评价每个风险的重要程度。这一工作通常是使用**风险矩阵**来完成。风险矩阵根据影响度（损失规模等）和发生频率对各种风险进行了可视化处理。所有的数轴都应该在定量（如50亿日元、10年一次）的基础上被评价。如果做不到这一点，也可以进行定性评估（如擦伤程度、频繁发生）。因为这一步的目的就是对风险的严重程度进行排序。

完成矩阵图之后，就要认真考虑需要应对哪些风险以及如何确定它们的处置次序。但此时存在的恼人问题是我们应该侧重损失规模还是发生频率。同其他所有的步骤一样，要想解决这个难题，就必须同所有相关人员沟通协商。如若不然，我们便无法识别风险，更不能采取任何风险应对措施。

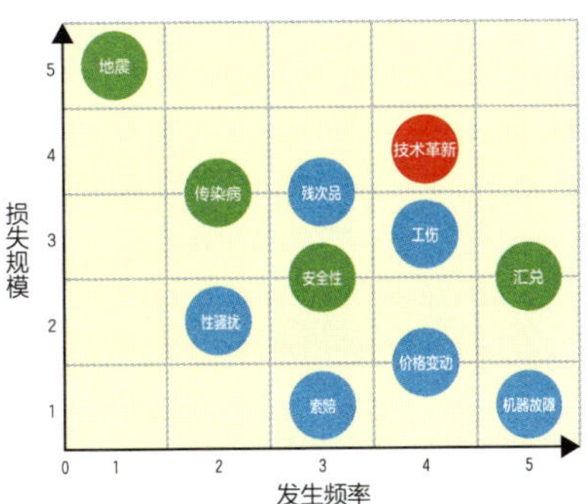

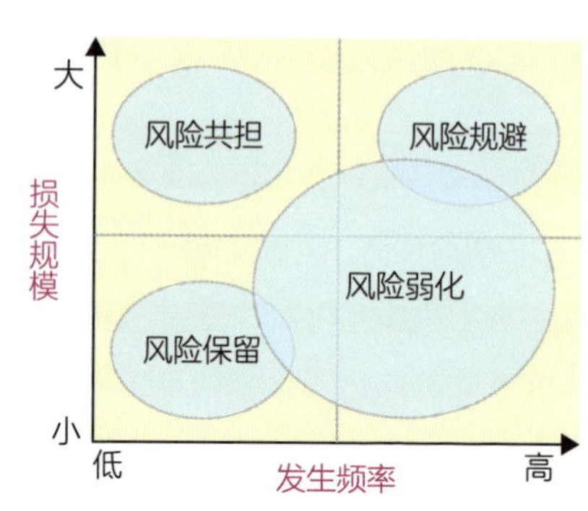

风险处置 当威胁性风险的损失规模较大且发生频率过高时，不参与任何同该风险相关的活动才是明智之举。这就是所谓的**风险规避**。当损失规模较大但发生频率较低时，最好的办法是将风险转移至第三方或与他人分散风险。换言之，就是要通过**风险共担**来降低影响。

另一方面，当损失规模较小但发生频率较高时，就要着力解决这两个问题中的任何一个或者全部，通过消除风险源以达到**风险弱化**的目的。通过扩大业务规模等方式来减少损失影响也不失为一个折中的办法。当损失规模较小且发生频率较低时，就可以采用**风险保留**的方式。值得注意的是，你必须在实施**风险融资**等财务措施的基础上，再采取风险保留的方式。

在什么情况下采取何种对策并无定论，我们必须结合自身的经营战略来做出合理且令人信服的抉择。

情景规划 在当今社会，气候变化、传染病、恐怖主义等必须应对的**社会风险**接踵而至。我们在讨论的过程中，就要适时发挥**情景规划**的作用。

该技法是将未来的环境变化和可能发生的事情归纳总结为多个脚本（故事）。在这个过程中，大家要达成共识并一起认真思考应对策略。情景规划的目的并不是要正确地预测未来，而是要尽可能减少意外事件的发生并培养出灵活应对各类未知风险的能力。

		冲击力度	
		大	小
不确定性	大	提高快速反应能力	静观其变
	小	灵活应对	置之不理

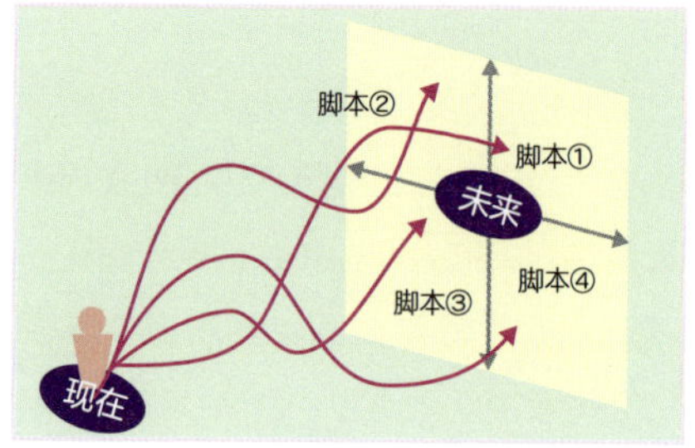

第一步骤　认真思考你认为不可能发生的事情

讨厌风险管理的人总是会说："考虑那些不可能发生的事情就是在做无用功。"甚至还有人断言称"不要说不吉利的话"或者"不会发生的事情就是不会发生"等。

在真正发生危机时，这些人也只会说"没关系，没什么大不了的"或者"最后总能妥善解决的"，从而延误了时机。这些想法都是**"正常化偏误"**的体现，是心理防御机能在起作用。

敢于思考那些你认为不可能或者不应该的事情，这就是风险管理。如果我们没有排除正常化偏误的干扰，就会忽视或低估风险因素，进而使风险管理丧失了原本的意义。

正常化偏误是无法完全消除的。但是，我们要时刻意识到它在发挥作用，并避免因贪图便利而随意地进行判断和评价。

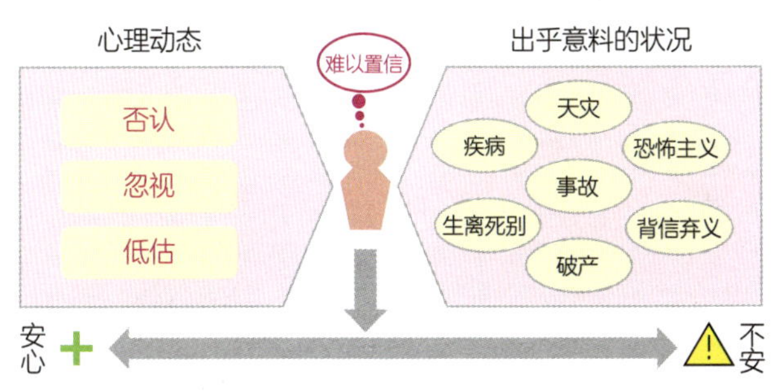

正常化偏误的应对举措

1. 意识到偏见在发挥作用
2. 切忌只根据有利信息来判断事物
3. 训练自身在危机来临之际无须思考就可以条件反射地采取行动的能力
4. 鼓励那些不愿意参与其中的人为了他人利益而行动起来

相关技能　实践风险管理

10 定量分析　识别财务方面的弱点和不确定因素是发现企业风险的方法之一。因此，定量分析技能便发挥了不可或缺的作用。

19 建导技能　为了实施风险管理，我们通常会在全公司范围内开展涉及广泛利益相关者的活动。因此，我们必须掌握建导技巧来对各利益相关人员的发言进行总结。

40 防范错误　有时候，一个微不足道的错误也会成为震动社会的大事件。职场中每天发生的过错和失误也是不容忽视的风险因素。

40 防范错误

杜绝一切错误的发生

任何人都会犯错误。对于自身的错误，是否仅仅靠说一句“下次注意”就可以了呢？当面对他人的过错时，你是否也只是轻描淡写地提醒对方一句“以后要小心”呢？这样错误永远都不会消失。在出现严重损失之前，我们必须掌握防范错误的技能。

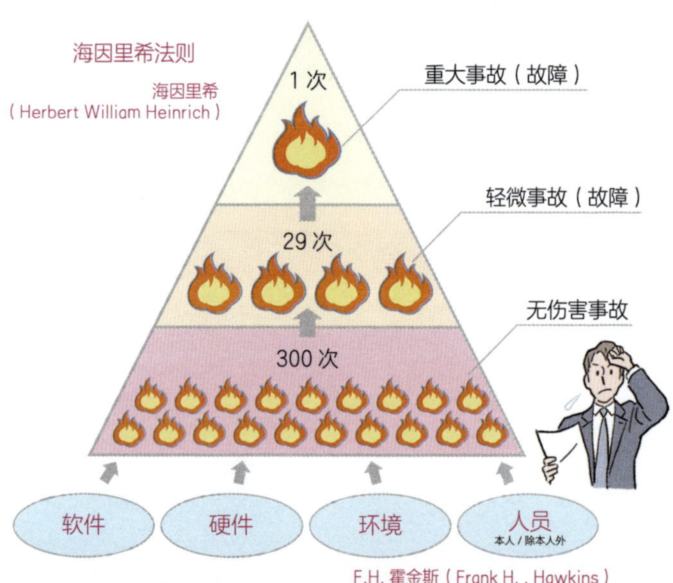

基本思路　预防错误的发生

所谓**人为错误**是指导致意外结果发生的人类行为，如过失或失误等。如果我们轻视这些行为导致的**无伤害事故**，那么最终会导致重大问题的发生。这就是所谓的“**海因里希法则**”。

任何人都会犯错误，工作中的失误永远也不会彻底消失。但重要的是，个人和组织要从中学习经验教训并找出防范错误的对策。接下来，我将以SHELL模型为基础介绍一些应该掌握的技能。

技能组合　运用SHELL模型制定对策

业务流程　尽可能地消除或减少可能出现过失的工作环节是最好的应对举措。对于这部分工作，我们可以采用机器或其他无须人工干预的方式来完成。但是，你必须要事先考虑清楚这部分工作的意义，否则就有可能在将来遭受惨痛的教训。

如果你做不到这一点，就只能尽量选择一种不容易出错的工作方式。例如，利用简化步骤等手段使工作变得轻松容易或者通过优化处理程序使其变得更加通畅自然。在我们忘记具体操作步骤和规则时，参看文件是防止出错的好方法。另外，整理出一套完备的工作手册和作业标准对防止失误也能够发挥巨大作用。

另外，即使在日常工作中犯了错误，只要在酿成重大事故之前发现该过失，就不会有太大的问题。对此，我们可以使用核对表、交叉复核、复述或指差确认[①]等多种多样的方法。同时，这也有助于减少误解、认死理或遗忘等状况的发生。

核对表

- □ 是否从指定位置将备件取出?
- □ 是否将其安置于正确位置?
- □ 是否打开了三台设备的开关?
- □ 是否在设备上设定了目标值?
- □ 是否确定了不存在垃圾?
- □ 工作人员是否正确佩戴口罩?
- □ 你是否再次检核了操作规则?

机器・设备　安全装置和故障保险[②]是防止出现机械操作错误的最常见措施。错误是无法彻底消除的，因此在设备的设计阶段就提前制定出一系列防错机制和措施。

提升机器的易操作性也是非常重要的。如果机器的操作难度高或者操作方式不符合日常习惯，则有可能会诱发失误。因此，我们需要配合人的能力和记忆力，设定一系列符合固定观念及固有习惯的操作方法和界面。

① 指差确认是一种提高精神状态的有效方法，原为铁路事业用的安全动作，即用手指指着物件口诵确认，心手并用，目的是提高员工的警觉性及提高行动的准确性，避免因人为疏忽、错误或误会而引起的意外。——译者注

② 一个设备或是实务即使在特定失效下也不会对人员或其他设备造成伤害（或者将伤害最小化）。——译者注

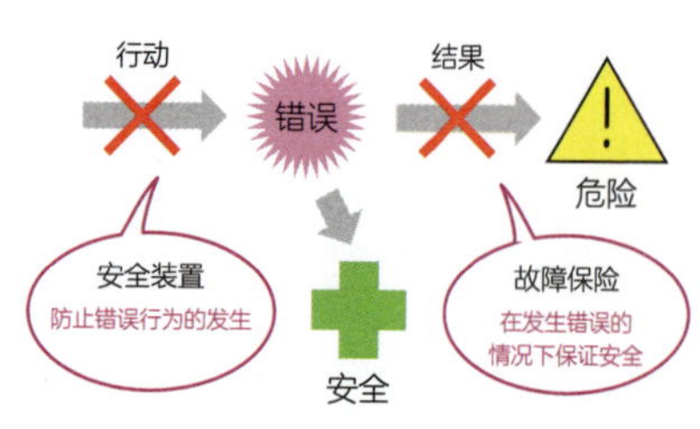

单独记住每台设备的操作程序并非易事，因此要尽量实现设备的**标准化**和**通用化**并使得操作顺序具有一贯性，如此便能够减轻工作的负担。人类的感知力和注意力也容易产生错误，因此，我们可以从认知层面采取一系列措施，如设置易于理解的操作面板和容易识别的按钮并实现数值的可视化。

职场环境 工作环境中也有许多错误陷阱在等着你。如果工作场所杂乱无章，我们就很容易注意不到库存不足或者备件错误，从而引发种种错误。此时，我们只需记住“**5S活动准则**（指整理、整顿、清扫、清洁、素养，其日文罗马音的首字母都是S）”，就能够防止上述错误的发生。另外，对库存量进行可视化管理、将容易混淆的东西分开放置、在备件架上贴标签等多种有效方法均可采用。

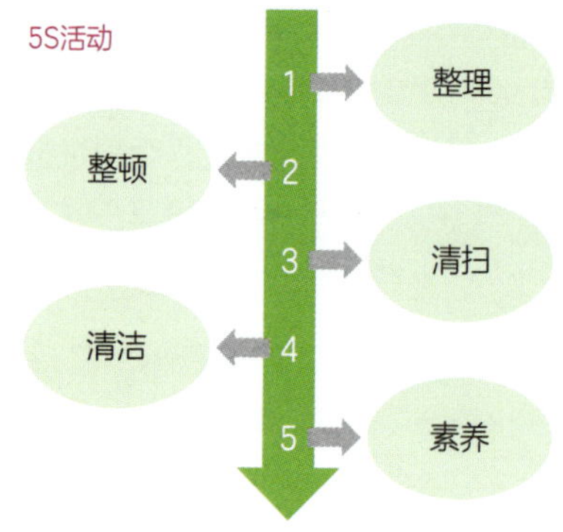

另外，温度、湿度、照明、噪声、气味、空间大小、有无窗户等**物理环境**也很重要。为了避免出现生理上的压力，我们必须打造一个舒适的空间。此外，从**心理压力**层面来考虑，工作时间、工作目标、饮食和休息等劳动条件也是不可忽视的环境因素。

人与组织 最后要讨论的便是犯错人自身的问题。除了身体状况不佳和疲劳等健康方面的因素外，**能力因素**是导致错误发生的主要原因。为了弥补知识、技术和经验的不足，我们需要接受培训并学习指导手册。另外，承担与能力相符的工作也非常重要。尤其要注意容易出错的“**3H情景**（第一次、久违、变更）”。

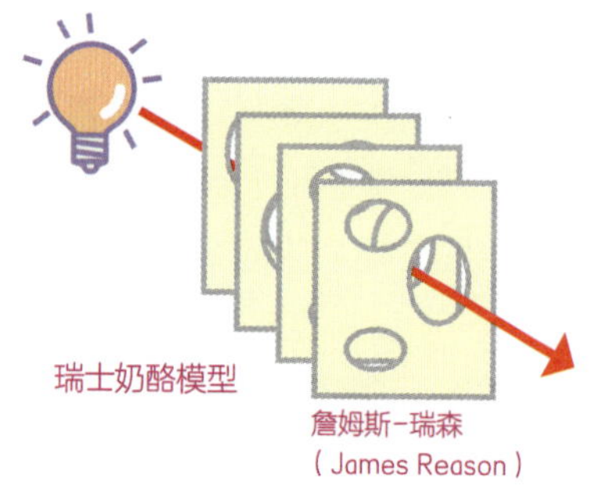

另一个是心理因素。经验丰富的老手最常犯的错误主要包括因墨守成规而导致的“粗心大意”“违反道德”“偷工减料”和“懒散懈怠”等问题。对此，你需要使用奖惩并施的管理技巧来防止他们的行为脱离规则。

当然，我们也不要忽视当事人周围的环境。这就需要全体成员密切沟通，提高团队合作能力，共同努力减少错误的发生。其中，最重要的是培养一种能够坦率地指出对方错误的人际关系。正如“瑞士奶酪模型①”所示，任何重大事故都是由各种不幸要素叠加而产生的。阻止错误的连锁反应需要依靠组织整体的力量，而这就要考验高层的决心和每个人的努力。

第一步骤　共享突发事件

在发生错误时，我们往往将其归咎于当事人的不注意或性格问题。其实，这并不是处理问题和防止问题再次发生的有效方法。

要想解决问题，关键在于从工作方法和当事人所处的状况之中找原因。另外，我们不可轻易地下结论，而是要反复问“为什么”才能找出最根本原因。这就是所谓的“特性要因分析”。

当多种因素错综复杂地交织在一起时，你要仔细调查，理清因果关系，并从中找出影响力最大且自身可控的因素。此时，如果使用关联图和系统思维，就能够使得问

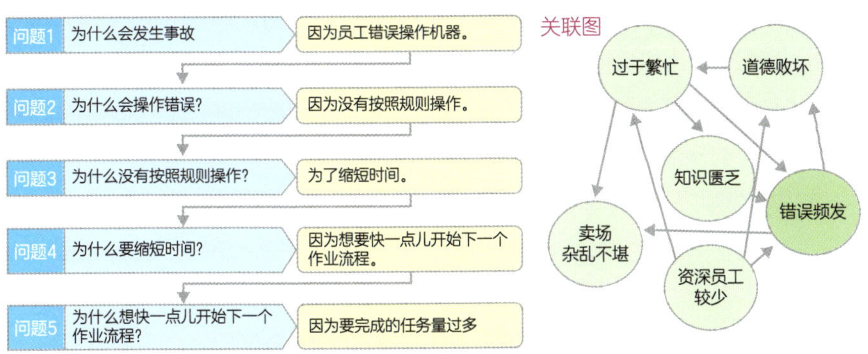

① 该模型认为，组织活动中发生的事故与环境影响、不安全的监督、不安全行为的前兆、不安全的操作行为四个层面的要素有关，每个层面代表一重防御体系，像有孔的奶酪片一样存在防御漏洞。当不安全因素像光源一样穿过所有漏洞时，事故就会发生。——编者注

题分析变得更加轻松简单。

此外，更重要的是要同伙伴们共享事件起因及错误细节。如果能够做到**事件共享**的话，那么一个人的经历就成为大家的教训。如此，我们才能建立一个真正具有高度**心理安全感**的组织。

相关技能　通过整体最优方式解决错误问题

05 问题解决　通常情况下，一个小错误的背后隐藏着大问题。因此，关键在于要以错误为跳板来向真正的问题开刀。

37 业务改进　为了减少失误而过度检查，必然会导致工作效率的下降，但强行提高工作效率又会提高犯错的概率。因此，我们需要将两者统一起来进行综合考虑。

39 风险管理　试图清除所有的错误并非上上之策。我们需要将错误排列整理下来并按照优先顺序来进行处理。

其他技能　提高完成工作的能力

安排规划

所谓**规划**是指为了推进工作而做的准备或制定的程序步骤。如果我们在认真做好规划后再开展工作，不但会进展顺利，而且还能够大大提高工作效率。

其相关技能主要包括设定目标、确定任务、制订步骤和计划以及配置资源等。**项目管理**的前半部分就是在进行规划，所有的工具也都是通用的。

另外，如该项工作涉及多人，我们需要事先疏通、关心关爱、鼓舞激励，否则便无法按照规划顺利推进。此外，建立报联商和会议等沟通机制也是规划的重要组成部分。

远程办公

在**远程办公**的过程中，如果不能熟练地使用电子邮件、聊天工具、网络会议、云空间等工具，便无法开展工作。对于今后出现的VR和数字孪生等新工具，我们也需要积极地加以利用。

更重要的是，我们要将本书中所介绍的技能和工作推进方法结合起来，重新构建出适合远程办公的工作方式。以往的方法都是在共享场所和时间的前提下对工作方式进行优化，所以在远程办公时切记不可照搬照抄。

现在，远程办公的技能体系还没有建立起来，只能依靠个人发挥自身的聪明才智来培养把握。能够做到这一点的人一定会在下一个时代中有所建树。

果敢坚毅

安杰拉・达克沃思教授（Angela Duckworth）将坚持不懈完成任务的力量命名为**“GRIT（坚毅）”**。这一词汇是由“毅力（Guts）”“适应力（Resilience）”“主动性（Initiative）”和“韧性（Tenacity）”这四个词的首字母组合而成，其中心思想是要敢于直面挑战，不断尝试，即使失败也要坚持下去。朝着自己的目标一直走下去，这是获得成功的必然法则。

坚毅不是天赋，而是一种能力。承担更具挑战性的任务、积累成功的经验、同有坚毅品质的人一起行动等都是培养自身坚毅性格的有效途径。要想在日益严峻的商业环境下生存下去，就必须拥有十足的热情和不断进取的能力。

第 5 章

促使创造新价值的
智力类技能

智力类技能

要点提示

从信息中获得智力成果

学习能力的强弱导致成果差距的出现

在信息化社会的今天，我们的工作几乎都与信息的收集、生产、处理和传播相关。即使是在制造行业，实际的制造工作也是由机器来承担，而人类则在大部分情况下负责知识和信息的处理。

如此一来，我们对技能发展的看法便不得不随时代而改变。虽然每个人的工作种类和私人生活、工作时间和工作场所各有不同，但大都属于脑力劳动。而且，每个人的脑力活动都是大同小异的。

日常生活中，我们每天的用脑程度和学习程度，都会对工作效率产生很大的影响。

本章中所介绍的智力生产类技能都是由过去的学者、作家等为了自身的工作而培养并提出的。眼下，它们成为普通商务人士也必须掌握的技能。

这些技能就像是大脑的肌肉训练，不一定立刻就能在工作中发挥作用。但是，只要我们每天踏实地进行，那么必定会对以后的工作成果带来好的影响。

锻炼大脑的智力生产技能

贫乏的输入不会带来丰富的输出。日常**收集信息**的数量在很大程度上决定了成果的质量。

其中，**阅读书籍**是最具成本效益的方式之一。我们要想深入阅读大量的书籍，就必须具备相应的技巧。

通过对收集到的各类信息进行适当归纳**整理**，便能够更好地利用这些信息。对此，我们可以通过**做笔记**的方式来轻松做到这一点。偶尔翻看笔记还能够产生新的想法。

此外，运用图解图示有助于将复杂的信息清晰地表现出来，如果再结合文书设计技能，便可以大大提高传达信息的能力。这两种技能都是可以直接运用到工作中的高性价比技能。

正因人们身处信息泛滥的现代社会，所以通过他人获取的信息才显得尤为珍贵。因此，我们在平时就必须努力建立人脉，扩大信息网络。此时，旨在促进双方交流沟通的闲聊漫谈技能是不可或缺的。

输入的信息只有应用起来才具有意义。积极地进行信息输出有利于提高智力作业的工作效率。

此外，最重要的是要掌握学习方法。学习能力的高低左右了我们成长发展与熟练程度。

做这些事情并没有唯一正确的方法和固定的做法，组合出适合自己的方法并不断地改良才是最重要的。因此，我们必须从学习先人们积累的智慧经验和技能开始。

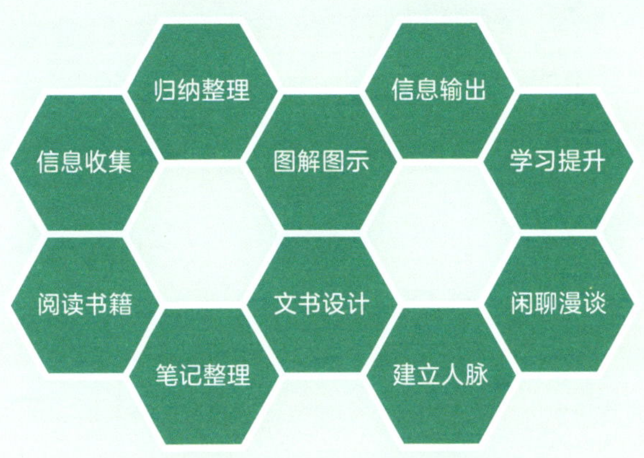

41 信息收集

收集丰富多彩的信息

当我们遇到想不出创意、做不了判断或者无法排解烦恼等状况的时候，就应该反问自己是否掌握了足够的信息。信息是所有智力生产活动的原材料。如果平时没有注重信息的收集和积累，那么在遇到紧急情况后手足无措也于事无补了。

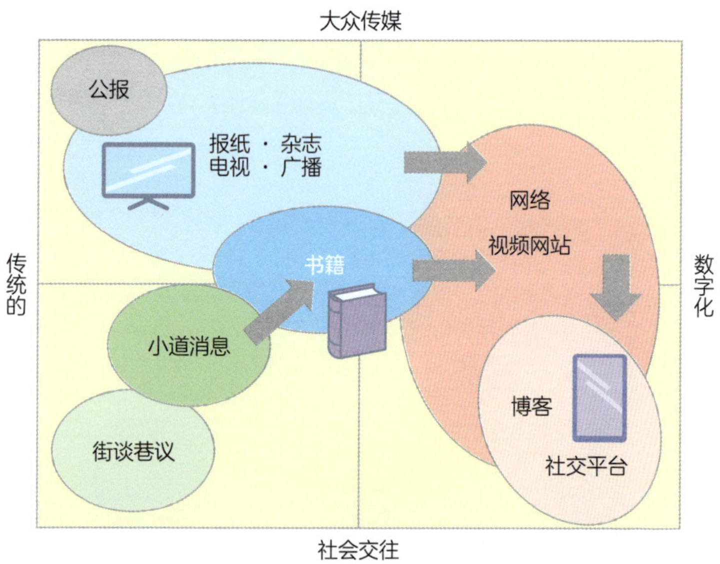

基本思路　向大脑输入信息

所谓**信息收集**是指为了达到某种目的而寻找并收集有价值信息的行为。所收集信息的好坏会大大地影响到智力生产活动的质量。

在收集信息时，最重要的是要有明确的目的和问题意识。只有对问题本身抱有浓厚的兴趣，才可以提高信息敏感度并筛选出所需要的信息。世界上存在许多的信息来源和信息工具。只要我们把它们综合起来加以运用，便能够及时获得真正需要的信息。

技能组合　综合运用多种信息源

媒体　信息的最主要来源是大众媒体发布的二手信息。这种信息的优势在于容易获得，易于理解且可靠性高。

高效阅读报纸和杂志的方法是跳读。迅速地浏览全文，然后只在对某个题目或标题感兴趣的时候才进一步阅读。对报道的把握是了解社会重大事件的线索。普通杂志的包月畅读服务比较划算，而专业杂志则可以从图书馆借阅。电视和广播有助于我们掌握社会现状。但如果没有事先确定好阅读时间和目的的话，那么无论使用上述哪种方式，最终都只会变成一种娱乐行为而不会获得任何有用的信息。

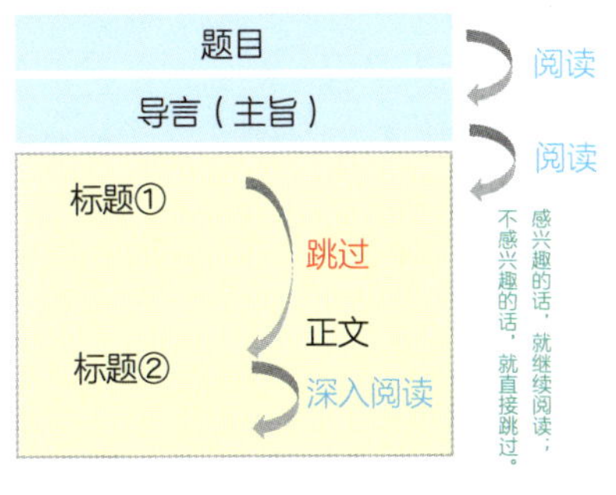

要想获得专业性知识，书籍是必不可少的。换言之，就是要阅读书籍。因此，我们需要掌握快速且深入地阅读大量好书的技能。如果我们在阅读完一本书后能够通过写读书日记等方式进行简单总结，就很容易记住所读内容了。这也方便了日后对书籍知识的灵活运用。

网络　漫无目的地上网冲浪或者浏览名人的社交网站并不能够收集信息。只有我们提前确定好信息收集的时间和目的，才能够在信息混杂的网络海洋中找出可靠的信息。

为此，良好的检索技能就显得不可或缺了。其中，关键在于要选择正确的关键词并熟练使用检索功能。此时需要注意的问题是如何辨别真伪。对此，唯一的方法是根据信息输出方的可信度来判断。这就需要你对多个网站的信息进行比对。仅仅根据互联网上的信息便做出决定也是非常危险的。

- 这篇记事出自何人（或团体）？
  要调查该作者（个人或团体）过去的工作实绩
- 这篇记事是什么时候刊登的？
  早期记事有过时的风险
- 这篇记事是原创还是转载？
  检查证据和来源
- 这篇记事是否与其他网站的信息存在矛盾？
  通过多次检索找出共同点
- 这篇记事是否与大众媒体的信息存在矛盾？
  仅仅依赖网络获得信息是非常危险的

网络上的信息瞬息万变，因此最保险的办法是把重要的东西保存起来。如果你觉得网络搜索非常麻烦，那么也可以使用谷歌快讯（Google Alerts）[①]等功能来定期接收最新信息。

人脉 通过与人直接会面所获得的信息是宝贵且非公开的，但这并不意味着认识的人越多就越值得炫耀。经常与具有不同才能、从事不同行业或身处不同领域等平时见不到的人见面，就能够获得有用的信息。然而这一切要取决于日常的**人脉积累**。

会面的时候，只需**倾听**而无须做其他多余的事情。比起拼命做笔记而言，专注于眼前的人与事更为重要。当遇到自己想知道的事情时，可以提出假设但不要做预判，具体直接地**提出问题**即可。这一切能否顺利地进行取决于自己带给对方的价值。

此外，你还要以对方的话和态度为线索，努力地从对方的视角出发去感受所处的世界及意义（**同理心地图**）。如此一来，我们就能够站在对方的角度看世界并得到新的发现。

自我 如果我们抱着某种目的去逛街、旅行或亲近大自然，那么想要获得的信息就会自然而然地映入眼帘。通过自己的眼睛和双脚来获取的**一手信息**是其他人所没有的独特信息。因此，最好的办法就是亲临现场，仔细观察实物并切实把握现实情况。这也被称为**“三现主义”**[②]。

但重要的是，切忌戴着有色眼镜去观察事物。此时要暂停判断并只专注于捕捉事实。对此，我们必须调动所有的**感官**。

可以观察事物的场所有许多，如繁华街道、车站、公园等。如果你想切身感受流

---

① 谷歌快讯是谷歌提供的一项免费服务，可以追踪网络上的任何主题或网址。其本质是Google的新闻定制自动发送功能。——译者注

② 日本企业的“三现主义”是指亲自到现场、亲自接触实物、亲自了解现实情况。——译者注

行和变化，就要融入在场的人群之中去用心体会（**参与观察**）。如果要观察人物，那么你可以选择一个与众不同的人（异常点）作为观察对象。

另外，不要忘记通过笔记或照片的形式把发现的东西记录下来。这样，我们在积累了大量素材之后再回顾，就会有新的发现。

车站		过去：○（存在）	过去：×（不存在）
现在	○（存在）	未发生改变的事物	新出现的事物
现在	×（不存在）	消失不见的事物	尚未出现的事物

第一步骤　利用空余时间收集信息

无法顺利收集信息的人最常见的借口是“我没有时间”。虽然这种心情可以理解，但事实果真如此吗?

松下公司以20～50岁的男女为对象展开的调查显示，他们每天平均有1小时的**空闲时间**。这听起来好像不少，但如果我们在这段时间内没有做任何有价值的事情而白白浪费的话，那么也不过是弹指一挥间而已。

想必他们大部分的空闲时间都在用手机浏览社交平台或网上冲浪吧。遗憾的是，这些只是娱乐项目而不能被称为信息收集。好不容易有了空闲时间可以拿起手机，那么不如用它来阅读报纸杂志或查阅资料，这样才能让自己变得更充实。

我们甚至还可以干脆戒掉手机来专心阅读纸质书。不同的时间利用方式会导致信息的输入量出现巨大差异。

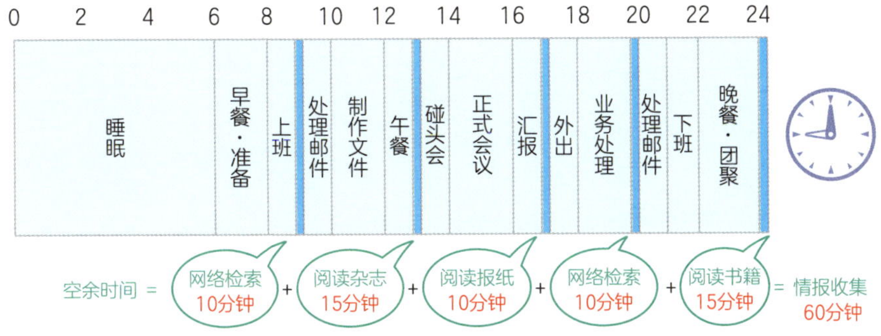

相关技能　综合提高信息技能

42 阅读书籍　阅读的魅力就在于能够以低廉的价格获得高质量的知识。它不但有利于收集信息，而且还能够锻炼我们的思考能力和想象力，同时也可以给工作和生活以启示。

47 建立人脉　咨询他人是收集信息的快捷方法之一。为此，我们必须在日常生活中着手建立广泛的人际网络。

49 信息输出　人们不用心收集信息的原因之一是收集到的信息并没有什么用途。我们正因为有了信息输出的欲望，才会想着要去收集信息（输入）。因此，我们必须将两者结合起来考虑。

42 阅读书籍

深入阅读大量书籍

根据乐天图书调查显示，每个月的图书阅读量少于一本的商务人士居然高达60%。换个角度来讲，如果能够多读书并把丰富的知识输入大脑，便可以获得巨大优势。也许用不了多久，阅读书籍就会成为最强大的商务技能。

著作名称	商务框架	评价	★★★★☆
作者	堀公俊	出版社	日本经济新闻出版社
发行日期	2013年8月	售价	1000日元

摘要

· 商务框架图鉴
→商务战略、市场营销、问题解决、企业管理、组织发展
· 每个主题的讲解横跨左右两页，是一本轻巧简便的口袋书

感想 · 收获

· 这本书物超所值，包含了所有我需要的信息。即使只是随意翻看，也会受益匪浅。
· 这本书方便携带。在我想要阅读的时候便能够立刻拿出来进行参考。
· 自身所了解的商务框架技能只有10多种(共67种)。我惊讶于自己竟然对这个世界如此陌生。特别是在组织开发方面，我知之甚少。

印象深刻的内容	记录日期 2021/9/20
P24	蓝契斯特法则→适用于各种场合！
P48	跨越普及壁垒，为初期使用者铺桥架路
P60	如果没有树立更高的目标和理想或者缺乏上进心就无法发现问题。
P66	将富余的资源投入解决瓶颈问题之上。
P91	为什么“戴明循环”不能正常运转呢？ →这不就是在说我们公司吗！必须要解决这一问题！
P97	“无用功”“不稳定”及“不合理”→这也是存在的问题！
P128	技能意志矩阵（skill will matrix）
P142	职业锚（职业规划及测评理论）
P150	力场分析法(Force Field Analysis)
P155	约翰 · P.科特教授（John P. Kotter）提出的领导八步变革法 →居然还有这样的理论？！我一定要试试看！

疑问 · 意见

· 应该从哪里开始学习呢？应该遵循怎样的学习顺序呢？
· 如何将所学知识灵活应用于实际工作之中呢？
→应用于会议、演讲或者其他场合？

行动

· 将所学知识整理成下次学习会的素材，让大家一起阅读。
→届时，与会者共同讨论如何在职场中使用商务框架知识。
· 其他类似的书还有很多，可以用来参考。

基本思路　学习先人们的智慧

获得知识和信息的最有效方式莫过于阅读。书中凝聚着先人们的智慧，积累了许多解决问题的窍门。另外，阅读书籍对于提高思维能力和交流能力也有颇有助益。

读书的目的大致分为娱乐（消费）和学习（生产）两种。以智力生产为目的的读书技能才是商务人士所必须掌握的。即使是在数字化盛行的时代，读书的重要性也不会消失。

技能组合　高效率地阅读书籍

选择好书　要想培养选书的眼光，就必须自己不断试错。虽然书评及书店或朋友的推荐等都可以作为参考，但最后还是要靠自身去判断。

首先，我们要判断该书的**标题**和**设计**是否具有吸引力。然后通过**作者**的简历检验内容的可信度。接下来浏览**目录**并稍微读一下**前言**和开头部分，以此来确定该书的阅读价值。另外，**版权页**中的发行年份和印次也是了解口碑的重要线索。

另外，选择的范围也非常重要。为了提高文化修养，我们的阅读对象不能局限于自身擅长的领域，而应该**多角度**（并行）地阅读各种类型的书籍。如果想要轻松学习的话，我们也可以选择图鉴或摘要书等类型。根据以往的经验顺藤摸瓜式地购买相关书籍也是一个不错的办法。当遇到想要阅读的书籍时，不要害怕选择错误而应该立刻入手，否则就会失去一次宝贵的学习机会。

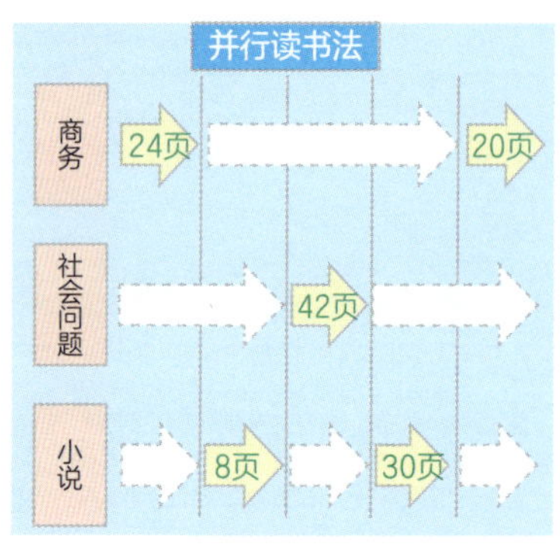

大量阅读　如果是为了获取信息而读书，就必须快速地阅读大量书籍。对此，最好的方法就是只快速浏览那些自己所需了解的部分。

首先，我们要明确自己想要了解的内容和阅读目的。接下来，就要通过阅读前言和目录部分来把握整体情况，并找出自己想知道的信息在哪里。之后，在翻阅的过程中关注**标题**和**关键词**等，以找到自己所需掌握的具体内容。你完全没有必要将这本书全部读完。在阅读过程中如果发觉选错了书，那么果断放弃才是上上之策。

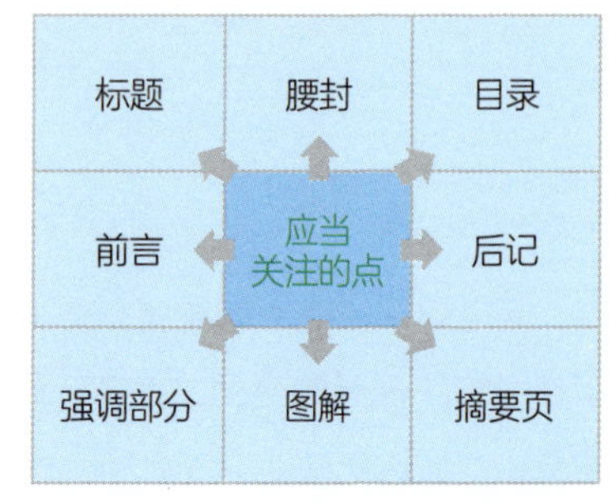

在快速浏览的过程中，不需要做笔记或画线。如果我们可以设定“每本书15分钟”“一年读200本书”等目标的话，不但可以提高自身专注力，还可以提升阅读速度。换言之，我们无须特意学习速读法，也能够涉猎许多书籍。

深入阅读　为思考而读书的行为叫作熟读（精读）。只要你能确保足够的时间和空间来精读经典名著，那么必然能够从中收获大量知识和启发。

精读书籍的时候必须准备三色笔、便利贴、笔记本等可用来做笔记的工具。边读边在引起共鸣的词句下面画一条线，或者在空白处写下自己的想法。还有一种方法就是在重要的地方用便签或折页等方式做上记号，之后再转记誊抄。

精读就是与作者的对话。通过这种方式，我们可以深入地了解作者的想法，但更重要的是要以怀疑的眼光去进行批判性阅读，要不断地思考“果真如此吗?”或者“如果换成○○不可以吗?”等问题。这样一来，才能够锻炼读者的思考能力。

在此基础上，如果我们能够在阅读的同时深入思考“换作是我会怎么做呢?”以及“这对我有何益处呢?”等问题，那么必然能够获得更显著的成长。这样一来，每次阅读之后的收获都会有所不同，便可以多次阅读同一本书了。遇到一本好书并非易事，如果不反复精读的话，那就真的是暴殄天物了。

总结内容　输入的知识如果无法实现信息输出的话，便不清楚其是否真的为己所用。信息输出能够帮助我们记住那些输入的知识，甚至还会出现新的疑问并产生想要重读的欲望。

最简单的信息输出方法就是写读书笔记。具体说来，就是将归纳总结、感想体会和印象深刻的话语等记录下来。此时可以使用思维导图或卡片，当然，如果你觉得这样做比较麻烦，也可以只做一些简单的笔记，等过去一段时间再行回顾的时候，就会有新的发现。

与人交谈也是一种很好的输出方式。它将帮助我们组织思绪，重新构建知识体系。除此之外，我们还可以在社交平台上发表感想、撰写书评、制作名言集锦等。当我们以输出作为目标时，便能够深入且愉快地阅读书籍了。

第一步骤 一起阅读一本厚书

有些人虽然非常渴望读书，却没有足够的时间和自信来阅读完一整本。我要向这样的人推荐的是“**积极阅读对话法**”（ABD：Active Book Dialog）。它作为一种新的阅读方式备受关注。

所谓“积极阅读对话法”是将一本书以10页为单位分解为若干部分，然后由数人分头同时阅读。在阅读结束后，参与阅读的人要用A4纸制作几张幻灯片来将自己所负责的内容汇总起来。完成上述步骤后，每个人要用2～3分钟的时间将整理的内容按照顺序进行演示。最后，全体人员要对演示的内容进行讨论，进一步加强学习效果。

根据所选书籍的不同，有时候我们无须阅读前后文便可以理解整本书的内容。如果我们能够做好总结和演示等输出工作的话，将大大有助于加深对所读书籍的理解。这种方法的妙处就在于每个人虽然只是读了一部分内容，却产生了通读之感。特别是在想要阅读艰涩难懂的厚书时，这种方法尤为适用。

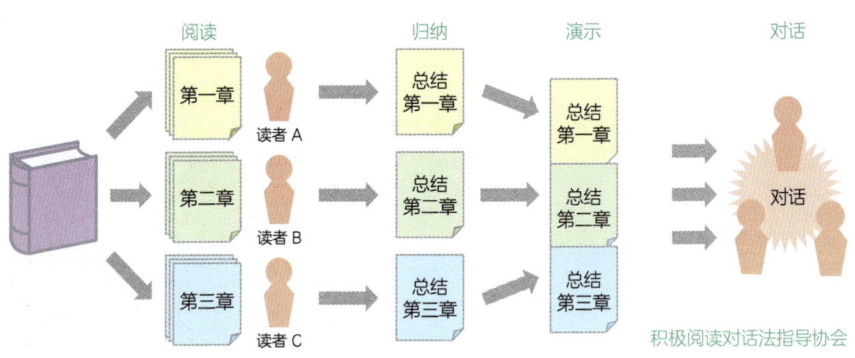

相关技能　**进一步完善自己**

02 批判性思维　如果你只是囫囵吞枣地阅读书籍，便算不得是资深读者了。带着批判性思维和问题意识去阅读，才是读书的真正乐趣所在。

28 国际化人才　只有具备了丰富的智慧和教养，才能在全球化时代大展身手。另外，作为国际化人才尤其要有本国的历史和文化方面的丰富知识。获取这些知识最简单的方法就是读书。

50 学习提升　个人的成长发展离不开读书。然而，如果只是一味读书，也会导致理论脱离实际。因此，与人见面或外出旅行等真实体验也是非常重要的。

43 归纳整理

认真做好整理工作

日常工作中，经常会遇到总是在寻找东西的人、说话不得要领的人或者不擅长规划以至于到处奔波的人。这类人群都缺乏归纳整理的技能。这里所说的“归纳整理”不仅仅是针对物品和信息而言，还包含了思路的整理。接下来，就让我们从原理部分出发展开学习吧！

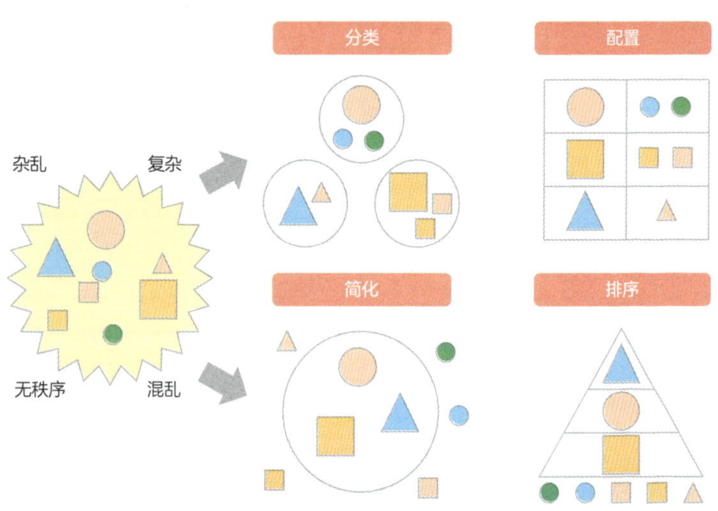

基本思路 建立秩序

无论是文件与信息，还是思维与人际关系，如果放任不管，那么熵[①]（杂乱）会持续增大。终有一日，它会一发不可收拾。规整杂乱之物并重新建立秩序，这才是归纳整理的真正目的。

① 熵是热力学中表征物质状态的参量之一，用符号S表示，其物理意义是体系混乱程度的度量。熵越大，意味着物体内部越混乱。——编者注

世界上存在许多归纳整理的方法。虽然各有不同，但其原理却是一致的。只要我们将归纳整理的四大技能组合起来加以运用，便可以将所有事物都整理得恰当妥帖，进而也提升了事物本身的使用价值。

技能组合　灵活运用归纳整理的相关原理

分类　当各类文件散落在房间之中，我们就要对其进行分类了。所谓分类就是把相似的东西组合在一起并重新命名。换言之，就是通过“分”来达到让人“明”的目的。

分类方式一般分为以下两种：一、自上而下型（下降分类）——在对整体进行大的划分之后，继续对每部分进行更为细致的划分；二、自下而上型（上升分类）——将细微部分归纳整合成较大部分。无论使用上述哪种方法，最终都可以构建出一个金字塔状的层次结构。

分类的关键在于必须确定分类依据，即切入点，否则便会不清楚该将某事物归入哪个类别，从而引发种种失误和混乱。如果我们单纯以整理为目的，就要避免使用独创性切入点。此时，最好的办法就是选择那些最容易被大多数人所接受的一般切入点。

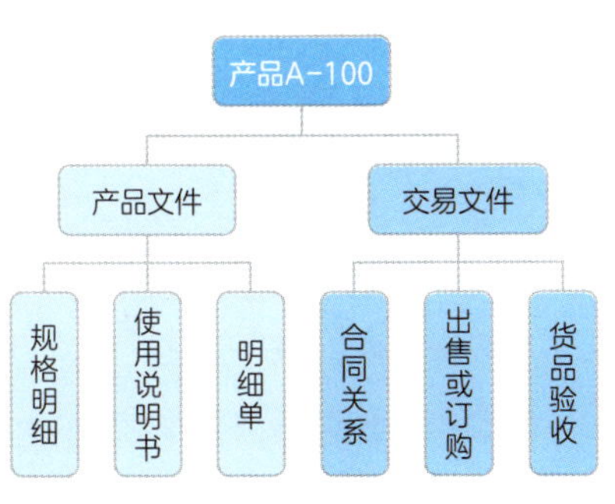

配置　有些人不善于整理，因此每天都在频繁地寻找东西。建立秩序的目的之一就是为了能够轻松地找到自己所需的物品。如果能够一目了然地把握物品所处的位置，就能够在一定程度上节省时间和减轻压力。

以文件为例，我们可以将分类后的文件汇总到文件夹之内，并按照文件编号、制作时间、制作部门等顺序将文件夹依次排列在文件柜中。另外，如果能够按照年份给文件柜分区，那么一下子便可以找到想要的文件。

此外，我们还可以通过超整理法（野口悠纪雄）来按照使用频率进行排序，并

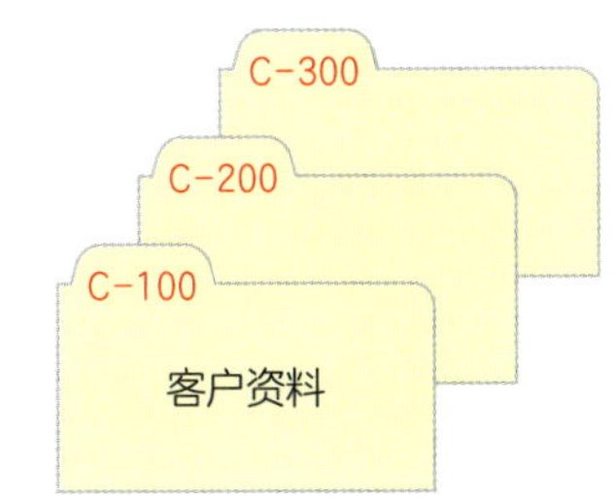

将最常用的文件放置于前面。这个方法更适合不擅长分类的人。无论采用哪种方法，都要记得使用标签等工具来明晰配置规则。

简化 以复杂的方式对复杂的事物进行整理无异于难上加难。但若能实现**简化**，那么分类和配置就会变得轻松简单。

例如，很多商务文件都带有附加资料。如果我们直接把参考部分写入文件内容的相应位置并删除附加资料，文件数量就会大幅减少。另外，对多个文件进行汇总合并也不失为一个好方法。同时，还可以利用固定格式的纸张（如A3）来**汇总**必要信息。此外，将文件转换成数字数据或微缩胶片也可以称得上是一种简化形式。

项目宗旨书
市场调查报告
概念说明书
开发提案书
新产品企划书
· 项目宗旨
· 市场调查
· 产品概念
· 开发提案

如果对象是物品的话，便可用其他事物来代替以减少重复。例如，抽屉里堆满了各式各样的笔，那么我们就可以选择用一支4色笔来代替它们。

但是，简化之后便无法完全恢复至原状，所以也会导致一些不利因素的出现。因此，在权衡得失的基础上再进行简化才是最为保险的。

排序 在归纳整理的过程中，另外一个常见的做法就是**排序**（Priority）。简单来说，就是将事物分成“立刻需要”和“暂不需要”两类。前者要放置于方便使用的地方，而后者则需要整理至最里面的地方。至于完全不需要的事物，果断扔掉才是上上之策。对此，我们可以灵活运用**一次性整理法**（近藤麻理惠）与**断舍离**（山下英子）等方式。

然而，问题的关键在于如何判断自我需求。一般情况下，**重要程度**和**使用频率**经常被用来当作判断标准，但所谓的“最佳标准”也会根据对象的不同而有所改变。特别是在难以判断是否丢弃某事物时，我们需要为此另设标准。

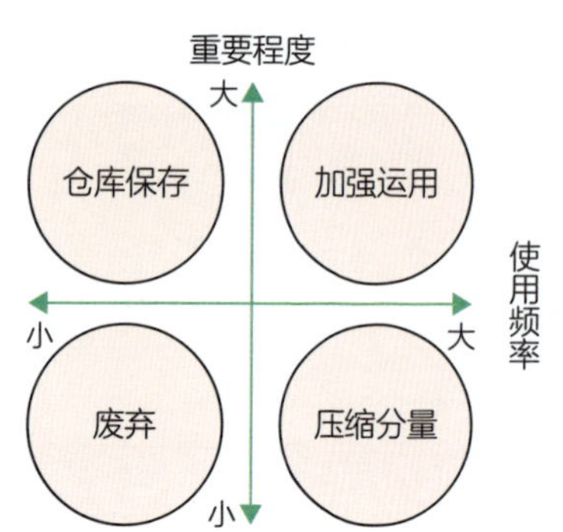

无论执行怎样的标准，都要严格遵守，否则便永远无法将事物整理妥当。如果想要改掉优柔寡断的做法，最重要的是回归原始目的，即归纳整理的初心。如果只是为了整理而整理的话，那么便无法下定舍弃之心。

第一步骤　切忌盲目扩大容量

工作量会不断膨胀，直至用完所有的必需时间。这就是世人们常说的“帕金森定律”（Parkinson's Law）。只要存在多余的时间和人力，那么工作量必然会持续增加直至消耗完这些资源——这是组织的宿命。

如果用金钱来做比喻的话，那就是支出金额在达到同收入金额持平的状态之前会不断增加。因为今年的预算有剩余，所以组织便匆忙地购买用品或频繁安排出差，这正是帕金森定律的表现。

总而言之，容器的大小决定了内容的数量。例如，如果因为房间太小不方便归纳整理便搬到更为宽敞的房间之中，那么总有一天还会出现杂物泛滥的局面。如此一来，我们便会陷入无从下手的状态。

扩大容量只是权宜之计，长此以往只会使事态更加恶化。如果想要顺利地进行归纳整理，不要盲目地扩大容量才是明智之举。

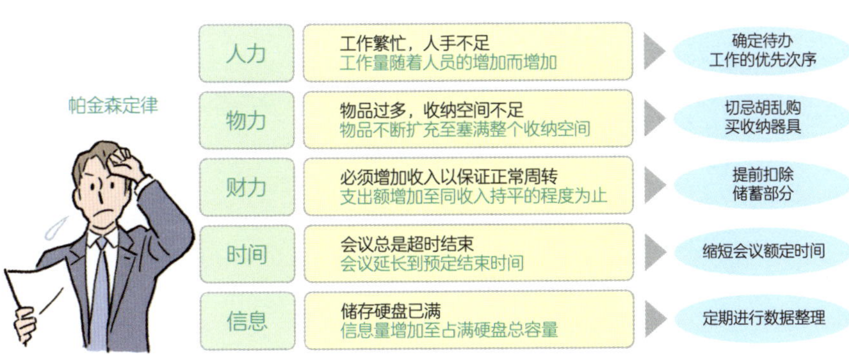

相关技能　保持大脑的条理

36 时间管理　归纳整理技能在时间方面也能够发挥作用。如果你每天都被时间追着跑，那么不妨首先对自己的生活进行整理，并将其作为时间管理的第一步。

41 信息收集　无论收集了多少信息，只要没有对其进行归纳整理便无法使用。我们在整理信息的过程中会有各种各样的新发现。

45 图解图示　在整理信息和思路的过程中，图解图示能够发挥出超群能力。无论多么复杂的事物，只要通过图解来表示，就能立刻变得通俗易懂。

4 笔记整理
信息的一元化管理

当谈论重要的事情时，要做好笔记。然而，我们却经常找不到备忘录或者忘记自己已经就此事做过笔记的事实。为了避免这种情况的发生，笔记整理是最好的应对措施，它可以实现对信息的一元化管理。记录下来的信息有助于创造出新知识。由此可见，笔记整理也是一项非常重要的商务技能。

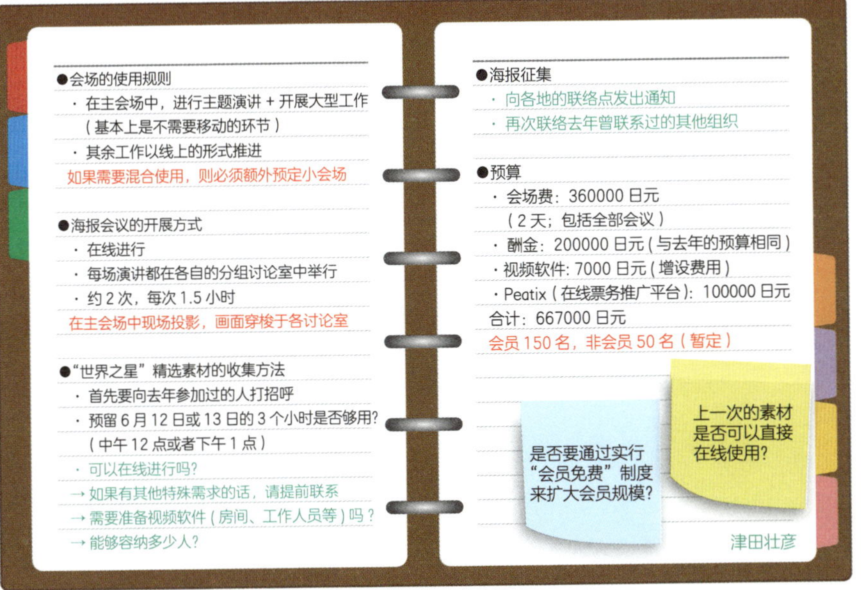

基本思路　用“记录”的方式留下“记忆”

“笔记”的英语形式写作“Note”，其原本的意思为“写下来”。无论是利用笔记本、备忘录还是平板电脑等方式，一切**记录**信息的行为都属于**笔记整理**的范畴。

信息记录不但有助于整理思路，而且还便于记忆。在你忘记某些重要信息时，便可以通过翻阅笔记的方式回忆起来并正确地传达给别人。我们在笔记本上积累的知识和信息越多，就越有可能获得新的发现和见解。因此，我们不但要掌握工具的使用方法，而且更要考虑好需要整理哪些信息。

技能组合　在工作中提升笔记整理技能

用于备忘提醒　正式会议、碰头会、会晤、商务洽谈、出差、培训、视察、采访……这些活动充斥着我们的日常工作。如果我们没有将与人见面交谈的内容记录下来的话，很快便会遗忘。为了不让笔记散失，最好的办法是将所有的事项按时间的顺序记录在笔记本中。如此一来，我们便可以在参看笔记的同时展开讨论。当然，你也可以把它作为一种可视化工具加以运用。比如将资料缩小复印后添加上去，或者将名片贴在上面。如果有需要完成的工作，那么也需同时将其抄写至任务管理表之中（见下文）。

就笔记整理而言，最重要的不是书写漂亮，而是要保证记录速度。对此，我们可以灵活使用缩略语、符号、图画等有效工具。但是，做笔记时也切忌过于着急，否则事后就很难读懂所记内容了。因此，我们要养成做完笔记之后对内容加以确认的习惯，这样才可以做到防患于未然。

项目	缩略语、符号
活动	会议（M）、出差（T）、项目（PT）
职位[①]	经理（B）、副经理（J）、科长（K）、组长（S）
优先顺序	最重要（◎）、重要（○）、紧急（★）
变化	增加（↑）、平稳（→）、减少（↓）
接续词	例如（ex）、因此（∴）、假设（if）
5W1H	地点（@）、伙伴（w/）、时间（h、m）
商务用语	信息（info）、会晤（ap）、账单（inv）
电子邮件用语	回复（res）、补充说明（ps）、转发（fw）

用于任务管理　通过笔记整理的方式对任务和日程进行一元化管理可以提高工作效率。例如，我们制作一个月（周）日程表，然后将会议、会晤、出差及交货日期等信息全部填写进去。

每天早上要浏览一遍日程表并列出待办事项清单，之后将已完成事项从中删除。另外，我们还可以通过看板（列出待办事项、进展事项、完成事项、待定事项）的方式来进行自我进度管理。这样一来，笔记整理不但有助于把握工作整体情况，而且还有利于确定任务的优先顺序。

① “职位”中列出的缩略语取自各单词在日语中的首字母，读者可根据实际情况替换。——编者注

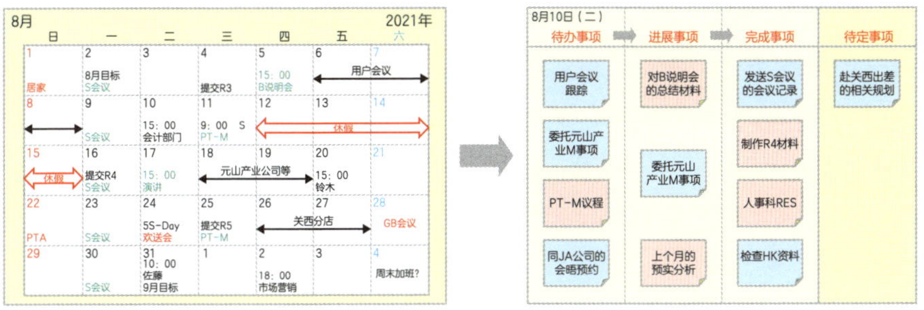

用于保留灵感　灵感总是在不经意间突然降临。如果没有立刻将转瞬即逝的灵感记录下来并作为智力活动素材的话，那就实在太可惜了。它可以是一条有趣的信息、一个出差时的发现、一句打动心灵的话语或一种工作中的感悟……无论想到什么，都可以随意地记录在自己的笔记本上，哪怕只写数个关键词也没有关系。当遇到无法用言语表达的事物或状况时，还可以用插图或图解的方式来体现。另外，附上剪报和照片也不失为一种好办法。

偶尔翻看**灵感笔记**，就可以从中找到可用于策划和演讲的绝佳素材。在时间充裕的时候，我们还可以将不同创意组合起来，或者使用**思维导图**等工具在笔记本上进行**头脑风暴**也是非常不错的。

令人感到惊讶的是，记录灵感笔记能够大幅提升对信息的敏感度。如果我们能够设定“每天记录3个灵感”一类的目标，就能发现许多过去未曾留意的事情。

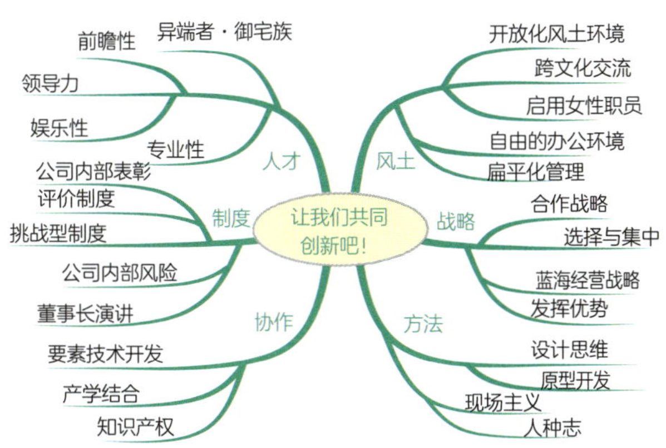

用于记录人生 记录人生轨迹的最简单方法就是如实地记录当天发生的事情和自己所采取的行动（日志）。每天大概记录2～3行就足够了。哪怕只是写下起床和就寝的时间及吃过的食物也可以。略感不足的人还可以把自己的感受、浮现在脑海中的想法及亲朋好友所说的话等一起记录下来（日记）。

但问题的关键在于之后要重新阅读。这样我们才能够发现自身总是被忽略的一面，并且从中得到对未来之事大有裨益的经验教训，从而找到新的奋斗目标。它作为提高**自我认知能力**的工具，能够让自己的人生轨迹清清楚楚地呈现在眼前。

除此之外，读书笔记、旅行（出差）游记、减肥日志或酒馆消遣记等一系列无可替代的人生记录（**生活日志**）也能够发挥同样的作用。另外，我还建议大家把目标的完成度记录下来，这将成为审视自身的最佳材料。

五大目标（2021年版）	12（星期一）	13（星期二）	14（星期三）	15（星期四）	16（星期五）
①每天要走10000步以上	○	○	×	○	○
②每天要学习15分钟以上的英语对话	△	△	○	△	○
③每天要读20页以上的书或杂志	○	◎	○	◎	△
④每天都对家人和下属进行鼓励	○	△	○	△	○
⑤经常保持笑容，不要露出可怕的神情	△	△	○	△	×
综合评价	○	△	○	△	○

第一步骤 切忌过分纠结于工具的选择

很多立志要开始进行笔记整理的人首先面临的问题是使用怎样的记录工具。有的人主张使用**传统工具**（如纸质笔记本、备忘录等），而有些人则主张使用**数字工具**（如智能手机、平板电脑或个人笔记本）。这两类工具各有千秋，令人难以抉择。虽然有些新型工具同时具备上述两种工具的特点，但是总给人一种看似方便却并不完美的印象。如此看来，想要找到一个合适的记录工具并非易事。

我的建议是不要试图一下子就能找到完美的工具。只要遇到能够吸引你的事物和场景，我们就要抓紧时间记录下来。此时，只需在文具店中买一个时髦的备忘录就足够了。当然，我们也可以把更换新手机当作开始记录生活的契机。

一旦过分纠结于工具的选择，那么我们就会以熟练使用该工具作为最终目的，进

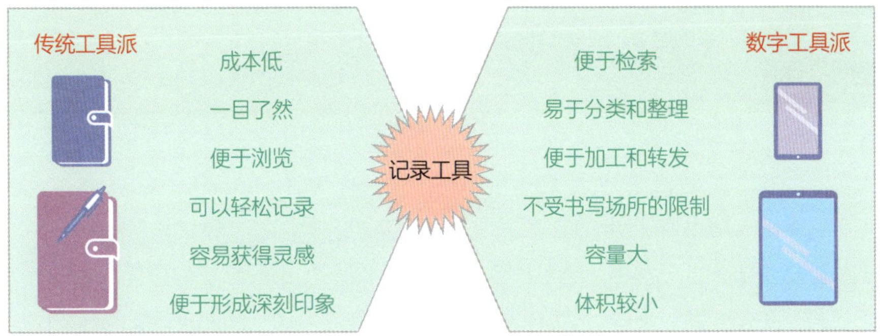

而也就忽视了笔记整理的意义。工具总是在不断地进化，我们可以不断寻找最适合自己的那一种。另外，你必须要记住的是无论选择哪种工具，只有坚持不懈地记录下去才有意义。

相关技能　进一步灵活运用笔记

41 信息收集　笔记整理的质量取决于所记录信息的质量。特别是在灵感笔记中，信息的输入是决定性因素。

43 归纳整理　我们辛辛苦苦才积累了大量的信息，但若将其束之高阁，便无异于暴殄天物。对这些信息进行适当归纳整理，有时会带来一连串的意外发现和灵感。

50 学习提升　笔记本中的各种记录反映了一个人的工作方式和生活方式。这些内容究竟只是单纯的记录，还是对人生颇有助益的教训，这一切都取决于当事人掌握了多少学习技能。

45

图解图示

对思维进行可视化处理

当别人指出你所制作的资料令人难以理解的时候，不妨尝试采用图解图示的方法来解决这一问题。当面对错综复杂的问题时，画图思考有助于凸显整体结构。在报联商、演讲、策划和会议等所有工作场合中，图解技巧都能够发挥作用。

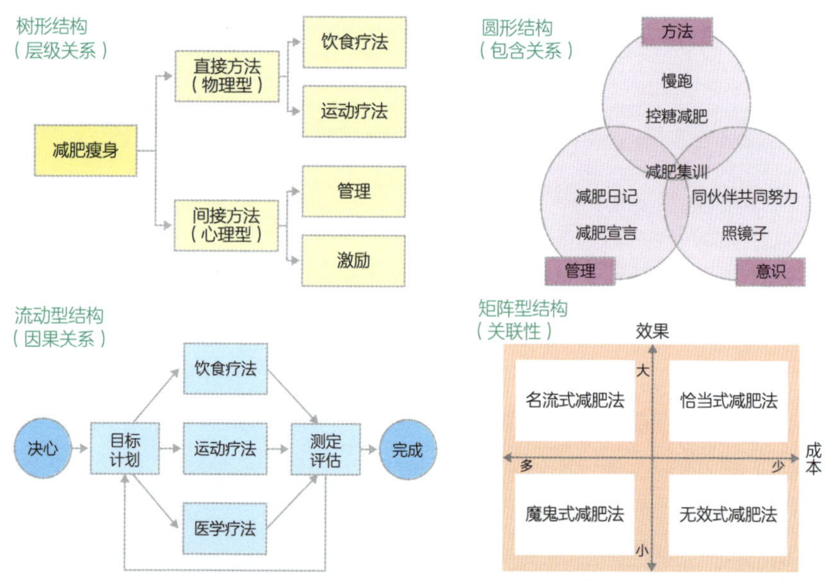

基本思路 **表明事物的整体结构**

所谓**图解图示**就是使用图形来解释说明。对于错综复杂的内容，与其用冗长的语言来描述，倒不如以画图的形式来说明。画图思考不仅有利于整理思绪，而且还能够促使讨论的要点显现出来。此外，图表还有助于对事物形成深刻的印象，只需稍稍看图便能拓展思维。

图解是一种可以广泛运用于整理、分析、传达、思考等智力生产活动的实用工具。如果掌握了用图表进行思考的技能，便能够提升工作速度。

技能组合　用图表思考问题

图示关系　表示事物结构（关系）的最简单方式就是用线条连接各元素。这就是图解图示的基本形式。只要把具有相关性的各要素用线条连接起来，就能够勾勒出整体的结构。

此时，我们还可以用**箭头**来表示关系的本质。例如，原因和结果（因果关系）、事前和事后（时间关系）、选择和矛盾（对立关系）、给予和接受（交换关系）等关系如果依靠图解来表示的话，那么其间的关联性便可以一目了然。

通过图解可以让所有人一目了然
因果　图解 → 理解

图解图示和文字表述哪种更花费工夫?
选择　图解 ↔ 文字　?

实现图解图示同文字表述的相互转换
转换　图解 ⇄ 文字

图解图示的另一种基本形式是将相似的东西整合在一起并用图形**框起来**。通过这一步骤，可以将众多要素归纳分解为若干组别，进而能够更加轻松地把握整体状况。

图解看似错综复杂，其实是由“连线”和“图框”等要素构成的。因此，要想掌握图解技能必须从熟练使用这两项操作开始。

区分使用构图　在使用图解图示来整理事物的过程中，经常会出现某些固定构图（配置模式）。这就是所谓的图解模式（框架）。例如，**树形结构**适合表示“大分类→中分类→小分类”一类的层级关系。当各要素的性质出现重叠时，则可以选择**圆形结构**来表示。

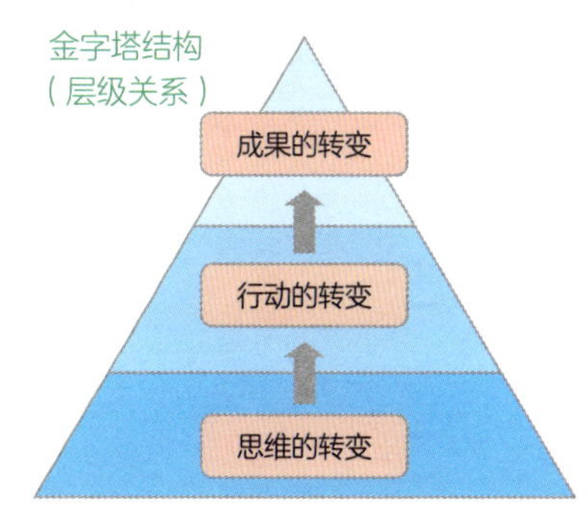

如果想按照时间或因果顺序排列各要素的话，则可以采用**流动型结构**。另外，从两个切入点出发来对事物特征进行整理的**矩阵型结构**也是常用的构图法。除上述结构外，还有**金字塔型**、**循环型**等许多模式。无论哪一种模式，都是在上述四种初级模式的基础上加以优化整合而形成的。因此，只要我们能够熟练地运用最初的四种基本模式就足够了。

无论套用上述哪种模式来图解图示，都能够在一定程度上节省思考时间。在此基础上，我们还需按照需求对其进行适当的调整和组合。

区分使用图表 图形显示的是定性关系，而图表显示的则是定量关系。图表作为一种非常重要的图解形式，可以分为若干类型。其中，具有代表性的有表示数量的柱形图、表示变化的折线图、表示比例的饼状（面积）图、表示分布的直方图以及表示相关性的散布图等。比起直接使用表格罗列数字而言，这些图表形式更易于把握。

与图形不同，图表要求的是准确性。要想正确地使用图表，就必须具备数据活用的相关技能。图表的可怕之处就在于，只需稍稍改变轴刻度等要素便可以给受众留下完全不同的印象。因此，我们可以将其看作是一种考验制表者良心的图解方式。

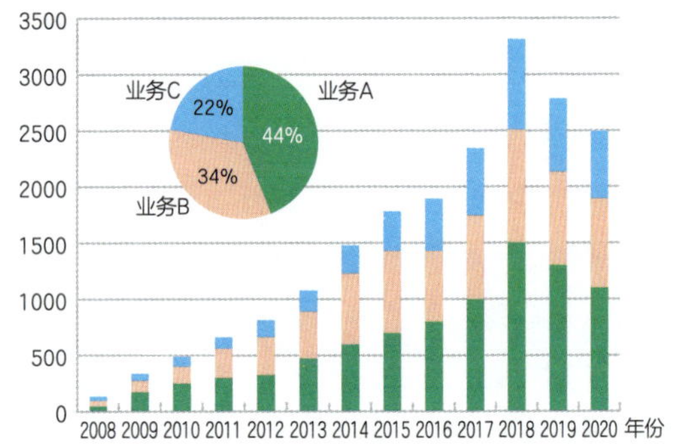

提高表现力 只要稍微对图解的设计做出修改，其吸引力便会大不相同。例如，人们普遍认为图形的大小和箭头的粗细反映了重要程度，因此我们在使用这些元素的时候必须做到与内容相匹配。标注字符底纹或反白等强调方式亦是如此，但如果使用次数过多的话反而会模糊重点。另外，文字的字体、大小和颜色等也是影响整体印象的重要因素。

配色也值得花费一定的心思。首先，我们要尽量控制颜色的数量并选择商务风格的沉稳色调。另外，还要考虑黑白打印对表现力的影响。同时，各要素也应当排列整齐，否则便会给人以杂乱之感。最后，我们还要调整好文件的整体布局。就此，图解步骤宣告完成。

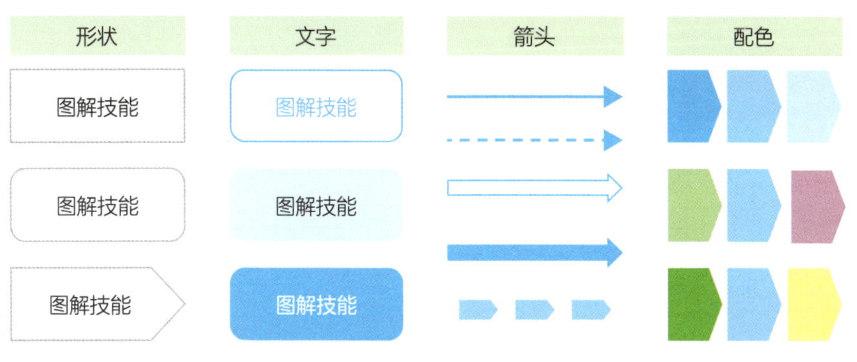

第一步骤　从手写笔记开始

一开始就使用演示文稿（PowerPoint）来制作图解，难免要花费时间来适应。因此，我们不妨首先学会在纸上手绘简单的图解。这也被称为**“图解笔记”**。如果只是用于碰头会或者整理思绪，那么这种图解练习方式完全可以应对。

我们用电脑制作资料的时候，也可以从这种图解笔记开始。当你在听别人讲话并做记录时，如果采用图解笔记的整理方式，那么日后对这些信息的运用就会方便许多。另外，我们还可以在会议中将其运用于**图像引导**。

对于不擅长制作图解笔记的人，我建议从分条列点**（概要）**开始。具体说来，就是把关键词和关键句全部提炼至笔记本或便利贴上，在浏览列表的过程中构思图解。

文章

如果强调想要表达的重点，那么借助图解的方式便会更加易于理解。具体来说，就是把文字加粗加大、把图形换成醒目的颜色、改变图形形状或者给图形加上阴影等。

然而，我们在实际制作过程中会不知不觉地滥用上述方法，最终反而让人难以把握重点。尤其是在完成整体报告后试图让某些内容凸显出来时，这种问题会频频发生。

为了避免出现这种情况，我们需要首先决定“高光部分”，并只对该部分进行强调。之后再调整整体色调，如此便能制作出重点分明的图解了。

分条列点

- 强调重点
- 文字、颜色、形状、阴影……
- 一不小心过度强调
- 要点变得模糊不清
- 先确定“高光部分”

图解

文字　颜色
强调
形状　阴影

哪里是重点?

从确定“高光部分”开始

总之，图解的关键在于最初的构想，因此没有比手写笔记更好的练习方法了。

相关技能　将图解灵活运用于工作之中

34 电脑操作　商业软件内置的绘图功能对于创建漂亮图表而言是至关重要的。它要求我们能够自如地运用各种功能并掌握快速构图的能力。

44 笔记整理　笔记整理是图解发挥作用的重要战场。只需随身携带小型素描本和10种颜色的笔，那么无论走到哪里都能够制作出令人赏心悦目的图解。

46 文书设计　无论图解画得如何出色，如果文件资料的整体内容令人费解，那么一切都是没有意义的。因此，我们必须掌握文书设计技能，否则为完成图解所做的一切努力都将付之东流。

6

文书设计

提升传达力

人人一开始都想制作出既漂亮又夺人眼球的文件资料，但之后会发现光是把必要信息罗列出来而已，这样做出来的资料毫无亮点，缺乏品位。这大概是因为还没有掌握文书设计的相关技能。只要我们掌握了设计要点，那么制作出的资料的吸引力就会大大提升。

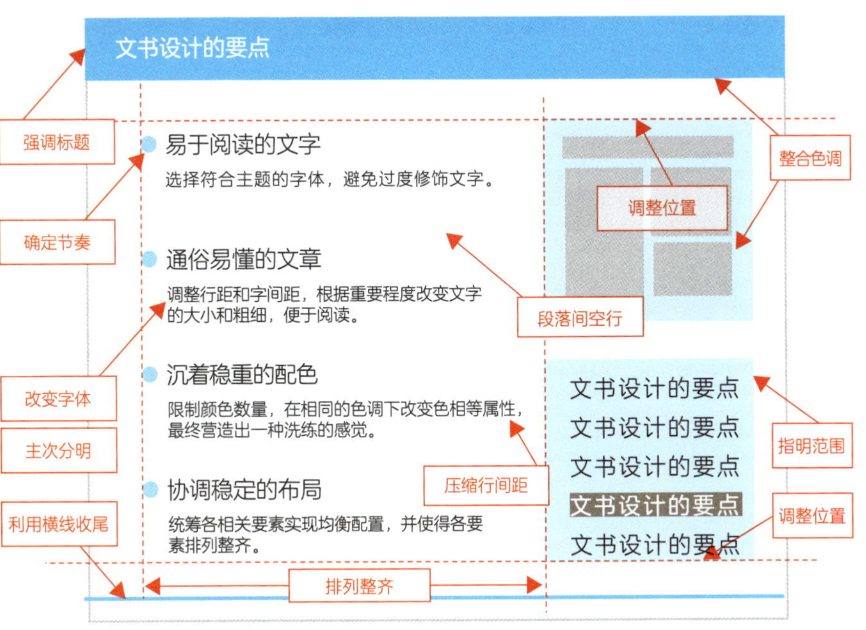

基本思路　设计信息

所谓文书设计是指对演示幻灯片、策划书、网站等商务活动中所必需的信息的处理过程。这样做并不单纯是为了制作出外观漂亮的文件资料，而是“将想要传达的内容的意义结构（逻辑）反映在外观的物理结构（布局）之上”（高桥佑磨）。

设计不是品位，而是一种技能。只要牢记一系列可以使文章看起来更加简单易懂的规则，那么人人都能够制作出既令人赏心悦目又通俗易懂的文章。

技能组合　践行设计规则

文字设计　文件的可读性在很大程度上取决于字体。诸如报告书一类的长篇幅文件，你可以使用**明朝体**（Mincho）[①]或者细黑体。另外，只在标题部分使用粗黑体的话会使其更加醒目。

在演示资料等以短句为主的文件中则多使用**黑体**。除非有特殊情况，否则一般不会在商务场合使用波普字体和毛笔字体等特殊文字。西文文字要用西文字体，但其同汉字混在一起的时候，要注意字体的区别使用。

想要强调部分文字的时候，可以采用**加粗**或**斜体**等处理方式，也可以改变文字颜色、标注字符底纹或者反白等。但如果过度使用上述技法，结果只能适得其反。

使用明朝体字体
使用黑体字体
使用粗黑体字体
用粗体强调**关键字**
改变文字的颜色
标注字符底纹
反白

文章设计　首先要确定基础文字的大小，估算每行的字数及每页的行数。**文字间距**和**行间距**要随着使用的字体而变化，过窄或过宽都会影响阅读效果。文字要**主次分明**。重点部分的文字尺寸要放大，以引导读者视线。

如果文章过长，则需要**分段**。在划分段落或分条列点的时候，段落间距决定了文

行间距约为字体大小的0.7倍

适当的行距

所谓信息收集是指为了达到某种目的而寻找并收集有价值信息的行为。所收集信息的好坏会大大地影响到智力生产活动的质量。

在收集信息时，最重要的是要有明确的目的和问题意识。只有对问题本身抱有浓厚的兴趣，才可以提高信息敏感度并筛选出所需要的信息。世界上存在许多的信息来源和信息工具。只要我们把它们综合起来加以运用，便能够及时获得真正需要的信息。

适当的段落间距

- 确定字符数和行数
  确定字符间距、行间距和分栏数
- 确定段落及间距
  确定段落的数量及间距并进行配置
- 设计小标题
  确定小标题的重要程度及标注符号
- 调整文本的长度
  研究换行的位置和文末的处理

① 日文常用字体，此处可对应中文宋体。——编者注

本的可读性。添加**小标题**的时候，要通过加粗放大其文字等方式来同正文进行区分，进而使得结构更为浅显易懂。最后，还需注意换行后的位置及篇幅末尾的界限。

颜色设计　**配色**是决定文书整体印象的重要因素。颜色过多会导致阅读困难，因此所用颜色不得超过4种。另外，太过鲜艳的颜色不适用于商务场合，而稍微沉稳低调的颜色反而显得更加简洁大气。

相同色相下改变明度

相同明度下改变色相

结合互补色进行颜色设计

结合灰色进行颜色设计

增加对比度

设计　设计　设计

在进行颜色组合的时候，我们要在相同的**色相**下改变**明度**和**饱和度**，或者在相同的明度和饱和度下改变色相，这样才能取得更好的效果。如果想要突出重点，可以使用**互补色**。在颜色较多时，可以添加一抹**灰色**使整体变得更加清爽。

另外，将想要强调的文字换成别的颜色，或者让文字颜色同背景颜色形成鲜明的**对比**也称得上是不错的方法。总之，我们要赋予每种颜色存在的意义，并按照一定的规则使用颜色，否则会对读者们造成一定的干扰。

版面设计　**版面设计**能够表明所刊登信息的结构。在进行版面设计时，要将标题、正文、小标题、插图等要素看作独立部分并进行**分块处理**。在此基础上，我们需要在考虑视觉强度（重点）的同时，合理地配置各组成要素。

我们在设计时要考虑**视线的移动**方向，即从上到下、从左到右。使用相似的模

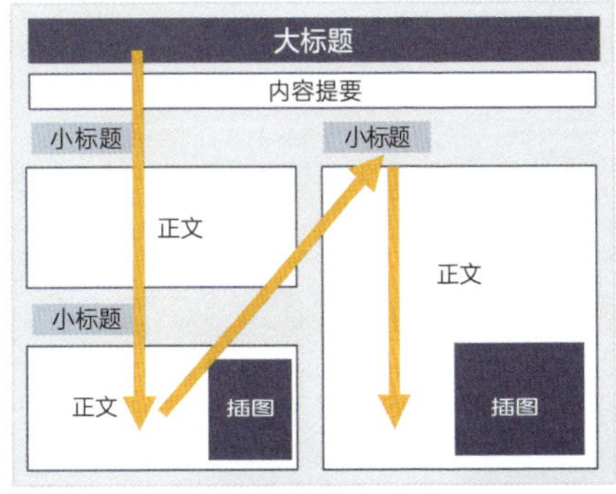

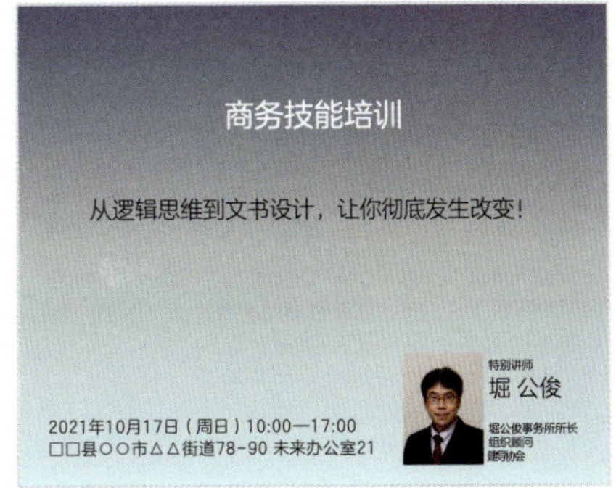

版，便自然而然地会产生**节奏**。标题和正文文字大小的**比例**也不容忽视。标题相对较大时便会增加动感，而相对较小时则会给人以正式感。此外，留出适当的**空白**、将各模块**排列整齐**并调整整体布局也是非常重要的。

第一步骤　从单色定型的文档开始着手

提起文书设计，大多数人都会想到PowerPoint。但是，我们在设计幻灯片的时候不得不考虑排版和配色，所以很容易就能够看出技能上的差异。因此，首先从定型的**单色文档**（Word）开始是最为保险的。

问题的关键在于不能单纯罗列文字。你可以通过改变字体、划分段落、分清语句主次等技能来使得自己的文件资料更方便阅读。适当调节标题和正文字号的比例，便能够增加视觉冲击力。如此一来，即使不使用任何颜色也能够提高文档的吸引力。这对于学习文书设计的基础知识而言是再好不过的了。

另外，我们还要多观察杂志、传单、悬挂广告等由专业人士制作的商业设计，从中学习排版和配色技巧，之后再挑战制作演示文稿，一定能获得飞快的进步。

致人事科科长　　　　○○年○月○日

△△部□□科　山田太郎

新人研修实习报告

通过此次研修，我对自己有了一定的新认识。在此，我要向大家分享我的心得体会并表明今后的目标决心。

1）设定目标，逐步推进

在研修小组中，我充当了领导者角色。然而，由于时间紧迫，我没有能够很好地带领团队且只是匆忙地完成了被交代的任务。究其原因，是因为我没有提前设定好目标和课题，也没有做到有计划地推进工作。职场需要多人协作，我的失误打乱了团队精神。对此，我想先参加一个外部培训课程来学习与管理（特别是PDCA）相关的基础知识。

2）拓宽视野，深入思考

在与同期成员进行讨论的过程中，我惊讶于他们能够不断提出许多我从未思考过的观点。我的阅读经历和兼职体验严重不足，经验和知识面也相当狭窄。除此之外，我也深切地感到自己缺乏深入思考的态度和意愿。对此，我希望自己在以后的工作和生活中即便一时找到了答案也不要掉以轻心，而是要反复思考并寻找其他的解决途径。

3）树立成本意识，专心致志工作

当我开始写这个报告的时候，才深刻地意识到此次培训是对我们的一种投资。公司是为了赢利而存在的，我们争取早日成为能够独当一面的人才，对公司的付出予以回报。对此，我们首先要保证工作质量并严守完成日期，努力避免出现不必要的成本支出。

→

致人事科科长　　　　○○年○月○日

△△部□□科　山田太郎

新人研修实习报告

通过此次研修，我对自己有了一定的新认识。在此，我要向大家分享我的心得体会并表明今后的目标决心。

1）设定目标，逐步推进

在研修小组中，我充当了领导者角色。然而，由于时间紧迫，我没有能够很好地带领团队且只是匆忙地完成了被交代的任务。究其原因，是因为我没有提前设定好目标和课题，也没有做到有计划地推进工作。职场需要多人协作，我的失误打乱了团队精神。对此，我想先参加一个外部培训课程来学习与管理（特别是PDCA）相关的基础知识。

2）拓宽视野，深入思考

在与同期成员进行讨论的过程中，我惊讶于他们能够不断提出许多我从未思考过的观点。我的阅读经历和兼职体验严重不足，经验和知识面也相当狭窄。除此之外，我也深切地感到自己缺乏深入思考的态度和意愿。对此，我希望自己在以后的工作和生活中即便一时找到了答案也不要掉以轻心，而是要反复思考并寻找其他的解决途径。

3）树立成本意识，专心致志工作

当我开始写这个报告的时候，才深刻地意识到此次培训是对我们的一种投资。公司是为了赢利而存在的，我们要争取早日成为能够独当一面的人才，对公司的付出予以回报。对此，我们首先要保证工作质量并严守完成日期，努力避免出现不必要的成本支出。

→

致人事科科长　　　　○○年○月○日

△△部□□科　山田太郎

新人研修实习报告

通过此次研修，我对自己有了一定的新认识。在此，我要向大家分享我的心得体会并表明今后的目标决心。

①设定目标，逐步推进

在研修小组中，我充当了领导者角色。然而，由于时间紧迫，我没有能够很好地带领团队且只是匆忙地完成了被交代的任务。究其原因，是因为我没有提前设定好目标和课题，也没有做到有计划地推进工作。职场需要多人协作，我的失误打乱了团队精神。对此，我想先参加一个外部培训课程来学习与**管理（特别是PDCA）**相关的基础知识。

②拓宽视野，深入思考

在与同期成员进行讨论的过程中，我惊讶于他们能够不断提出许多我从未思考过的观点。我的阅读经历和兼职体验严重不足，经验和知识面也相当狭窄。除此之外，我也深切地感到自己缺乏深入思考的态度和意愿。对此，我希望自己在以后的工作和生活中即便一时找到了答案也不要掉以轻心，而是要反复**思考并寻找其他的解决途径**。

③树立成本意识，专心致志工作

当我开始写这个报告的时候，才深刻地意识到此次培训是对我们的一种投资。公司是为了赢利而存在的，我们要争取早日成为能够独当一面的人才，对公司的付出予以回报。对此，我们首先要**保证工作质量**并**严守完成日期**，努力避免出现不必要的成本支出。

相关技能　**提高设计效果**

16 演讲技能　文书设计就是将想要表达的信息直观地表现出来。如果演讲的内容本身就有问题，设计得再好也是没有意义的。

20 写作技能　晦涩难懂的文档并不能够通过设计提高吸引力。写出任何人都能读懂的逻辑性文章才是重要前提。

45 图解图示　图解、照片、表格等视觉素材是文书设计的核心要素。如何进行设计和排版直接关系到文档的可读性。

47 建立人脉

培养人际关系

每个人都能够切身体会到人脉关系的重要性。但是，要说为此花费了多少时间与精力，最多也就是频繁地参加聚会罢了。除了同窗会，很多人不会特意地去建立企业外部人际关系。但是我们要记住，正是因为身处可以用网络快速连接彼此的时代，才更需要真正的人脉。

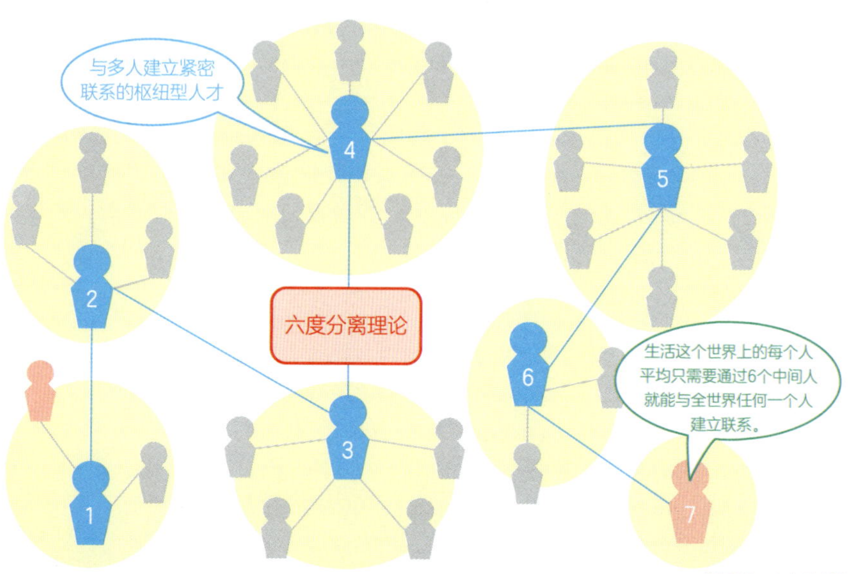

基本思路　建立对工作有益的人际关系网

所谓**人脉**是指人与人之间的联系。本书中，我们把建立有益于工作的人际关系这一行为称为**建立人脉**。丰富的人脉不仅能够提高信息的数量和质量，而且还有利于实现能力互补，当然也更助于创造出更多的机会。

建立人脉的目标是树立对等的关系。这种关系超越得失之心，它不但可以让双方在共同切磋的过程中获得成长发展，还能够让双方在共同相处中获得鼓舞和勇气。为了构筑这样一个**网络**，我们需要掌握一系列相关技能。

技能组合　有意识地展开行动

建立联系　开拓人脉的机会有很多。如果你只是想结识更多的人，最简单的方法就是灵活地运用各种跨行业交流会和社交网络。但实际上，并非认识的人越多就越好。我们要做的是与**关键人物**和**枢纽型人才**建立良好的联络关系。因此，参加研讨会、学会等**学习**活动以及志愿服务、社区活动等**协作**活动都是非常合适的联络途径。

初次见面时，第一印象（尤其是最初的1分钟）尤为重要。因为在**首因效应**的作用下，第一印象会影响到别人对你的长期评价和整体判断。我们需要恰到好处地展示自己的外表和内在优点。另外，你还需事先认真地考虑如何做自我介绍以更好地展示自己。同时，对方也会有一系列自我展示的行为。总之，我们必须要尽量避免出现由外表和经历等所导致的**光环效应**。

	强联系	弱联系
优势	话题的核心是共享信息，且易于产生共鸣。通过建立共同语境，可以提高沟通效率。	较少出现信息重复和人脉重叠等现象，因此获取新信息的效率较高。
劣势	容易反复回味同一件事情，因此会造成信息的重复与浪费。获得的新信息数量同所付出的成本不成正比。	引起共鸣的话题较少，很难让彼此产生亲密感和安全感。因此，需要花费大量的时间来维持彼此的关系。

保持联络　保持联络是比建立联系更为复杂烦琐的任务。首先，你要积极地联系对方，并对对方的主动联络迅速地做出回应。当然，如果能够定期多次见面的话，那是最为理想的状态。因为在**曝光效应**的作用下，彼此之间的**好感**会不断增加。此外，并排就座、寻找共同点、关注变化及共同就餐等行为都有助于增加好感。

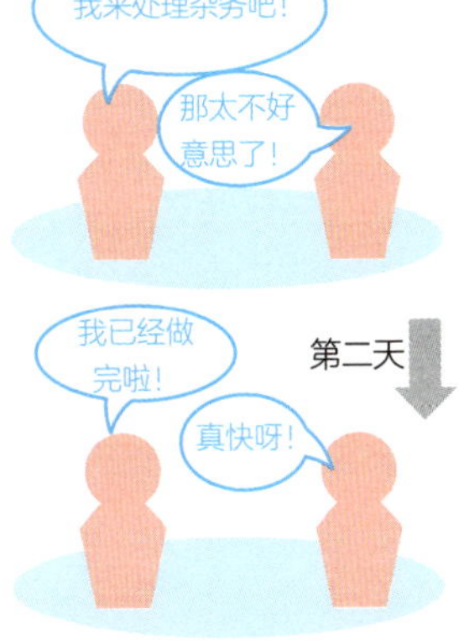

其中，最好的办法是帮助对方做些事情。比如，在条件允许的情况下主动接受脏活累活，并设法提前完成任务等。因为这可以向对方充分地展示我们的能力。对方会记住这份好意，由此旨在“投之以桃，报之以李”的**互惠原则**便能够发挥积极作用了。

另外，从自己的人脉中选择一位有价值的人物介绍给对方也不失为一种好办法。正是这种脚踏实地的日常联络行为才拉近了彼此间的距离。重要的是，我们要站在对方的角度思考自己能够做什么。

深化关系 **自我表露**是建立牢固关系纽带的关键因素。如果你能向对方讲述不轻易示人的烦恼和秘密，那么对方会认为这是一种信赖自己的表现。在互惠原则的影响下，对方也会尝试去向你倾诉。如此一来，彼此便能够敞开心扉地进行交谈，信任感就此不断加深。因此，我们必须重视私人交往。

另外一个重要因素是**互帮互助**。在对方有困难的时候自己要施以援手，在自己有困难的时候要请求对方帮助。正所谓“有借有还”，在这一去一来的过程中，双方的关系会变得更为紧密。如果不能马上回报对方的帮助，你可以在接下来的一段时期内一点一点地报答对方。互帮互助关系一定是建立在**对等关系**之上的，否则便无法长久地存在下去。对此，最好的办法就是一起体验艰难的任务。

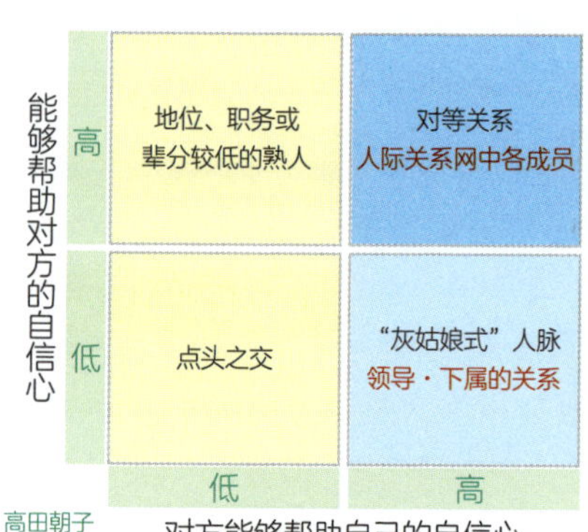

给，永远比拿快乐。我们不能只考虑对方能够为自己提供怎样的帮助，而是要思考自己能够为对方做些什么。彼此都愿意助对方一臂之力的关系，才算得上是真正的人脉。

提升自我 能否建立良好的人际网络最后取决于我们自身。如果没有一定的权力和声望，那么就只能依靠**人格魅力**来吸引大家的关注。例如，坚持不懈地挑战，认真踏实地工作和学习以及时刻想着如何帮助他人。如果没有这种吸引他人的魅力，那么任何人都不会愿意主动地接近我们。

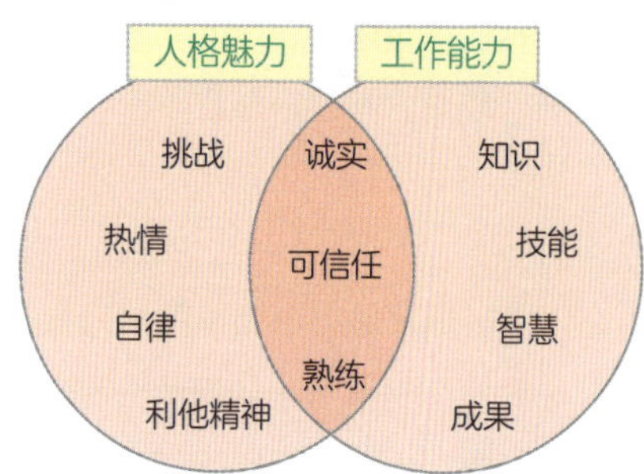

另外，**工作能力**也是关键因素之一。因为假设我们没有帮助对方的能力，那么对方帮助我们是无法得到任何回报的，这不利于人脉的维护。因此，我们要掌握最前沿的信息，拥有他人无法模仿的技术并创造出优秀的业绩。

要想建立人脉，最主要的是要好好地提升自己的魅力和能力并对自己充满自信。如此一来，我们的人际交往圈就会自然而然地扩大。这就是所谓的“物以类聚，人以群分”。

第一步骤　学会“推销”自己

对于想要拓展人际关系网的人，我建议设计一张私人名片，以同公司专用名片区分开来。另外，在设计该名片之时一定要加上头衔。

制作**私人名片**时一定要搞清楚自己真正的工作（职业）是什么。如果成功地确定了自身职业，就试着给它取一个时髦的名字吧。只要你把它印在自己的名片上，立刻就能够给人一种专业人士的感觉。

我们有时会看到某些人的名片上罗列了大量的所持资格和所属的团体名称，这着实令人头疼。因为对方接收名片的主要目的是想知道你是谁。没有找准自身定位的人在建立人脉之前还需要多付出一些努力。

在初次见面时，我们可以把私人名片作为副本递给对方。如此，我们便可以在表明自身本职工作的同时，向对方传达自己愿意为其效劳之意。如果这些自我推销手段能够令对方兴趣大增或另眼相看，便意味着我们迈出了成功的第一步。

相关技能 **与他人融洽相处**

11 沟通交流 如果缺乏沟通能力，那么便无法发展人脉。因此，表述、聆听、询问、观察等基本技能是不可或缺的。

41 信息收集 如果你能够成为周围人眼中的“万事通”，那么你的人际关系网必然会得以扩大。反过来，我们又可以通过这些人脉来获取各种各样的信息。

48 闲聊漫谈 在建立联系的过程中，闲聊漫谈发挥了不容忽视的作用。随意的交谈不但能够加深彼此间的了解，而且还可以活跃气氛、融洽关系。仅仅凭借善于闲聊这一点，就可以形成吸引他人的巨大魅力。

8

闲聊漫谈
打开“话匣子”

有很多人可以灵活应对商务谈判，却并不擅长闲聊漫谈。他们最多只能向对方寒暄问候一下，却不知道接下来要说些什么。事实上，如果能够顺畅地闲聊，就可以建立良好的关系。甚至有人说“闲聊才是最强大的商务技能”，由此可见，闲聊是一种非常重要的能力。

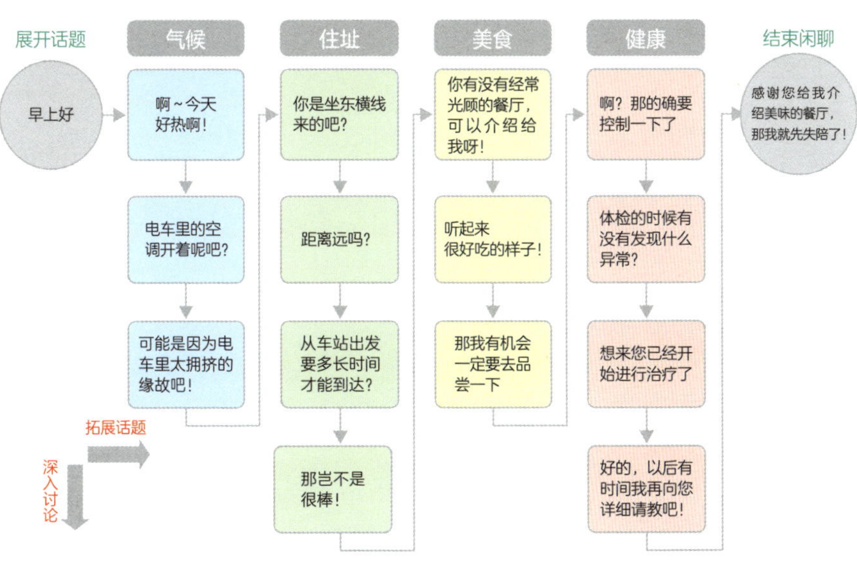

基本思路　为你的人际关系注入润滑剂

所谓**闲聊漫谈（small talk）**是指不设定讨论主题、不刻意追求结论地轻松谈论无关紧要之事的行为。闲谈既是为了能够交换彼此的信息和感情，也是为了“同对方建立并维持良好的社会关系”（清水崇文）。为了保证业务和工作的顺利进行，闲谈是不可或缺的环节。

从电视访谈节目中就可以看出，闲聊是一项看似简单实则深奥的技能。在选择话题和承接话题等方面隐藏着各种各样的诀窍。

技能组合　引导对话的走向

展开话题　同对方闲聊时，脸上要保持微笑并适当调动情绪。寒暄之后的第一句话最为关键。在展开话题的四种方式中，最容易做到的就是提问。如果此时讨论的话题双方均有所了解，便能够顺利地展开闲聊。如果是从现场找话题，则需要双方通过五感来共同感受。

另外，如果以**指定型提问**方式提出问题来让对方直接回答“是”或“否”，便能够在一定程度上降低应答难度。另外，我们还经常用到“是○○吧？”一类的提问方式，它可以起到稍微缓和气氛的作用。当对方就这个问题进行回答之后，你便可以继续提出与该事物相关的问题了。闲聊时要有来有往，这样才能够提高对方的参与感。最开始的时候，每次提问都要加上对方的名字，比如“是○○吗？铃木先生”，这样便能够迅速地缩短彼此之间的距离。

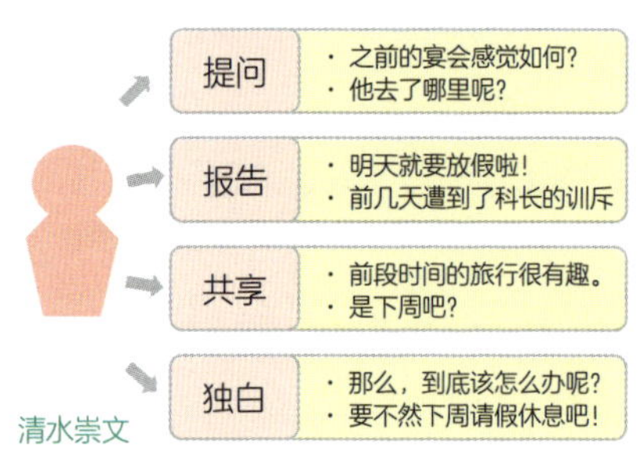

展开话题的四种方式

深入讨论　提问必定是一问一答。你要先询问对方知道的事情（事实和经历），然后再逐渐深入对方的内心身处（感情和思考）。此时，我们再使用**扩展型提问**方式来咨询对方“5W1H”等问题的话，话题自然而然地就多了起来。但是，你要注意不要让自己的闲谈变成盘问。另外，我们在深入讨论的过程中要认真体会对方的真实表达意图，并确定自身真正想要传达哪些信息。

在这过程中不可或缺的环节是**倾听**。随声附及点头示意时稍微显得夸张一点儿，就能够使气氛变得热烈起来。除了复述对方的话或者只说一句“原来如此”之

种类		短语示例
完结形	同意	的确如此、果真如此
	共鸣	非常期待、你已经非常努力了
	认可	不愧是你、好厉害、我过去竟然不知道
促进形	促进	之后怎么样了？
	转换	话说回来、如此说来……
	整理	换言之、这就意味着……

樱井弘

外，你还需要多说一些其他的内容。最明智的做法是不要否定对方所说的话，在有不同想法的时候以提问的形式向对方咨询。

有时对方也会说一些消极的话。此时，如果你在表示理解之后能够转换思考视角和评价标准的话，讨论氛围就不会变得阴暗（例：即使进展得不顺利，但也比以前推进许多了吧）。

拓展话题　闲聊的妙趣就在于既要承接前一个话题，又要不间断地展开下一个话题。你可以以天气、兴趣、新闻、旅行、熟人、家人、健康、工作及衣食住行等话题作为线索，准备一系列的应时素材。其中，最可靠的方法是找到共同话题（属性、嗜好、经历、熟人等）或者继续展开过去曾经聊得火热的话题。比起拙劣的杂学知识，具有实用性的话题更能够活跃气氛。只要你在日常生活中勤于收集素材，在真正交谈的时候就不会慌里慌张了。

当谈到自己知之甚少的话题时，我们要学会带着好奇心去求教。比如，你可以真诚地向对方询问“○○是什么时候的事”“是什么样的人做了○○之事”“如果做了○○之事会如何呢”等问题。但是，“为什么是○○”这个问题很难回答，所以你要尽量避开。

此外，轮到自己说话的时候，可以通过自我表露失败经历、调动情绪或者一人分饰两角等方式来让谈话更为精彩。回答问题时，要尽量把话题延伸开来，为接下来的谈话做铺垫（例：的确如此。比如……）。当然，如果接下来没有什么要讨论的话题，直接告知对方也无妨。比起蹩脚的玩笑，这种方式更能够让气氛融洽起来。

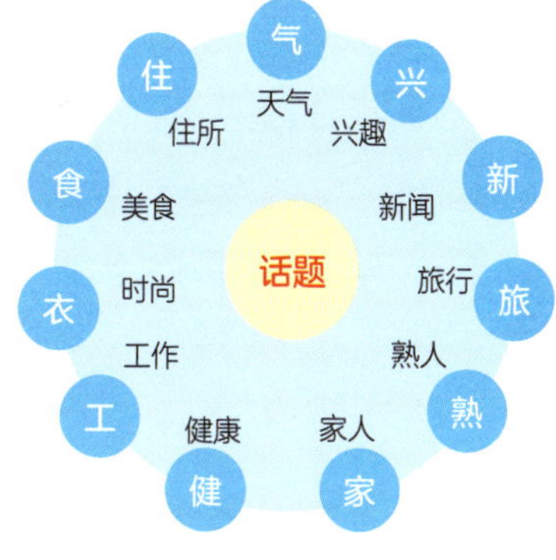

结束闲聊　当结束闲聊想要进入正题的时候，直接用“话说回来”一类的表达方式来切换话题，会给人一种唐突生硬之感。如果我们能够通过“所以，我今天是来谈○○的”等表述方式将正题与现在所讨论的话题联系起来，便能够顺利地实现话题转换。只是单纯结束闲聊时候，除了道别之外还可以附上具体的感想，比如“今天您就○○这个话题和我聊了许多，真的非常开心”等。如此一来，便可以在分别之时给对方留下一个好印象。

闲聊无须得出结论或者进行总结。比起一次性把话说完，倒不如告诉对方自己下次想要和他讨论的话题，这样反而更容易在对方心中留下深刻的印象。这就是所谓的“**蔡格尼克记忆效应**”（Zeigarnik effect）。

像这样，如果能够让对方产生“还想再和这个人聊一聊”的想法，就意味着你已经成了闲聊高手。

第一步骤　选择合适的闲聊练习人选

家庭成员和亲密朋友是进行闲聊练习的合适对象。但如果太过亲密，那么无须多言便可心领神会，从而会导致回应寥寥。但如果为了练习而言行反常，又必然会招致对方诧异的目光，反而会让闲聊变得更为困难。

因此，我建议大家选择理发店、餐饮店等服务行业的**工作人员**作为练习对象。因为即使是拙劣的闲聊，他们也会不露声色地与你展开交谈，甚至有些工作人员也渴望有人能够同他们闲聊。此时，即便话题无法进行下去，也无伤大雅。这也是学习服务行业对话技能的绝好机会。

最开始练习的时候，只需在寒暄问候之余多说几句话就足够了。比如在餐饮店中，我们可以选择“你好，今天有没有什么推荐的菜品呢?”或者“谢谢。这家店开业很久了吗?”一类的表述方式。至于接下来要如何展开对话，就取决于个人的控场

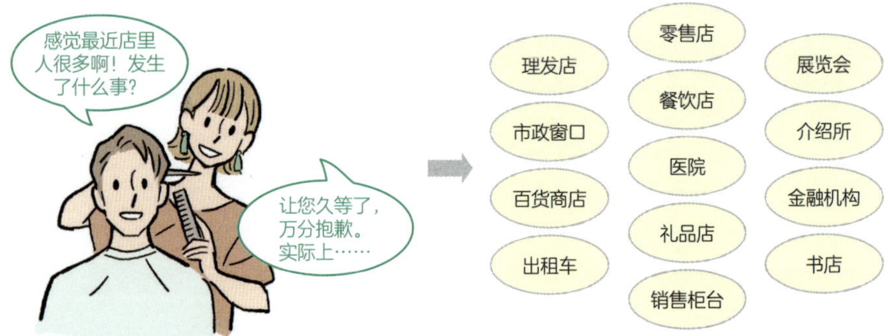

能力了。但是，我们要注意观察对方和店家的情况，不要给对方添麻烦。

相关技能　**充分享受闲聊的乐趣**

11 沟通交流　在闲聊的过程中，方式比内容更为重要。如果你具备较强的沟通能力，那么即使是微不足道的话题也能够聊得热火朝天。因此，我们可以通过闲聊来锻炼沟通技能。

30 反职场骚扰　一旦得意忘形说得太多，便很容易口吐不当之语。为了避免此类情况的发生，我们要时刻谨记把握分寸。

42 阅读书籍　同话题丰富的人闲聊是一件非常令人愉悦的事情。为此，我们有必要在日常生活中广泛地收集素材，而读书则是最佳手段。

49 信息输出

提高输出能力

单纯依靠大量阅读或者参加各种研讨会是无法完全掌握知识和技能的。因为只是一味输入的话，终有一天会全部遗忘。因此，如何将所学知识和技能转化为工作成果就变得极为重要。提高信息输出能力才能够促使学习效率大幅提高。

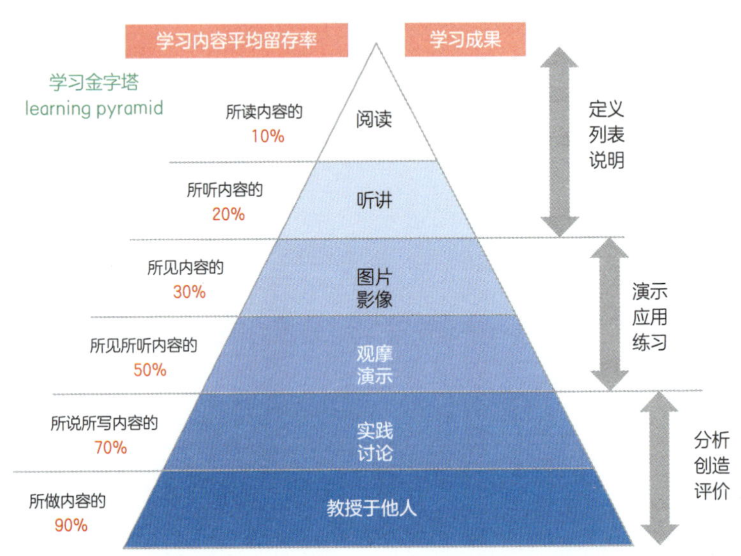

基本思路　**通过输出的方式使知识为己所用**

如果没有做到信息输出（信息发出），那么存储在头脑中的信息很快便会遗忘。通过讨论或者教授他人等方式可以提高学习效率，因为这些方式要求我们对知识有更加深刻的了解，从而促使我们不断提高对事物的兴趣和感知灵敏度，而信息输入（信息接收）的质和量也会随之自然而然地得到提升。

但是，如果不考虑受众的需求而胡乱输出，就只能算是自我满足。另外，我们必须对输出的内容责任，甚至面临着被批评的危险。但正因为如此，我们才能得到锻炼。

技能组合　踏实稳妥地逐步提升水平

面对自己 在对外发送信息之前，先自己练习是最为保险的。比较容易上手的方式主要包括读书笔记等。这不仅仅是要把书中的内容记录下来，而且一定要把自己的理解和意见写下来。待积累到一定程度后再行重读，便可进一步深入挖掘思维。

此外，制作灵感笔记也是一个好方法。每当有新思路的时候，就要立刻将其记录在笔记本或备忘录之中。当然，你也可以把当天的想法和闪现的灵感写在日记之中。在做会议记录的时候，我们也一定要把自己的意见写下来。“合抱之木，生于毫末”，这些小小的成果慢慢地积累起来也能够发挥重要的作用。

社会
社群
熟人
个人
公司内部
公司外部
专家团

当笔记积累到一定程度后，你可以确定一个主题并制作出简单的报告或者拟定对外输出的计划。在该阶段，你完全可以随心所欲。按照自己喜欢的方式来发散拓宽思维是非常重要的。

面对熟人 待到拟发出信息较为成熟之后，你可以尝试向亲朋好友或公司同事倾诉自己的想法，也可以把自己学到的东西教给下属或后辈。无论采用上述哪种方式，我们都能够清楚地把握所学知识的火候。如果你从这一阶段开始交流的话，便能够进一步加深思考。

另外，你还可以提前准备一些简单的发言内容，比如早会上的演讲等。即使讲话内容只有2～3分钟，也足以让我们通过总结的方式来整理自身思绪。如果想让对方认真地听自己演讲，那你还要在内容等方面精心设计以免让对方产生无聊之感。

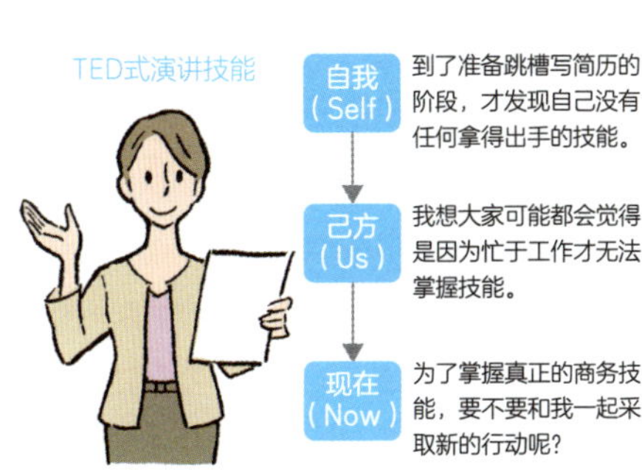

等到建立了一点儿自信心之后，我建议你成立**自主学习会**或**自主研讨会**。这样便可以在内部小圈子中互相输出知识。甚至，你还可以主动请缨担任公司内部的**培训讲师**。虽说是内部讲师，但如果真的能够让别人轻松简单地学到东西，那么你的能力也是如假包换的了。

面对社群 网络是向不特定的多数人发送信息的便利工具，其中最方便的是脸书（Facebook）等各类**社交平台**。每天只在上面写日志是不会增加粉丝人数的，因此你要学会发布一些以工作和兴趣爱好为主题的有价值的信息。因为不确定所写内容会被传播至何处，所以你要对自己记述的内容负责任。

对此略嫌不足的人还可以使用**博客**和**电子杂志**等工具。它们能够让更多人看到你，互相沟通的方式也更为直接。这就要求我们增加投稿数量、提升更新频率，还要在素材的选择上花费更多功夫。

油管视频更适合那些比起写作更擅长说话的人，但若持续更新也是非常辛苦的。不过正因为如此，信息输入和输出的能力都将得到锻炼。但无论采取上述哪种方式，如果无人观看，那么发送的信息便是没有意义的。因此，我们不但要重视信息内容本身，还要掌握巧设标题等一系列吸引他人关注的技能。

❶ 加入具体的数字
保证100%阅读率的7种命题法
❷ 说一些违反常识的内容
想要变得伟大，就不要努力！
❸ 让对方产生疑问和兴趣
你无法出人头地的真正理由是什么？
❹ 宣传稀有性
这本电子杂志独家揭秘业界内幕
❺ 降低门槛
你只需要养成这一个习惯
❻ 激发不安或不满情绪
你的做法完全错误！
❼ 增强说服力
连续10年业绩排名No.1的推销人员向你揭秘

面对社会 通过付费媒体，特别是大众媒体的方式来发布信息是我们的最终目标。这是你成为公认专家的证据，而且你所发表的东西也将永远留存。其中，**书籍出版**是最重要的里程碑之一。

出版的关键不在于写作能力，而是策划能力。你可以将出于工作需要或兴趣爱好而积累的原创素材整理成策划书，然后寻找一家愿意接收的出版社。当然，你也有可能收到博客和电子杂志的约稿邀请。另外，如果你具备一定的经济实力还可以选择自费出版。

一旦你的书籍得到了社会的认可，就会有各类杂志或网络平台向你**约稿**。

策划出版图书

标题	一读即会的技能练习册
目标读者	20～30岁的年轻商务人士
目的	让工作经验不足的年轻人通过阅读此书轻松地掌握商务技能基础知识，并制订出今后提高技能的计划。
特色	・可自我评估具备多少种技能 ・按照顺序答题便可以自然掌握相关技能 ・使用丰富的插图进行直观解说
拟定结构	1 商务技能的必要性和可用性 2 检查自身的商务技能 ・分为思维类、人际关系类和技术类 ・根据职业种类对必要性技能进行检查 3 思维类技能以“地头力”决胜负 ・逻辑性思维、定量分析等 4 通过人际关系类技能成为交际达人 ・职业引导、演讲技能等 5 数字化转型时代所需具备的技能 ・电脑、智能手机、网络等 6 培养属于自己的技能！
同类书	堀公俊《图解商务技能》
作者	山田太郎：毕业于早稻田大学，现就职于元山商事公司人事部 因其在油管开设商业技能相关频道而大受欢迎

此外，被邀请参加**研讨会**或**演讲**的机会也会大大增加。出版书籍会对信息的传递能力形成巨大的影响力。

出版书籍要求我们具备相应的知识和信息。甚至有人认为，写一本书需要阅读一百本书。如果想要真正地了解某个领域的知识，最好的方法就是通过写书不断钻研。

第一步骤　养成信息输出的习惯

一旦养成了习惯，就不会觉得坚持是件辛苦的事了。樋口健夫所提出的“**创意马拉松构思法**”（Idea Marathon）是培养信息输出习惯的最佳选择。具体说来，它是一种“通过将每天所思考的事情连续记录在笔记本上，来不断提高想象力和思考能力的持续性训练方法”（创意马拉松研究所）。

你需要随身携带一个A5大小的笔记本以便于随时记录。之后，我们每天都要在上面记录一个或多个构思，不问内容和质量。哪怕只是想到的事情或注意到的问题都可以。记录方式也完全自由，采用画图或贴照片等方法也都没有问题。总之，要把浮现在脑海之中的构思立刻记录下来。如此反复，直至形成习惯为止。

如果你担心一个人坚持不下去，也可以几个人结组来共同推进。比如，大家偶尔带上笔记本来互相展示自己的构思，就能够取得不错的成果。久而久之，这些想法就有可能发展成为可应用于工作之中的创意方案。这就是所谓的“坚持就是力量”。

创意马拉松构思法笔记

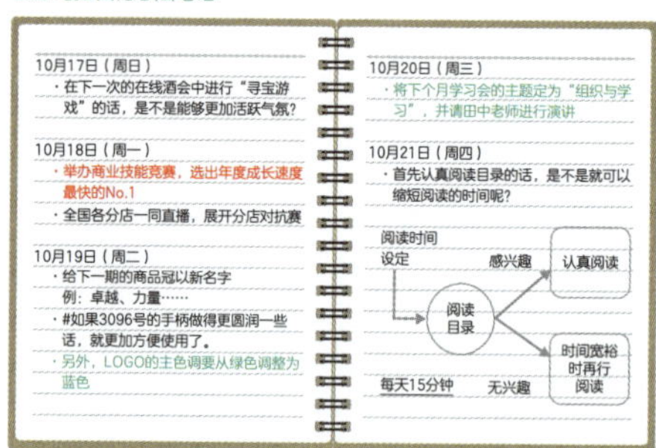

相关技能　提升信息输出的价值

03 创造性思维　信息输出过程中的关键因素是独创性。只有那些迄今为止任何人都未曾察觉到的、具有独创性的信息才有价值。为此，我们需要掌握创造性思维的相关技能。

08 市场营销　信息的输出需要一定的接收对象。为了让信息更有针对性，我们必须提前了解对方的关注点和需求。只要提前掌握市场营销的相关技能，我们就能够有效地输出信息了。

41 信息收集　没有输入就没有输出。我们在日常收集的信息数量将对输出质量产生巨大的影响。

学习提升

不断地成长发展

任何人都渴望尽快成长发展，能够早日独当一面。但尽管如此，上司、老师、父母们从未教过我们方法。曾经的优秀人才在进入公司之后难以成长发展的原因之一，就在于不懂得职场中的学习方法。即使你渴望掌握新技能，但如果不了解学习方法，便无异于纸上谈兵。

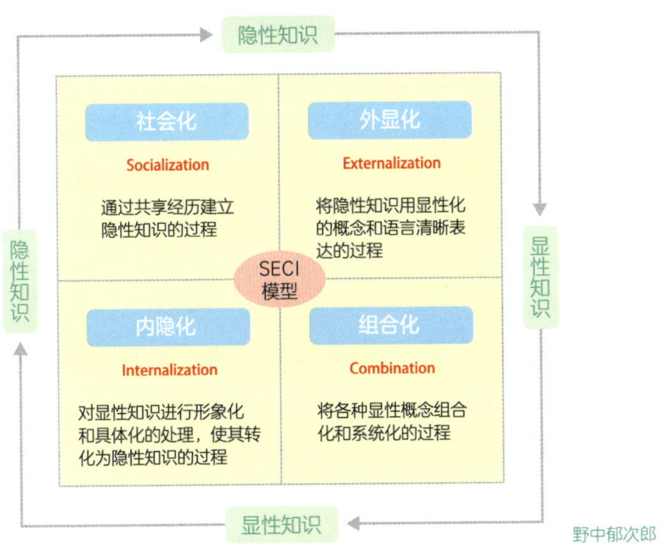

野中郁次郎

基本思路　以自主性变化为目标

所谓**学习提升**就是获取知识、能力并加以修正，从而持续改进行为的过程。学习与年龄无关，永无止境。据说要想成为某一领域的专家，至少需要学习一万小时以上

（**一万小时定律**[①]）。制定具体的课题并以经验为中心自主学习，这才是成年人的学习方式。

学习提升的方法是多种多样的。无论采用上述哪种方法，重点都在于创造一个显性知识和隐性知识交织、螺旋式上升的发展模式。

技能组合　综合运用丰富多彩的学习方法

勤于学习　对于“学习”一词，大多数人的印象就是通过听讲或读书等方式来获取知识并背诵的过程。一般说来，知识是从具有知识的人向缺乏知识的人传递的，这也被称为“**学习迁移模型**”［让·莱夫（Jean Lave）］。

该模型适用于学习理论和步骤等**显性知识**，其优点是可以在短时间内输入大量的知识。如果结合自己的经验来学习，便可以进一步加深理解。

知识创造　研究者创造可传达的知识
知识传达　讲师将创造的知识传达给学习者
知识习得　学习者学习接收到的知识
知识应用　学习者在实践中应用所习得的知识

中原淳

但问题在于无法长期保持记忆。为了不忘记这些知识，你必须要反复地**复习**和**练习**。另外，对信息进行分块化、故事化、图像化处理，也同样有利于加深记忆。

学到的内容如果没有经过现场的多次实践，就不能够完全掌握。这就需要我们根据实际情况适当调整。作者和讲师们不会教到这种程度，因此你只能自己来摸索方法。

体验式学习　一般化的理论未必能够在现场实践中发挥作用。重要的是，要将从自己的体验中获得的**隐性知识**升华为属于自己的理论。大卫·库伯（David Kolb）的**“体验式学习模型”**就持上述观点。

自己的理论会随着情况的变化不断更新。

① 一万小时定律是作家马尔科姆·格拉德威尔在《异类》一书中提出的，强调坚持的时间量度，而非质量，因此近年来出现了质疑的声音。——编者注

因此，学会如何学习是该模型的重点。

掌握体验式学习的关键步骤是要对体验进行**回顾反思**。要想更加深入地了解自己，我们不妨试着将体验写下。或者把有相同体验的人聚集在一起，以研讨会的形式展开讨论。为了不让研讨会变成单纯的反省会，你就需要掌握相应的建导技能。这种研讨会对于缺乏体验的人而言，是从他人体验中学习知识的绝佳机会。

审视自我　假设你因为不擅长口头表达而学习演讲技能，那么在匆忙地接受培训之前，我希望你先认真地反思自己的想法。比如，“学习了演讲技能就能够有好口才吗?”“真的有必要成为一个口才好的人吗?”以及“为什么想要提高口才呢?”等。我们要敢于用怀疑的眼光来审视自身的想法，进而重新思考。这就是M.雷诺兹（M.Reynolds）提出的**批判性学习模型**。

手段探究模式	批判性地回顾是否使用了达成活动目的的最佳手段
目的协同模式	批判性地反思活动目的是否具有普遍接受的合理性
背景批判模式	批判性地省察自己认为正确的目的和手段

在学习过程中，**批判性思维**发挥着非常重要的作用。如果我们没有掌握这种思维方式的话，便无法突破**常规性壁垒**（常识和固定观念）。实际上，单凭一己之力很难摆脱思维定式，最好的方法就是和同伴一起互相提出具有建设性意义的批评意见。要想打破集团的固有想法（例如：工作应该是完美的），就需要听取来自不同文化背景的人们所提出的批评意见。

以学习为契机实现共同成长　即使没有读书和研讨会等学习机会，人们也同样可以在工作中得以成长。最典型的便是工匠界（学徒制度）。学徒长时间跟随师父工作，在边看边学的过程中逐渐掌握技能并独当一面。这是由让·莱夫教授和独立研究者爱丁纳·温格（Etienne Wenger）所提出的“**合法的边缘性参与模式**”（Legitimate Peripheral Participation）。

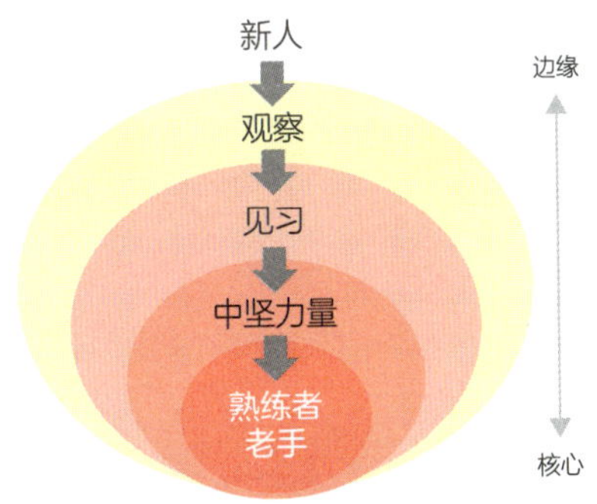

工作和学习本为一体，知识和技能是在实践过程中得以共享的。新人如果能够从老手那里学到技术，便可以独当一面了。对于

老手而言，教授也是学习的最佳手段。正所谓“教学相长”，这样**共同切磋**的过程能够促进彼此的成长进步。

遗憾的是，无论是在职场或是项目之中都很难建立起这样的社群。那么，我们不妨向社区活动、专家团、志愿者组织等企业外部团体寻求帮助。学习没有界限，在别人那里学到的智慧也一定会在工作中派上用场。

第一步骤　彻底地通过模仿来学习

“学习”和“模仿”来自同一个词源。日本的艺能界和武道界常用的**“守·破·离”**①学习模式和A.科林斯（Allan Coilins）等人所提倡的**“认知学徒制理论”**（Cognitive Apprenticeship）共同主张，学习行为始于模仿熟练者。

模仿时，“彻底模仿”（TTP②）是非常重要的。因为要彻底地模仿，所以不可随意删减，而是要把熟练者做的事情毫无保留地照搬照抄下来，就连细微的动作也要分毫不差地完全复制。如果只是进行局部或者大概的模仿，便不能提高学习效果。

当然，任何模仿都并非易事。即使你自认为做得很好，但在老手看来也可能只是形似。因为新手还不能把握精髓。在这样艰苦奋斗的过程中，你才能逐渐地掌握技能并理解每个行为的含义。因此，我们首先要戒掉喋喋不休的习惯，以彻底模仿为目标吧！

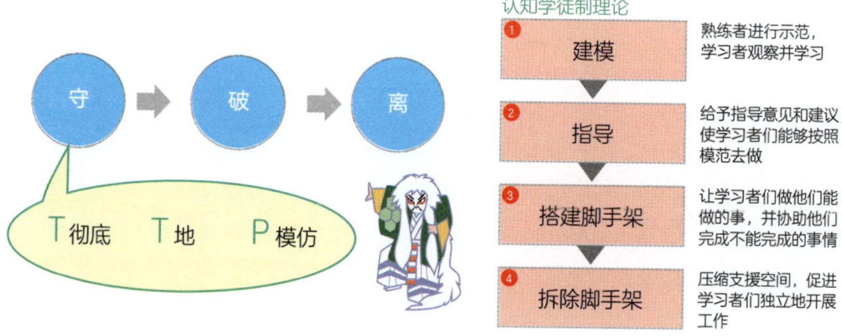

① “守破离”是日本剑道的哲学，而后来则扩展至日本不同的武术和事物之中。其中，“守”指最初阶段须遵从老师教诲达到熟练的境界；“破”指试着突破原有规范；“离”指自创新招数另辟出新境界。——译者注

② TTP是日语中“彻底模仿”（Tettei Tekini Pakuru）的首字母。——编者注

相关技能　终其一生，励志学习

25 动员激励　学习是一种值得我们终生为之奋斗的事业。学习方法固然重要，但能否长久地保持动力也至为关键。

26 人才开发　学习和教育就像是一枚硬币的正反面。但是，由于双方的想法不同，所以会导致目的和手段各有差异。只有综合考虑两方面的观点，才能更加有效地提升学习效果。

27 职业规划　为了提高学习效率，制订计划是必不可少的。但是，学习计划的基础是职业规划。

其他技能　提高智慧创造力

活用人工智能

在未来，人工智能将成为协助我们进行智力生产活动的有力工具。现在已经出现了很多使用人工智能的工具，我们应该积极地使用它们。

例如，我们可以使用语音识别技术来将会议中的发言内容转换为文本数据（发言稿）。之后对其进行文本挖掘，找出频繁出现的关键词、发言倾向以及词语之间的联系等。这些以往由人类完成的高级智力工作，现在却可以通过人工智能来轻松地完成。

但是，人工智能只不过是一种工具。如何灵活地运用它，如何将其应用到工作之中，这完全取决于我们自身。人工智能的应用将成为今后不可忽视的技能。

巩固记忆

如果学过就忘，是无法进行智力生产活动的。掌握高效记忆的技巧能够帮助你应付各种情况。

具体说来，记忆技法包括编故事、形象化、与某事物建立联系以及谐音等。此外，还有睡前30分钟记忆、立即提醒、文字记录等巩固记忆的方法。孰优孰劣不能一概而论，适合自己的才是最好的。

不擅长记忆的人只能依靠笔记整理技能在纸上做好记录。我们也有许多做笔记的方法，但这些方法的最终目的无疑都是为了唤醒记忆。

改变习惯

我们的行为中有四成是习惯的产物，是自动重复的。只要改变了**习惯**，便可以改掉不良嗜好，进而能够轻松地完成艰巨的任务。

对此，你必须掌握一定的方法论。查尔斯·都希格（Charles Duhigg）认为，习惯的结构表现为“暗示（或触发）→惯常行为→奖赏”。因此，消除引发习惯的暗示、改变惯常行为、抹去对奖赏的欲望等方法都是行之有效的。

维持就此形成的新习惯，依靠的是**意志力**。我们也有许多可用于锻炼意志的方法，综合利用各种科学方法培养习惯的力量是获得成功的秘诀。

职业分类商务技能一览表

职业分类商务技能一览表

管理类

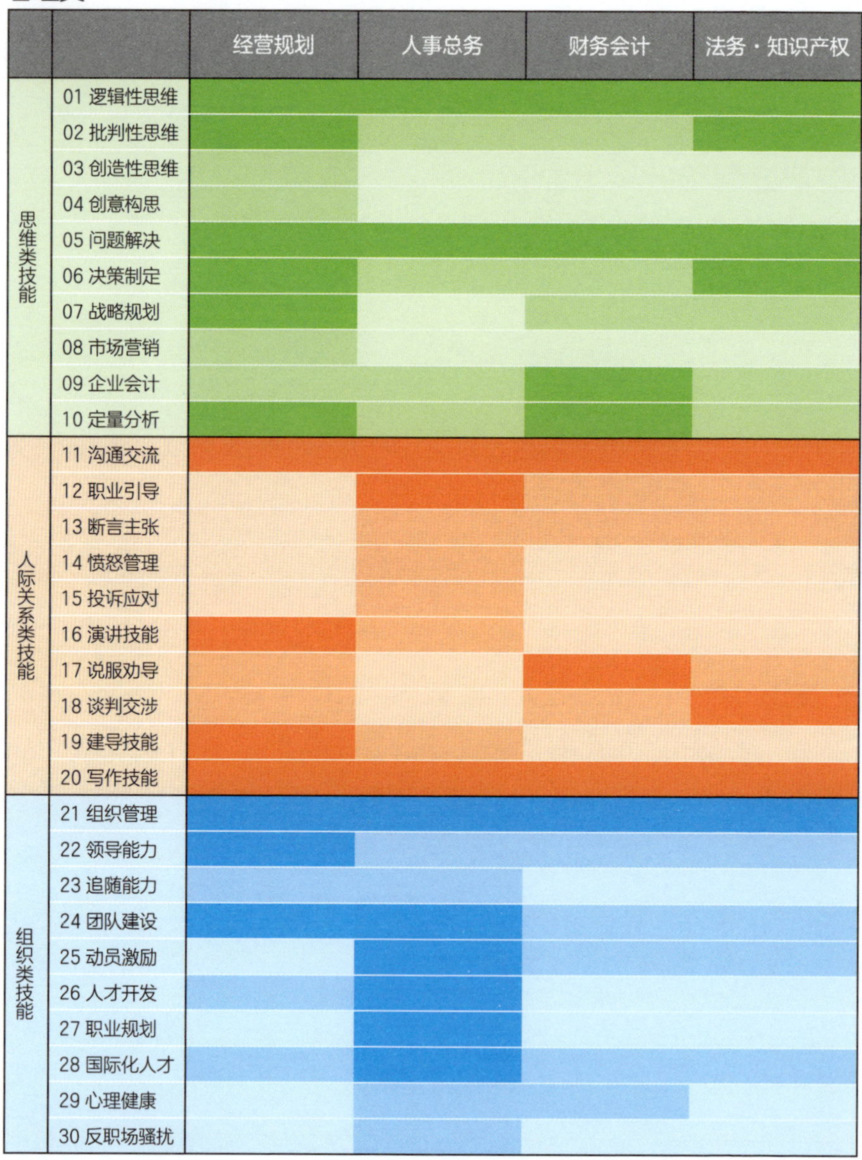

		经营规划	人事总务	财务会计	法务·知识产权
思维类技能	01 逻辑性思维				
	02 批判性思维				
	03 创造性思维				
	04 创意构思				
	05 问题解决				
	06 决策制定				
	07 战略规划				
	08 市场营销				
	09 企业会计				
	10 定量分析				
人际关系类技能	11 沟通交流				
	12 职业引导				
	13 断言主张				
	14 愤怒管理				
	15 投诉应对				
	16 演讲技能				
	17 说服劝导				
	18 谈判交涉				
	19 建导技能				
	20 写作技能				
组织类技能	21 组织管理				
	22 领导能力				
	23 追随能力				
	24 团队建设				
	25 动员激励				
	26 人才开发				
	27 职业规划				
	28 国际化人才				
	29 心理健康				
	30 反职场骚扰				

※颜色越深，表示需要度越高。因业务类技能和智力生产类技能的需求度更多的是同个人有关，而与职业差别关系不大，因此在此表格省略了这两类技能。

销售类

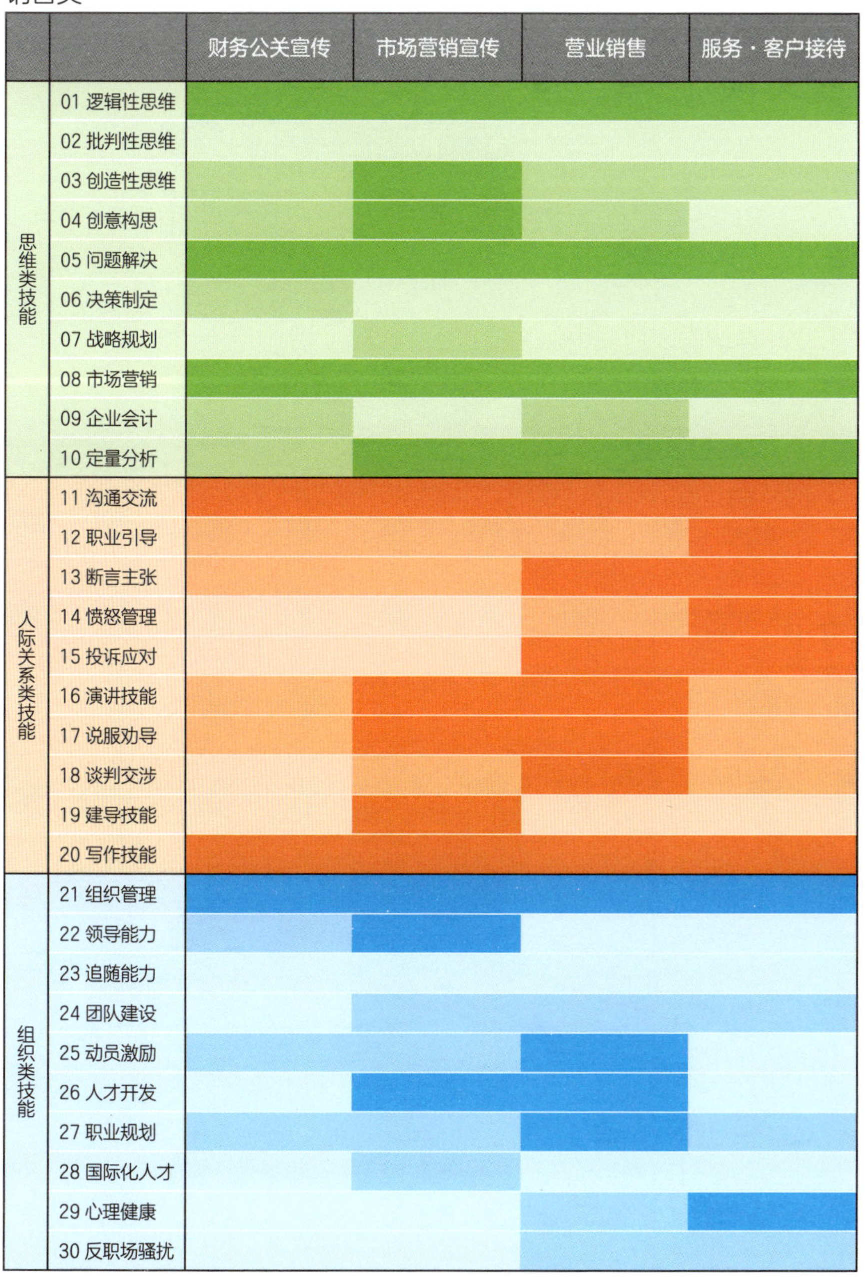

		财务公关宣传	市场营销宣传	营业销售	服务·客户接待
思维类技能	01 逻辑性思维				
	02 批判性思维				
	03 创造性思维				
	04 创意构思				
	05 问题解决				
	06 决策制定				
	07 战略规划				
	08 市场营销				
	09 企业会计				
	10 定量分析				
人际关系类技能	11 沟通交流				
	12 职业引导				
	13 断言主张				
	14 愤怒管理				
	15 投诉应对				
	16 演讲技能				
	17 说服劝导				
	18 谈判交涉				
	19 建导技能				
	20 写作技能				
组织类技能	21 组织管理				
	22 领导能力				
	23 追随能力				
	24 团队建设				
	25 动员激励				
	26 人才开发				
	27 职业规划				
	28 国际化人才				
	29 心理健康				
	30 反职场骚扰				

开发类

		信息系统·系统开发	调查研究	开发设计	质量管理·技术管理
思维类技能	01 逻辑性思维				
	02 批判性思维				
	03 创造性思维				
	04 创意构思				
	05 问题解决				
	06 决策制定				
	07 战略规划				
	08 市场营销				
	09 企业会计				
	10 定量分析				
人际关系类技能	11 沟通交流				
	12 职业引导				
	13 断言主张				
	14 愤怒管理				
	15 投诉应对				
	16 演讲技能				
	17 说服劝导				
	18 谈判交涉				
	19 建导技能				
	20 写作技能				
组织类技能	21 组织管理				
	22 领导能力				
	23 追随能力				
	24 团队建设				
	25 动员激励				
	26 人才开发				
	27 职业规划				
	28 国际化人才				
	29 心理健康				
	30 反职场骚扰				

生产类

		生产规划·生产管理	采购筹办	制造·生产技术	物流运输
思维类技能	01 逻辑性思维				
	02 批判性思维				
	03 创造性思维				
	04 创意构思				
	05 问题解决				
	06 决策制定				
	07 战略规划				
	08 市场营销				
	09 企业会计				
	10 定量分析				
人际关系类技能	11 沟通交流				
	12 职业引导				
	13 断言主张				
	14 愤怒管理				
	15 投诉应对				
	16 演讲技能				
	17 说服劝导				
	18 谈判交涉				
	19 建导技能				
	20 写作技能				
组织类技能	21 组织管理				
	22 领导能力				
	23 追随能力				
	24 团队建设				
	25 动员激励				
	26 人才开发				
	27 职业规划				
	28 国际化人才				
	29 心理健康				
	30 反职场骚扰				

图书在版编目（CIP）数据

图解商务技能 /（日）堀公俊著；刘江宁译 . — 北京：中国科学技术出版社，2022.8

ISBN 978-7-5046-9632-8

Ⅰ. ①图… Ⅱ . ①堀… ②刘… Ⅲ . ①商务工作—图解 Ⅳ . ① F715-49

中国版本图书馆 CIP 数据核字（2022）第 093881 号

策划编辑	褚福祎	**责任编辑**	庞冰心
封面设计	马筱琨	**版式设计**	锋尚设计
责任校对	张晓莉	**责任印制**	李晓霖
绘　　者	［日］山崎真理子		

出　　版　中国科学技术出版社
发　　行　中国科学技术出版社有限公司发行部
地　　址　北京市海淀区中关村南大街 16 号
邮　　编　100081
发行电话　010-62173865
传　　真　010-62173081
网　　址　http://www.cspbooks.com.cn

开　　本　880mm × 1230mm　1/32
字　　数　320 千字
印　　张　9
版　　次　2022 年 8 月第 1 版
印　　次　2022 年 8 月第 1 次印刷
印　　刷　北京盛通印刷股份有限公司
书　　号　ISBN 978-7-5046-9632-8/F · 1016
定　　价　69.00 元
